To 姐姐：

万事胜意！

佑之祈
3...

imaginist

想象另一种可能

理
想
国
imaginist

A

Beidao Reader

必有人重写爱情

北岛作品

北岛　著

林道群　编

海南出版社
·海口·

图书在版编目（CIP）数据

必有人重写爱情 / 北岛著；林道群编 . -- 海口：海南出版社，2022.4

ISBN 978-7-5443-9856-5

Ⅰ . ①必… Ⅱ . ①北… ②林… Ⅲ . ①中国文学—当代文学—作品综合集 Ⅳ . ① I217.2

中国版本图书馆 CIP 数据核字 (2022) 第 045216 号

必有人重写爱情
BI YOU REN CHONGXIE AIQING

作　　者	北　岛
编　　者	林道群
责任编辑	余传炫
特约策划	斑马谷
特约编辑	黄盼盼　黄平丽　李恒嘉
封面设计	林道群
内文制作	李丹华

海南出版社　出版发行

地　　址	海口市金盘开发区建设三横路2号
邮　　编	570216
电　　话	0898-66822134
印　　刷	肥城新华印刷有限公司
版　　次	2022 年 4 月第 1 版
印　　次	2022 年 4 月第 1 次印刷
开　　本	880mm×1230mm　1/32
印　　张	13.75
字　　数	270千字
书　　号	ISBN 978-7-5443-9856-5
定　　价	78.00元

如发现印装质量问题，影响阅读，请与发行部门联系：010-64284815

目 录

作者近照

天汲和天河

在希腊

和加里·斯奈德

和艾基

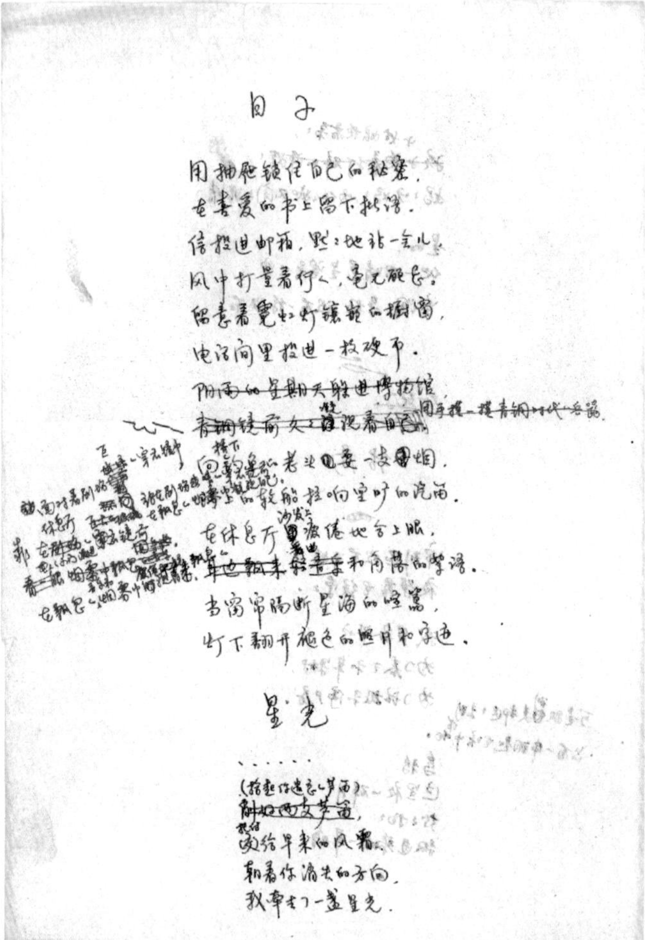

手稿《日子》

时间的玫瑰

当守门人沉睡
你和风暴一起转身
拥抱中老去的是
时间的玫瑰

当鸟路界定天空
你回望那落日
消失中呈现的是
时间的玫瑰

当刀在水中折弯
你踏笛声过桥
密谋中哭喊的是
时间的玫瑰

当笔划出地平线
你被东方之锣惊醒
回声中开放的是
时间的玫瑰

镜中永远是此刻
此刻通向重生之门
那门开向大海
时间的玫瑰

北岛

二零一一年九月二十六日
抄录于香港

手稿《时间的玫瑰》

画作《此刻》

画作《源起·之一》

卑鄙是卑鄙者的

通行證高尚是高

尚者的墓誌銘

北島

书法《回答》诗句

《歧路行》选章（代序）

为什么此刻到远古

历史逆向而行

为什么万物循环

背离时间进程

为什么古老口信

由石碑传诵

为什么帝国衰亡

如大梦初醒

为什么血流成河

先于纸上谈兵

为什么画地为牢

以自由之名

难道天外有天

话中有话

电有短路的爱情

难道青春上路

一张张日历留下

倒退的足印

难道夜的马群

奔向八方

到天边畅饮黎明

难道江山变色

纸上长城

也是诗意的苍龙

谁在圣人的行列中

默默阅读我们

谁从鎏金的风铃

从带血的鞭梢

不断呼唤我们

谁用谎言的红罂粟

照亮苍茫大地

谁把门窗的对话

卖给穿堂风

谁指挥秋天的乐队

为小桥迎娶

一盏幽怨的渔灯

哪儿是家园

安放死者的摇篮

哪儿是彼岸

让诗跨向终点

哪儿是和平

让日子分配蓝天

哪儿是历史

为说书人备案

哪儿是革命

用风暴弹奏地平线

哪儿是真理

在词语寻找火山

何时乘东风而来

从沏好的新茶

品味春天的忧伤

何时一声口哨

为午夜开锁

满天星星在咳嗽

何时放飞一只鸽子

把最大的广场

缩小成无字印章

何时从关闭的宫门

从岁月裂缝

涌进洪水的光芒

逝去的是大海返回的是泡沫

逝去的是一江春水返回的是空空河床

逝去的是晴空返回的是响箭

逝去的是种子返回的是流水账

逝去的是树返回的是柴

逝去的是大火返回的是冰霜

逝去的是古老传说返回的是谣言

逝去的是飞鸟返回的是诗行

逝去的是星星盛宴返回的是夜的暴政

逝去的是百姓返回的是帝王

逝去的是梦返回的是歌

逝去的是歌返回的是路

逝去的是路返回的是异乡

逝去的逝去的是无穷的追问

返回的没有声响

我是来自彼岸的老渔夫

把风暴的故事收进沉默的网

我是锻造无形欲望的铁匠

让钢铁在淬火之痛中更坚强

我是流水线上车衣的女工

用细密的针脚追寻云中的家乡

我是煤矿罢工的组织者

释放黑色词语中瓦斯的音量

我是看守自己一生的狱卒

让钥匙的奔马穿过锁孔之光

我是年老眼瞎的图书馆员

倾听书页上清风与尘土的冥想

我是住在内心牢笼的君王

当绸缎从织布机还原成晚霞

目送落日在铜镜中流放

是晨钟敲响的时候了

是深渊中灵魂浮现的时候了

是季节眨眼的时候了

是花开花落吐出果核的时候了

是蜘蛛网重构逻辑的时候了

是枪杀古老记忆的时候了

是刽子手思念空床的时候了

是星光连接生者与死者的时候了

是女人在广告上微笑的时候了

是银行的猛虎出笼的时候了

是石头雕像走动的时候了

是汽笛尖叫翻转天空的时候了

是时代匿名的时候了

是诗歌泄露天机的时候了

是时候了

辑一

暴风雨的记忆

日子

用抽屉锁住自己的秘密

在喜爱的书上留下批语

信投进邮箱，默默地站一会儿

风中打量着行人，毫无顾忌

留意着霓虹灯闪烁的橱窗

电话间里投进一枚硬币

向桥下钓鱼的老头要支香烟

河上的轮船拉响了空旷的汽笛

在剧场门口幽暗的穿衣镜前

透过烟雾凝视着自己

当窗帘隔绝了星海的喧嚣

灯下翻开褪色的照片和字迹

断章

一

一九七〇年春，我从河北蔚县工地回北京休假，与同班同学曹一凡、史康成相约去颐和园。那年春天来得早，阳光四溢，连影子都是半透明的。我们并肩骑车，拦住马路，三十二路公共汽车鸣长笛，轰然驶过，扬起一阵烟尘。

曹一凡是同学也是邻居。在"上山下乡运动"大潮中，他和史康成是立志扎根北京的"老泡"。所谓"老泡"，指的是泡病号留在城里的人，为数不多但不可小看——除了有抵挡各种压力的坚韧神经外，还得深谙病理知识及造假技术。幸好有他们留守，几个月后我随工地迁到北京远郊，每逢工休泡在一起，读书写作听音乐，被邻居庞家大嫂称为"三剑客"。

北京近乎空城，颐和园更是人烟稀少。进正门，穿乐寿堂，玉兰花含苞欲放，木牌写着"折花者罚款五十元"。在排云殿码头租船，绕过石舫，向后湖划去。一路说笑。后湖更静，唱俄罗斯民歌，召来阵阵回声。我们收起桨，让船漂荡。

史康成站在船头，挺胸昂首朗诵：

解开情感的缆绳

告别母爱的港口

要向人生索取

不向命运乞求

红旗就是船帆

太阳就是舵手

请把我的话儿

永远记在心头

……

停顿片刻，他继续下去：

当蜘蛛网无情地查封了我的炉台，

当灰烬的余烟叹息着贫困的悲哀，

我依然固执地铺平失望的灰烬，

用美丽的雪花写下：相信未来。

……

我为之一动，问作者是谁。郭路生，史康成说。朗读贺敬之和郭小川的诗，除朗朗上口，跟我们没什么关系，就像票友早上吊嗓子。最初喜爱是因为"革命"加声音，待"革命"衰退，只剩下声音了。在工地干活吼一嗓子："人应该这样生，路应该这样行——"，师傅们议论：这帮小子找不着老婆，看给急的。而郭路生的诗如轻拨琴弦，一下触动了某根神经。

退船上岸，来到谐趣园，一个中年男人坐在游廊吹口琴，如醉如痴，专注自己的心事。我又想起刚才的诗句。郭路生是谁？我问。

不知道，听说在山西杏花村插队，史康成耸耸肩说。

原来是我们中的一个，真不可思议。我的七十年代就是从那充满诗意的春日开始的。当时几乎人人写旧体诗，陈词滥调，而郭路生的诗别开生面，为我的生活打开一扇意外的窗户。

二

一九七一年九月下旬某日中午，差五分十二点，我照例赶到食堂内的广播站，噼啪打开各种开关，先奏《东方红》。唱片播放次数太多，嗞啦嗞啦，那旭日般亮出的大镲也有残破之音。接近尾声，我调低乐曲音量宣告：六建三工区东方红炼油厂工地广播站现在开始播音。捏着嗓子高八度，字正腔圆，参照的是中央台新闻联播的标准。读罢社论，再读工地通讯员报道，满篇错别字，语速时快时慢，像录音机快进或丢转，好在没人细听，众生喧哗——现在是午餐时间。十二点二十五分，另一播音员"阿驴"来接班。广播一点钟在《国际歌》声中结束。

在食堂窗口买好饭菜，我来到大幕后的舞台，这是工地知青午餐的去处。说是与工人师傅"同吃同住"，"同住"不得已——几十号人睡大通铺，"同吃"就难了，除了话题，还有饭菜差异：知青工资低，可都是单身汉，专点两毛以上的甲级菜；而师傅拉家带口，只买五分一毛的丙级菜。

头天晚上，在食堂召开全体职工大会，就在这大幕前，由书记传达中央文件。传达前早有不祥之兆。先是工地领导秘密碰头，跟政治局开会差不多；下一拨是党员干部，出门个个黑着脸；最后轮到我们工人阶级，等于向全世界宣布：九月十三日，林副统帅乘飞机逃往苏联途中摔死了。

说到政治学习，"雷打不动"，从周一到周五，每天晚上，以班组为单位。干了一天活，先抢占有利地形，打盹养神卷"大炮"。除了中央文件和社论，还什么都学，从《水浒》到《反杜林论》，这可难为大字不识的老师傅。而知青们来了精神，读了报纸读文件。那些专有名词在烟雾中沉浮。孟庆君师傅啐了唾沫开骂：杜林这小子真他妈不是东西，胆敢反对毛主席，先毙了再说。班长刘和荣一听乐了：小孟，学了半天你都没闹明白，人家如今在德国当教授，连恩格斯都管不了。插科打诨，政治学习成了娱乐。副班长周增尔（外号"比鸡多耳"）干咳一声，宣布散会。政治学习至少有一条好处：普及了国际地理知识——前天地拉那，昨天金边，如今又是哪儿？对了，温都尔汗。

我端饭盆来到幕后，席地而坐。林副统帅的幽灵引导午餐话题，七嘴八舌，包括逃亡路线等假设。我开口说话，单蹦的词汇成语流，滔滔不绝，一发不可收拾。我说到革命与权力的悖论，说到马克思的"怀疑一切"，说到我们这代人的精神出路……直到安智胜用胳膊肘捅我，这才看到众人眼中的惶惑，他们纷纷起身告辞。转眼间后台空了，就剩下我俩。安智胜原是十三中的，跟我在同班组干活，志趣相投，都长着反骨。那年头，友情往往取决于政治上的信任程度。我们默默穿过大幕，下阶梯，到水池边刷碗。

回工棚取铁锹的路上，我仍沉浸在自由表达的激动中，再次被"文革"中反复出现的主题所困扰：中国向何处去？我们以往读书争论，有过怀疑有过动摇，但从未有过这种危机感——如临深渊，无路可退。彻夜未眠，如大梦初醒——中国向何处去？或许更重要的是，我向何处去？

"阿开（我在工地的外号），"安智胜打破沉默说，"你得多个心眼儿。别那么实诚，刚才那番话要是有人汇报，就完蛋了。"

我试图回想刚才说过的话，却无法集中思想。时代，一个多么重的词，压得人喘不过气来。可我们曾在这时代的巅峰。一种被遗弃的感觉——我们突然成了时代的孤儿。就在那一刻，我听见来自内心的叫喊：我不相信——

三

一九七三年一个春夜，我和史保嘉来到永定门火车站，同行的有原清华附中的宋海泉。此行目的地是白洋淀邸庄，探望在那儿插队的赵京兴和陶洛诵。赵京兴是我在北京四中的同学，低我一级；陶洛诵是史保嘉师大女附中的同学。一九六九年，赵京兴因写哲学书稿被打成"反革命"，与女友陶洛诵一起锒铛入狱，半年前先后获释。

为筹措路费，我把手表送委托行卖了——好像我们去时间以外旅行。等车时，在一家小饭馆吃宵夜，有道菜很有诗意，叫"桂花里脊"。保嘉和宋海泉聊天，我伏桌昏睡。汽笛声声。

我们搭乘的是零点开出的慢车，吱嘎摇晃，几乎每个小站都停。凌晨到保定，乘长途车抵安新县城，与宋海泉分手，再搭渔船，中午到邸庄。那是个百十来户的小村，四面环水，村北头一排砖房是知青宿舍，他们住尽头两间，门前有块自留地，种瓜种豆。

陶洛诵尖叫着，和保嘉又搂又抱。赵京兴矜持笑着，眼睛眯缝，在黑框眼镜后闪光。从老乡那儿买来猪肉鸡蛋，一起生火做饭，香气四溢。我们在昏暗的灯光下举杯。百感交集——重逢的喜悦，劫后的庆幸，青春的迷惘，以及对晦暗时局的担忧。短波收音机播放外国古典音乐，飘忽不定，夹杂着怪怪的中文福音布道。在中国北方的水域，四个年轻人，一盏孤灯，从国家到监狱，从哲学到诗歌，一直聊到破晓时分。

白洋淀的广阔空间，似乎就是为展示时间的流动——四季更迭，铺陈特有的颜色。不少北京知青到这儿落户，寻找自由与安宁。其实白洋淀非避乱世之地。一九六八年年底，我和同学来搞教育调查，正赶上武斗，被围在县城招待所多日，枪林弹雨。在造反派威逼下，我们硬着头皮参加武斗死难者的追悼会。

当年学校组织批判赵京兴，流传着陶洛诵的情书中的一句话："少女面前站着十八岁的哲学家……"让我们惊羡不已。赵京兴内向，话不多，意志坚定。陶洛诵正好相反，她天性活泼，口无遮拦，永远是聚会的中心。在邸庄三天，我们常棹船出游。日落时分，湖水被层层染红，直到暮色四起，皓月当空。

一天下午，我和赵京兴单独在一起，他随手翻开《战争与和平》第四卷开篇，想听听我的看法。那是作者关于战败后彼得堡生活的议论，有这样一段话（就我记忆所及）："但是安定的、奢侈的、只操心现实中的一些幻影的彼得堡生活，还是老样子，透过这种生活方式，要费很大的劲才能意识到俄国老百姓处境的危险与困难……"

见我一脸茫然，他说：在托尔斯泰看来，历史不仅仅是关于王公贵族的记载。而普通百姓的日常生活，才是被历史忽略的最重要的部分。

你说的也是中国当下的历史吗？我问。

历史和权力意志有关，在历史书写中，文人的痛苦往往被夸大了。又有谁真正关心过平民百姓呢？看看我们周围的农民吧，他们生老病死，都与文字的历史无关。他说。

离开邸庄，我们到大淀头去看望芒克。芒克在小学当体育老师。进村跟孩子一打听，全都认识，前簇后拥把我们带到小学校。芒克刚跟学生打完篮球，汗津津的，把我们带到他的住处。小屋低矮昏暗，但干净利索，炕边小桌上放着硬皮笔记本，那是他的诗稿。

芒克解缆摇橹，身轻如燕，背后是摇荡的天空。刚解冻不久，风中略带寒意。是芒克把白洋淀，把田野和天空带进诗歌："那冷酷而伟大的想象／是你在改造着我们生活的荒凉。"一九七三年是芒克诗歌的高峰期。他为自己二十三岁生日写下献辞："年轻、漂亮、会思想。"

四

一九七四年十一月下旬某个清晨，我写完中篇小说《波动》最后一句，长舒了口气。隔壁师傅们正漱口撒尿打招呼，叮当敲着饭盆去食堂。我拉开暗室窗帘，一缕稀薄的阳光漏进来，落在桌面，又折射到天花板上。

一个多月前，工地宣传组孟干事找我，要我脱产为工地搞摄影宣传展，我不动声色，心中暗自尖叫：天助我也。我正为构思中的中篇小说发愁。首先是几十号人睡通铺，等大家入睡才开始读书写作，打开自制台灯——泡沫砖灯座，草帽灯罩，再蒙上工作服。再有，为了多挣几块钱，师傅们特别喜欢加班，半夜回宿舍累得贼死，把读书写作的精力都耗尽了。

说来这还是我那"爱好者"牌捷克相机带来的好运：给

师傅们拍全家福标准像遗照,外加免费洗照片,名声在外。我一边跟孟干事讨价还价,一边盘算小说布局:首先嘛,要专门建一间暗室,用黑红双层布料做窗帘,从门内安插销——道理很简单,胶片相纸极度敏感,有人误入,革命成果将毁于一旦。孟干事连连点头称是。

暗室建成了,与一排集体宿舍的木板房毗邻,两米见方,一床一桌一椅,但独门独户。搬进去,拉上窗帘,倒插门,环顾左右。我掐掐大腿,这一切是真的:我成了世界上最小王国的国王。

由于整天拉着窗帘,无昼夜之分,除了外出拍照,我把自己关在暗室里。在稿纸周围,是我设计并请师傅制作的放大机,以及盛各种药液的盆盆罐罐。我从黑暗中冲洗照片也冲洗小说,像炼金术士。工地头头脑脑视察,必恭候之,待收拾停当开门,他们对现代技术啧啧称奇。我再拍标准照"贿赂"他们,用布纹纸修版外加虚光轮廓,个个光鲜得像苹果鸭梨,乐不可支。

原十三中的架子工王新华,那几天在附近干活,常来串门。他知道我正写小说,我索性把部分章节给他看。他不仅跟上我写作的速度,还出谋划策,甚至干预原创。他认为女主人公萧凌的名字不好,有销蚀灵魂的意思,必须更换。

这暗室好像是专为《波动》设计的,有着舞台布景的封闭结构、多声部的独白形式和晦暗的叙述语调。在晨光中完成初稿的那一刻,我疲惫不堪,却处于高度亢奋状态。

把手稿装订成册,首先想到的是赵一凡。自一九七一年相识起，我们成了至交。他是北京地下文化圈的中心人物，自幼伤残瘫痪，而那大脑袋装满奇思异想。他和家人同住大杂院，在后院角落，他另有一间自己的小屋。

待我在他书桌旁坐定，从书包掏出手稿。一凡惊异地扬起眉毛，用尖细的嗓音问：完成了？我点点头。他用两只大手翻着稿纸，翻到最后一页，抬起头，满意地抿嘴笑了。

你把手稿就放在我这儿。见我面有难色，他接着说，你知道，我的公开身份是街道团支部书记，这里是全北京最安全的地方。

想想也是，我把手稿留下。可回到家怎么都不踏实，特别是他那过于自信的口气，更让我不安。第三天下了班，我赶到他家，借口修改，非要取走手稿。一凡眯着眼直视我，大脑门上沁出汗珠，摊开双手，无奈地叹了口气。

五

一九七五年二月初，刚下过一场雪，道路泥泞。我骑车沿朝内大街往东，在人民文学出版社大楼东侧南拐，到前拐棒胡同十一号下车。前院坑洼处，自行车挡泥板照例哐啷一响。穿过一条长夹道，来到僻静后院，蓦然抬头，门上交叉贴着封条，上有北京公安局红色公章。突然间冒出四五个居委会老头老太太，围住我，如章鱼般抓住自行车。他们盘问我的姓名和单位，和赵一凡的关系。我信口胡编，趁他们稍一松懈，突破重围，翻身跳上自行车跑了。

回家惊魂未定。人遇危难，总是先抱侥幸心理，但一想到多年通信和他收藏的手稿，心里反倒踏实了。让我犯怵的倒是躲在角落的苏制翻拍机（必是当时最先进的复制技术），如果《波动》手稿被他翻拍，落在警察手里，就算不致死罪，至少也得关上十年八年。我仔细计算翻拍所需的时间：手稿在他家放了两夜，按其过人精力及操作技术，应绰绰有余。但心存侥幸的是，既然手稿归他保管，又何必着急呢？

出事第二天，工地宣传组解除我"首席摄影师"职位，逐出暗室，回原班组监督劳动。摄影宣传展无疾而终。孟干事宣布决定时，低头看自己的指甲，一丝冷笑，似乎总算解开暗室之谜。

我灰头土脸，卷铺盖搬回铁工班宿舍。陈泉问我出什么事了。他是来自农村的钣金工，是我的铁哥儿们。可很难说清来龙去脉。陈泉叹了口气说：我知道你好这个——读呀写呀，可这都啥年头啦？别往枪口上撞。我嫌烦，往外挥挥手，他哼着黄色小调走出门。

我每天继续打铁。在铁砧上，阎师傅的小锤叮当指引，而我的十四磅大锤忽快忽慢，落点不准。他心里准在纳闷，但不闻不问。保卫组的人整天在铁工班转悠，跟师傅搭话拉家常，偏不理我。

下了班，我忙于转移书信手稿，跟朋友告别，做好入狱准备。我去找彭刚，他是地下先锋画家，家住北京火车站附近。听说我的处境，二话没说，他跟他姐姐借了五块钱，到新侨饭店西餐厅，为我临别壮行。他小我六七岁，已有两次被关押的经验。席间他分析案情，教我如何对付审讯。皮肉之苦不算什么，他说，关键一条，绝对不能信"坦白从宽，抗拒从严"。在新侨饭店门口分手，风乍起，漫天沙石。他拍拍我肩膀，叹了口气，黯然走开。

那年我二十六岁，头一次知道恐惧的滋味：它无所不在，浅则触及肌肤——不寒而栗；深可进入骨髓——隐隐作痛。那是没有尽头的黑暗隧道，只能硬着头皮往前走。我甚至盼着结局的到来，无论好坏。夜里辗转反侧，即使入睡，也会被经过的汽车惊醒，倾听是否停在楼下。车灯反光在天花板旋转，悄然消失，而我眼睁睁到天亮。

几个月后，危险似乎过去了。危险意识是动物本能，不可言传，但毕竟有迹可循：保卫组的人出现频率少了，见面偶尔也打招呼；政局有松动迹象：电影院上映罗马尼亚电影；女孩们穿戴发生微妙变化，从制服领口露出鲜艳的内衣。

我决定动手修改《波动》。首先是对初稿不满，不甘心处于未完成状态。再说受过惊吓，胆儿反倒大起来。在家写作，父母跟着担惊受怕，唠叨个没完。我跟黄锐诉苦，他说他大妹黄玲家住十三陵公社，正好有间空房。

我走后门开了一周病假，扛着折叠床，乘长途车来到远郊的昌平县城。黄昏时分，按地址找到一个大杂院，跟门口的男孩打听。他刚好认识黄玲，为我领路，穿过晾晒衣服被单的迷宫，直抵深处。黄玲和新婚的丈夫刚下班，招呼我一起吃晚饭。隔几户人家，他们另有一间小屋，仅一桌一椅，角落堆放着纸箱。支好折叠床，我不禁美滋滋的：天高皇帝远，总算找到"世外桃源"。

没有窗帘，很早就被阳光吵醒。在桌上摊开稿纸，我翻开由中国电影出版社出版的电影剧本《卡萨布兰卡》。这本小书借来多日，爱不释手，对我的修改极有参考价值，特别是对话，那是小说中最难的部分。

我刚写下一行，有人敲门，几个居委会模样的人隔窗张望。我把稿纸和书倒扣过来，开门，用肩膀挡住他们的视线。领头的中年女人干巴巴说："我们来查卫生。"无奈，只好让开。她们在屋里转了一圈，东摸摸西动动，最后把目光落在倒扣的稿纸上。那女人问我来这儿干什么，答曰养病，顺便读读书。她抚摸稿纸一角，犹豫片刻，还是没翻过来。问不出所以然，她们只好悻悻走了。

刚要写第二行，昨晚领路的男孩轻敲玻璃窗。他进屋神色慌张，悄悄告诉我：刚才，我听她们说，说你一定在写黄色小说。他们正去派出所报告。你快走吧。我很感动，摸摸他的头说：我是来养病的，没事儿。还得谢谢你了，你真好！他脸红了。给黄玲留下字条。五分钟后，我扛着折叠床穿过院子，仓皇逃窜。

六

一九七六年一月八日，周恩来去世。死讯投下巨大的阴影，小道消息满天飞，从报上排名顺序和字里行间，人们解读背后的含义。自三月底起，大小花圈随人流涌入广场，置放在纪念碑四周，堆积如山。松墙扎满白色纸花。

我每天下了班，乘地铁从始发站苹果园出发，直奔天安门广场。穿行在茫茫人海中，不知何故，浑身直起鸡皮疙瘩。看到那些张贴的诗词，我一度产生冲动，想把自己的诗也贴出来，却感到格格不入。

四月四日清明节正好是星期天，悼念活动达到高潮。那天上午，我从家乘十四路公共汽车到六部口，随着人流沿长安街一路往东，抵达广场。混迹在人群中，有一种隐身与匿名的快感，与他人分享温暖的快感，以集体之名逃避个人选择的快感。我想起列宁的话："革命是被压迫者和被剥削者的盛大节日。"在花圈白花的伪装下，广场有一种神秘的节日气氛。我东转转西看看。有人站在高处演讲，大家鼓掌欢呼，然后共谋一般，掩护他们消失在人海中。

我回家吃完晚饭，又赶回天安门广场。趁着夜色，人们胆子越来越大。晚九点左右，我转悠到纪念碑东南角，在层层紧箍的人群中，突然听到有人高声朗读一篇檄文："……江青扭转批林批孔运动的大方向，企图把斗争的矛头对准敬爱的周总理……"他读一句停顿一下，再由周围几个人同声重复，从里到外涟漪般扩散出来。公开点名"江青"，比含沙射影的诗词走得更远了，让我激动得发抖，不能自已。在苍茫暮色中，我坚信，一个翻天覆地的变化快要到来了。

四月五日星期一，我上班时心神不宁，下班回家见到曹一凡，才知道事态的发展：当天下午，愤怒的人群不仅冲击人大会堂，还推翻汽车、火烧广场工人指挥部小楼。当晚，镇压的消息，通过各种非官方渠道传播，据说用棍棒打死无数人。

第二天一早，史康成骑车来找曹一凡和我，神色凝重，眉头紧锁，却平静地说，他是来道别的，把女朋友托付给我们。他决定独自去天安门广场静坐，以示抗议。那等于去找死。可在那关头，谁也无权劝阻他。他走后，我深感内疚：为什么不与他共赴国难？我承认自己内心的怯懦，为此羞惭，但也找到自我辩护的理由："天生我材必有用"——我必须写下更多的诗，并尽早完成《波动》的修改。

由于戒严，史康成根本无法进入广场，从死亡线上回来了，回到人间，回到女朋友和我们身边。两个月后，我改好《波动》第二稿。

七

一九七六年八月上旬某天下午，在同班同学徐金波陪伴下，我去新街口文具店买来厚厚的精装笔记本和小楷毛笔，回家找出刮胡刀片。打开笔记本扉页，在徐金波指导下，我右手握刀片，迟疑片刻，在左手中指划了一刀。尖利的疼痛。由于伤口不深，仅沁出几滴血珠，我咬牙再深划一刀，血涌出来，聚集在掌心。我放下刀片，用毛笔蘸着血在扉页上写下："珊珊，我亲爱的妹妹"，泪水夺眶而出。

大约十天前，一九七六年七月二十七日傍晚，家中只有我和母亲，她已调回人民银行总行医务室上班，父亲仍留在昌平的人大政协干校劳动，当工人的弟弟在山上植树造林，他们每周末回家。

那天晚饭后来了个客人，叫姜慧，她娇小可爱，丈夫是高干子弟。她写了一部长篇政治小说，涉及"文革"中党内权力斗争，江青是主人公之一。说实话，那小说写得很粗糙，但话题敏感，正在地下秘密流传。

九点半左右，姜慧起身告辞。我陪她下楼，到大院门口，看门的张大爷从传达室出来，说你们家长途电话。姜慧陪我进了传达室。拿起听筒，先是刺耳的电流声，电话接线员彼此呼叫。原来是湖北襄樊南漳县的长途，是珊珊所在的工厂打来的。终于传来一个小伙子的声音，姓李，也是人民银行总行的子弟。他的声音忽近忽远，断断续续："珊珊，她、她……今天下午……在河里游泳……失踪了，你们别急，全厂的人都在寻找……你们还是派人来一趟吧……"

我紧握听筒，听到的是自己血液的轰响。传达室的灯在摇晃。姜慧关切的目光和遥远的声音。我不知所措，紧紧抓住她的手嗫嚅着，待冷静下来，示意她先走。

回家脸色苍白，母亲问我出了什么事，我搪塞过去。骑车到电报大楼，给父亲和弟弟分别打电话。跟父亲只说珊珊生病了，让他明早回家。跟弟弟通话，我说"珊珊被淹了"，避开"死"这个字眼。

再回到家母亲已躺下，她在黑暗中突然发问：到底出了什么事？我说没事，让她先睡。我在外屋饭桌前枯坐，脑海一片空白。我们兄妹感情最深，但近来因自身困扰，我很少给她回信。

凌晨三点四十二分，山摇地动，墙上镜框纷纷落地，家具嘎嘎作响。从外面传来房屋倒塌的轰响和呼救声。我首先想到的是世界末日，心中竟有一丝快意。邻居呼喊，才知道是大地震。我搀扶着母亲，和人们一起涌到楼下。大院满是惊慌失措的人，衣衫不整。听说地震的中心在唐山一带。

父亲和弟弟上午赶回，亲朋好友也闻讯而来，相聚在乱哄哄的大院中。这时收到珊珊的来信，是三天前写的。她在信中说一切都好，就是今年夏天特别热，要我们多保重。

大家最后商定，先瞒着母亲，由表姐夫陪同我和父亲去襄樊。我和父亲一起上楼取旅行用品。他在前面，驼着背，几乎是爬行，我紧跟在后，跌跌撞撞，真想与争吵多年的父亲和解，抱着他大哭一场。

由于地震，去襄樊的一路交通壅塞混乱，车厢拥挤不堪。到了目的地，才知道事故原委：七月二十七日下午，珊珊带几个女孩去蛮河游泳。那天上游水库泄洪，水流湍急，一对小姐妹被卷走了，妹妹消失在漩涡中。珊珊一把抓住姐姐，带她游向岸边，用全身力气把她托上岸，由于体力不支，她自己被急流卷走了。第二天早上，才在下游找到尸体。她就这样献出自己的生命，年仅二十三岁。

在堆满冰块的空房间，我握住她那有颗黑痣的左手，失声痛哭。第二天火化时，我把她二十岁生日时写的献诗放进棺木。我终日如游魂飘荡，从宿舍到办公室，从她出没的小路到出事地点。我把一把把野菊花抛进河中。

在她的日记本上，我找到她写下的一行诗："蓝天中一条小路。"是啊，自由与死亡同在，那有多大的吸引力。回家路上，我时时感到轮下的诱惑。但我知道，除了照顾父母，还有更重要的事等着我去完成，为了珊珊也为了我自己。我承担着两个生命的意志。

掌中的血快用尽了，徐金波帮我挤压伤口，让更多的血流出来。我在纪念册的扉页上写道：珊珊，我亲爱的妹妹，我将追随你那自由的灵魂，为了人的尊严，为了一个值得献身的目标，我要和你一样勇敢，决不回头……（大意）

八

一九七六年九月九日下午，我和严力在芒克家聊天。芒克跟父母一起住计委大院，父亲是高级工程师，母亲是复兴医院护士长。严力住在附近，常来常往。我们正抽烟聊天，芒克的母亲进屋说，下午四点有重要广播。

那是多事之秋。一月八日周恩来去世，三月八日吉林陨石雨，四月五日天安门事件，七月六日朱德去世，七月二十八日唐山大地震。还能再有什么大事？我们不约而同想到了一起，谁也没点破。

下午四时，从家家户户的窗口传出哀乐，接着是播音员低沉的声音："中国共产党中央委员会主席、中国共产党中央军事委员会主席、中国人民政治协商会议全国委员会名誉主席毛泽东，今日零时十分在北京逝世，享年八十三岁……"

回家的路上，一扇扇窗户亮了。我骑得很慢，并不急于回家。高音喇叭和收音机相呼应，哀乐与悼词在空中回荡。有人在哭。北京初秋燥热，有一股烧树叶的味道。并行骑车的人有的已戴上黑纱，表情麻木，很难猜透他们在想什么。

第二天早上，各单位和街道居委会搭建灵堂，组织追悼会，出门必戴黑纱。我正为珊珊服丧，这倒不难。再说我长期泡病号，很少出门，在家重读爱伦堡的《人·岁月·生活》。

九月十八日下午，在天安门举行官方追悼会，电视台电台现场直播。我们全楼仅我家有一台九英寸黑白电视，成了文化中心。午饭后，楼下贺妈妈（曹一凡的母亲）和李大夫等老邻居陆续落座，一边安慰痛不欲生的母亲，一边等着看电视直播。我避开她们，独自退到窗口，在离电视机最远的地方坐下。那一刻，我有候鸟般精确的方位感：我背后正南约五公里是电报大楼，再沿长安街向东约三公里即天安门广场。

从电视镜头看去，天安门广场一片肃杀，悼念的人们由黑白两色组成，国家领导人一字排开。下午三时，由华国锋主持追悼会。他用浓重的山西口音宣布："全体起立，默哀三分钟……"我母亲和老邻居们慌忙站起来。我迟疑了一下，身不由己也站起来，低下头。我到底为谁起立默哀？自己也说不清，是为了我自幼崇敬而追随过的人，为了献出自己年轻生命的珊珊，还是为了一个即将逝去的时代？

九

一九七八年十二月二十日，北京下了场少见的大雪，几乎所有细节都被白色覆盖了。在三里屯使馆区北头有条小河，叫亮马河，过了小木桥，是一无名小村，再沿弯曲的小路上坡，拐进一农家小院，西房即陆焕兴的家。他是北京汽车厂分厂的技术员。妻子叫申丽灵，歌声就像她名字一样甜美。"文革"初期，她和父母一起被遣返回山东老家，多年来一直上访，如今终于有了一线希望。

地处城乡之间的两不管地区（现称城乡接合部），这里成了严密统治的盲点。自七十年代中期起，我们几乎每周都来这里聚会，喝酒唱歌，谈天说地。每个月底，大家纷纷赶来换"月票"，陆焕兴是此中高手，从未出过差错。

这里成了《今天》的诞生地。十二月二十日下午，张鹏志、孙俊世、陈家明、芒克、黄锐和我陆续到齐，加上陆焕兴一共七个。直到开工前最后一分钟，黄锐终于找来一台油印机，又旧又破，显然经过"文革"的洗礼。油印机是国家统一控制的设备，能找到已算很幸运了。大家立即动手干活——刻蜡版、印刷、折页，忙得团团转。

那是转变之年。一九七八年四月五日，中共中央决定全部摘掉右派分子的帽子。五月十一日，《光明日报》刊登《实践是检验真理的唯一标准》的特约评论员文章，成为政治松动的重要信号。上访者云集北京，有数十万人，他们开始在西单的灰色砖墙张贴大小字报，从个人申冤到更高的政治诉求。十月十七日，贵州诗人黄翔带人在北京王府井张贴诗作，包括横幅标语"拆毁长城，疏通运河"，"对毛泽东要三七开"。十一月十四日，中共北京市委为一九七六年"四五事件"平反。十二月十八日至二十二日，中共中央召开十一届三中全会第三次会议。

一九七八年九月下旬一天晚上，芒克和我在黄锐家的小院吃过晚饭，围着大杨树下的小桌喝酒聊天，说到局势的变化，格外兴奋。咱们办个文学刊物怎么样？我提议说。芒克和黄锐齐声响应。在沉沉暮色中，我们的脸骤然被酒精照亮。

我们三天两头开会，商量办刊方针，编写稿件，筹集印刷设备和纸张。纸张不成问题。芒克是造纸厂工人，黄锐在工厂宣传科打杂，每天下班用大衣书包"顺"出来。张鹏志在院里盖了间小窝棚，成了开编辑会的去处。我们经常争得面红耳赤，直到深更半夜。张鹏志不停播放那几张旧唱片，特别是《拉赫玛尼诺夫第二钢琴协奏曲》，那旋律激荡着我们的心。

从十二月二十日起，我们干了三天两夜。拉上窗口小布帘，在昏暗的灯光下，大家从早到晚连轴转，谁累了就倒头睡一会儿。陆焕兴为大家做饭，一天三顿炸酱面。半夜一起出去解手，咯吱咯吱踩着积雪，沿小河边一字排开拉屎，眺望对岸使馆区的灯火。河上的脏冰反射着乌光。亮马河如同界河，把我们和另一个世界分开。

十二月二十二日（中共中央十一届三中全会闭幕），干到晚上十点半终于完工，地上床上堆满纸页，散发着强烈的油墨味。吃了三天炸酱面，倒了胃口，大家决定下馆子好好庆祝一下。骑车来到东四十条的饭馆（全城少有的几家夜间饭馆之一），围小桌坐定，除了饭菜，还要了瓶二锅头，大家为《今天》的诞生默默干杯。

我们边吃边商量下一步计划。首先要把《今天》贴遍全北京，包括政府部门、文化机构（社会科学院、人民文学出版社、《人民文学》和《诗刊》）和公共空间，还有高等院校（北大、清华、人大、北师大等）。确定好张贴路线，接着讨论由谁去张贴。陆焕兴、芒克和我——三个工人两个单身，我们自告奋勇，决定第二天上午出发。

从夜间饭馆出来，大家微醺。告别时难免有些冲动，互相拥抱时有人落了泪，包括我自己——此行凶多吉少，何时才能欢聚一堂。"你们真他妈没出息，掉什么眼泪？"陆焕兴朝地上啐了口唾沫，骂咧咧的。

骑车回家路上，跟朋友一个个分手。我骑得摇摇晃晃，不成直线，加上马路上结冰，险些摔倒。街上空无一人。繁星，树影，路灯的光晕，翘起的屋檐像船航行在黑夜中。北京真美。

解开情感的缆绳

告别母爱的港口

要向人生索取

不向命运乞求

红旗就是船帆

太阳就是舵手

请把我的话儿

永远记在心头

......

我想起头一次听到的郭路生的诗句，眼中充满泪水。迎向死亡的感觉真美。青春真美。

走吧

——给L

走吧，

落叶吹进深谷，

歌声却没有归宿。

走吧，

冰上的月光，

已从河床上溢出。

走吧，

眼睛望着同一块天空，

心敲击着暮色的鼓。

走吧，

我们没有失去记忆，

我们去寻找生命的湖。

走吧，

路呵路，

飘满红罂粟。

彭刚

　　一年多前，国内的朋友来信求证一个消息：彭刚自杀了。可无人知其行踪。只知道，他一九八二年来美，就读于匹兹堡大学，获得数学博士学位，再无下文。他自杀，我是信其有的，为此难过了好几天。

　　一九七三年年初，彭刚和芒克在北京街头，花一毛钱分享了个冻柿子后，宣布成立"先锋派"团体。彭刚家和北京火车站仅一墙之隔。他俩心血来潮，翻墙，跳上辆南行的列车。头天晚上，彭刚去图书馆偷书，摔坏了胳膊。第二天芒克和父亲吵翻来找他，他扯掉绷带，上路。他们在信阳和武汉两度被赶下火车。钱花光了，只好变卖随身衣物。彭刚让芒克用仅剩的五分钱洗把脸，去找个漂亮姑娘乞讨。最后还是个好心的女干部帮他们安排回家。

　　我是那年秋天认识彭刚的。从彭刚家的后窗能看见那堵灰色砖墙。火车驶过，震得玻璃哗哗响。我得承认，那是一种诱惑。后来我的免费旅行也是从那儿开始的。

彭刚的画让我震惊。我当时就我有限的人生经验判断：此人不是天才，就是疯子。他的画中，能看到那次旅行的印记：表情冷漠的乘客、阳光下燃烧的田野和东倒西歪的房屋。他很大方，让我随便挑选，我卷了几幅，回家悄悄藏在床下。

彭刚长相怪，有点像毕加索蓝色时期中的人物。他最常见的表情是嘲讽，眼睛细长，好像随时向这世界瞄准。说话正是瞄准后的射击——快且准。他精瘦，而冬天只穿一件单衣，影子般瑟瑟穿过大街小巷。那年冬天，我们很快熟络起来——截然不同的性格刚好互补：我正寻找烈酒般的疯狂；他呢，他的疯狂需要个容器。

他把日记给我看。他父亲是个工程师，死于迫害。在得知父亲死讯的当天他写道：我要有颗原子弹，一定和这个世界同归于尽。另一篇是他十六岁自杀时写的。他吞下半瓶安眠药，再用刀子把大腿划开。字体变得歪斜，描述却极其冷静：血渗出来，从白花花的伤口，并不太疼……看来死亡就那么回事……日记中断，他突然想活，挣扎着冲进附近的医院求救。

时隔二十五年，他仍有自杀冲动，不得不让人佩服。

一天回家，女儿告诉我有个叫彭刚的来过电话，吓我一跳，赶紧打回去。他嘿嘿笑着，听起来绝非在阴间。因为他多半用英文，谈的又都是美国现实：钱、电脑和工作压力。你知道，这儿，钱就是权力。他是从图书馆的电话簿上找到我的。自杀？谁？我没工夫自杀。他住得离我不远，开车只要两个小时。见面？当然，唉，最近太忙……

想当年我们三天两头见面。他是个恶作剧的天才。在饭馆吃饭，他顺手把盘子和茶壶塞进书包；或旁若无人，从副食店牵走个西瓜。我们去白洋淀的小镇赶集，只见他拎着篮子，沿一个个摊子晃过去，边跟老乡攀谈问价，边把蔬菜瓜果装进篮子，让对面的老乡看得目瞪口呆。

那是哪年？对，一九七四，是夏天。一行六七人，从北京搭火车混到保定，出站时被抓住。我们声言在白洋淀插队，没钱。警察不信，挨个搜身。彭刚耍贫嘴，被搜得最彻底，连鞋都脱了。我显得最本分，警察草草了事，放人。而钱都藏在我身上。

回首往事，大可不必美化青春。我们那时一个个像孤狼，痛苦、茫然、自私、好勇斗狠。当然总有些美好的时刻。记得我和彭刚、芒克划船去县城打酒，是那种最便宜的白薯酒。回来起风，越刮越大，高高的芦苇起伏呼啸。我们一边喝酒，一边轮流奋力划船。第二天，在邸庄插队的朋友那儿过夜。赶早集，彭刚窃得瓜菜一篮，做成丰盛晚宴。酒酣耳热，从短波收音机中调出摇滚乐，彭刚和陈加明欣然起舞。两个精瘦的小伙子像蛇一样盘缠摆动，令人叫绝。入夜，余兴未尽，荡舟于淀上。水波不兴，皓月当空。天地父母，可容得逆子远行？

今年春天，一位当年的老友来访。我们给彭刚打电话，他用英文惊呼见鬼，开着红色的尼桑新车，带来法国香槟和爱尔兰啤酒。他从毕加索的蓝色阴影中走出来，比以前宽了一倍。脸上多肉,很难再召唤早年的嘲讽。眼睛也已倦于瞄准,说话照旧很快,夹杂英文,像霰弹,射向噩梦般的工作压力。

要说他在美国算很成功了,在匹兹堡拿到博士,在哈佛工作,又转到柏克莱(Berkeley)著名的量子物理实验室做研究。三年前,他改行搞电脑,在硅谷找了份不错的差使,正步步高升。也怪,他竟没回过国,十五年了。

彭刚当年在北京的圈子里是有名的疯子。除了生活放纵,恐怕更主要是指他那诡谲多变的画风,和官方控制的艺术潮流完全背道而驰。有一回,他也试着参加官方的画展,那是幅典型的表现主义作品。画的是个菜市场的女售货员,丑陋凶恶,一手提刀,一手攥着只淌血的秃鸡,池子里堆满了宰好的鸡鸭鱼肉。负责选画的人把他叫去,先上下打量一番,问:"这是你画的?"他点点头。"念你年幼无知,这回就饶了你。还不快滚!"

他擅长讲故事,不少是美国电影。我还记得《第六棵白杨树》,他讲了一个半钟头,连比画带口技,加上即兴配乐,听得我热泪盈眶。其实他并没看过,也是听来的。据说前边那位更绝,讲了两个半钟头,比电影还长二十分钟。我来美国到处找这片子,竟没人知道,它说不定只是汉语口头文学的一部分。

我们常去我家附近的小饭馆喝酒。有一天,酒酣耳热,我们说到未来,说到艺术的前景。彭刚兴奋地盯着我,悄悄说:"咱们都得好好干一场。"

一九七五年初，我的朋友赵一凡被捕入狱，他是地下文学作品的收藏家。风声紧，我开始转移信件、手稿，和朋友告别，做好随时入狱的准备。找到彭刚，他跟他姐姐借了五块钱，拉我到新侨饭店的西餐厅，帮我分析案情，传授他两次入狱的经验。出来，北风肆虐。他拍拍我的肩膀，没多说，黯然走开。拖了几个月，竟没警察上门，我又开始活动。

　　我和彭刚之间出现裂痕，像酒和瓶子互相厌倦。我们有过一次激烈的争吵。那是从朋友处出来，搭二十二路末班车，坐在车中间的连接器上，我们随之颠簸转动，窗外的光影变幻不定。

　　此后我们很少来往。

　　一九七八年底《今天》创办时，彭刚已考上北大化学系。他偶尔到编辑部坐坐。我提醒他，这就是我们梦寐以求的自由化运动，别忘了那次喝酒时的承诺。他咧嘴一笑，说："有个人跟每个朋友许愿：我要有条船，一定把你带走。后来他真的有了条船。但太小，只能坐俩，不可能带走所有他曾许过愿的人。他只好上船，向众人挥挥手，再见啦。"不久，彭刚只身来了美国。

　　十八年后，我给他打电话，再次提醒他别忘了给《今天》写稿。他这回不再提那条船了。"太太刚生了孩子，我除了上班，又开了个公司。没辙，有项专利嘛。老实说，睡觉的工夫都没有。嗨，过日子，得还清房子贷款，得给儿子攒学费。以后吧……"

一束

在我和世界之间
你是海湾，是帆
是缆绳忠实的两端
你是喷泉，是风
是童年清脆的呼喊

在我和世界之间
你是画框，是窗口
是开满野花的田园
你是呼吸，是床头
是陪伴星星的夜晚

在我和世界之间
你是日历，是罗盘
是暗中滑行的光线
你是履历，是书签
是写在最后的序言

在我和世界之间

你是纱幕，是雾

是映入梦中的灯盏

你是口笛，是无言之歌

是石雕低垂的眼帘

在我和世界之间

你是鸿沟，是池沼

是正在下陷的深渊

你是栅栏，是墙垣

是盾牌上永久的图案

我的日本朋友

我的日本朋友 AD 生于五十年代末，即日本经济起飞以前，由于营养不良个儿矮，仅一米六三。"那是和我同年出生的日本男人的平均身高。"他说到此嘿嘿一笑，有点儿无奈有点儿自嘲，好像他是幸存下来的日本现代化的史前动物。他出生在北海道一个农民家庭，上大专时开始学中文。说到自己的导师他满脸敬仰，似乎让别人也分享这阳光雨露般的恩泽。在导师的指引下，他在大阪一家书店工作了几年，积攒下银两，为了到北京留学。做店员的记忆并不怎么愉快，按他自己的话来说："我每天至少得鞠好几百个躬。"

在北京，他与自己的文化拉开距离。我能想象一个日本人在中国混久了的那股子舒坦劲儿，可迎风打哈欠，自由自在伸懒腰，穿着背心满大街溜达。北京语言学院毕业后，他死活要留在北京。"一想到回日本每天要鞠那么多躬了，我就怕。"他说。

说到日本人的鞠躬，我算服了。前几年去日本参加活动，我到哪儿都赶紧握手，就想免去鞠躬这一繁文缛节。可发现握了白握，日本人民握完手后退一步，然后深鞠躬。入乡随俗，我只好握完手再鞠躬，或先鞠躬后握手，后来索性放弃握手这一繁文缛节。而鞠躬这门学问博大精深，其弯曲程度取决于社会等级贫富辈分性别等种种差异，且一次到位，不能找补。在日本，据说，某些公司在培训雇员时，会准备可调节角度的三角形板架，仅鞠躬这一项就得苦练三个月。要不怎么成了魔怔，若是在日本看见有人在电话亭边打电话边鞠躬，电话线另一头肯定是老板。

我跟 AD 相识于八十年代初。纱幕代替铁幕，那时中国人和外国人之间还有神秘感，正是这神秘感，造就了不少浪漫故事。在人大读书的晓阳正学日文，时不时组织郊游，把天真浪漫的日本留学生和好勇斗狠的中国老愤青往一块掺和，等于是让羊与狼共处。AD 是人大一个日本留学生的老乡，也被捎了进来。先是草地上的交谊舞、野餐、赛歌，最后一道节目是诗朗诵。晓阳把一个胖乎乎的日本女留学生的诗结结巴巴翻成瘦瘦的中文，非逼着我当众朗诵，再把我那瘦瘦的诗翻成胖乎乎的日文。

那些漂亮潇洒聪明伶俐的纷纷从友谊的离心机甩出去，只有老实巴交的 AD 留下来，成了我们家的座上宾。正赶上他手头拮据，积蓄快花完了，还得缴学费，于是比他穷十倍的我们发出了邀请。"只不过多添双筷子而已"，这句中国人的客套话撞上了个实诚的北海道农民，一到周末开饭，他准时出现在门口。

我们家还有另一位常客，是我前妻的中学同学的姐姐AL。她五大三粗，离婚携子，职业是在北京某公园游船部钩船。要说这活儿不易，要把那些等待靠岸的特别是满载爱情的小船钩回，得又稳又准才行。可她却怎么也无法为自己钩到这么一条船，难免心有戚戚焉。那时没有电话倒省事儿，她推门就进，一泡就是一天。那时诉苦就等于如今的心理治疗，区别是不仅免费还得管饭。于是AD与AL在我们家认识了，孤男寡女，难免有非分之想。

一九八二年初夏，我们带上AD与AL一起去白洋淀。白洋淀是保定地区的水乡，不少朋友在那儿插过队。从七十年代初起我们如闲云野鹤，常在那儿游荡。如今人去楼空，与当地农民兄弟的友情却依在。

当时对外国人来说，北京二十公里以外就是禁区。好在北海道农民与河北农民外貌差别不大，再加上说中文穿旧衣服，买火车票又不查证件。在永定门火车站半夜排队上车时，我看到AD眼中火星般闪跃的惊恐。我拍拍他肩膀，问他是不是有点儿冷，他缩缩背攥紧拳头说是。对一个日本良民来说，这风险是大了点儿，一旦被发现可以间谍罪论处。

到了白洋淀，我才意识到形势严峻：白洋淀原是抗日根据地，打日本鬼子成了当地人聊天的永恒主题，AD的身份一旦暴露会有生命危险。好在老百姓没出过远门，我们把身材矮小口音浓重的AD说成是广东人，众人不疑。只有一次，给我们棹船的小三突然瞅着AD说："我怎么越看你越像鬼子的翻译官？"把 AD 吓出一身冷汗。他会摔跤，在和当地小伙子比试时，那架势完全是日本式的——骑马蹲裆，用力时还发出嗨咿嗨咿的怪叫。好在年代久远，游击队的后代已无从辨认。

我们落脚的大淀头村，是诗人芒克当年插队的地方。在瘸腿的阜生的安排下，我们白天棹船游泳，晚上喝酒聊天。白洋淀赶上百年不遇的大旱，加上污染，鱼越来越少。为了请客，渔民用一种所谓"绝户网"，把只有蜡笔那样大小的鱼捞上来，上百条还凑不够一海碗。连渔民都摇头叹气："罪过啊罪过。"他们开始背井离乡，到天津等地打鱼为生。

晚上男女分睡在不同院落。我和 AD 睡在同一土炕上，入睡前东拉西扯。白洋淀让他想起北海道，他讲到母亲，讲到童年的贫困与孤寂。这种乡愁有点儿怪怪的：一个日本人在中国的抗日根据地思乡。

我得到了重要情报：北京钩船的看上北海道这条船，非要钩走不可。于是当晚我找 AD 谈话，我说到人生的完整以及感情生活的必要，说到钩船与爱情属性的相似。只见他在暗中眉头紧锁，连连点头。不，是我的记忆有误，应是第二天早上。我们头天喝到很晚，宿醉未消，我提议出去走走。我和 AD 沿乡间小路，来到淀边，远处芦苇随风起伏。据说我当时的一脸严肃把他吓坏了，于是这美好的愿望被一个遵纪守法的日本人解读成命令了。

从白洋淀归来，两人出双入对，AL 喜上眉梢，AD 呵呵傻笑。不久传来订婚的消息。谁承想节外生枝，这婚事遭到女方家里的强烈反对——原来她爷爷就是被日本人杀害的，父亲又是抗日游击队队长。这是世仇，罗密欧与朱丽叶的悲剧根源。朱丽叶的父亲放话说："嫁谁都行，打死也不能嫁日本人。"北海道的罗密欧傻了眼，不会甜言蜜语，他在朱丽叶家的床头盘腿呆坐，像一片茶叶那样无辜。这实诚的攻心术外加强势的日本电器，游击队长终于松了口。罗密欧与朱丽叶终于有了后现代的版本。

那年冬天，他们在和平门全聚德烤鸭店摆了两桌喜宴，除了亲朋好友，还有 AD 打工的日本公司的老板。上桌的两瓶"四特酒"估摸是中国的首批假酒，不一会儿来宾全都酩酊大醉。日本老板摇摇晃晃到别的桌跟陌生人敬酒，扯着嗓子高吼日本民歌。我跟小淀对饮，后来才知道他两天没爬起来。我嘛，骑车回家路过中南海，大骂执勤警察，人家挥挥白手套，没跟一个业余酒鬼计较。

一九八三年夏天，我的朋友、瑞典使馆文化专员安妮卡要去北海道度假，我把她介绍给 AD，他又把北海道的亲人介绍给她。旅游归来，安妮卡讲述了北海道风景之优美、民风之淳朴。语言不通，她和 AD 的亲人交流有问题，但为热情好客所感动。"他们让我想起瑞典北方的农民。"安妮卡说。

AD 在一家日本大公司当了多年临时工，跑腿地干活。后来到东京总部培训后转了正，据说正式雇用像他这样一个非技术非管理科班出身的，在全公司是破了先例的。他从最底层一级一级往上爬，不到七年工夫，成了该公司驻北京总代表。他的升迁，据说不仅由于他为人厚道可靠，更主要的是他深谙中国人的文化密码，通人情知"猫腻"，办事麻利，连中国的高官都特别喜欢他。他搬进高级公寓，有了私人司机，从我们的视野中淡出。

说到中国人的文化密码，这事非得靠自己悟。他在北京语言学院读书时，专程去重庆度假。按照日本习惯，他事先研究导游手册，通过旅行社订好当地最高级的旅店——人民宾馆，包括桑拿浴等高档服务。我也在那儿住过。

为了和中国人民打成一片，他身穿褪色中山服，剃了个小平头，兴致勃勃地上路。刚下火车，就看见有人高举着"人民旅馆"的牌子在吆喝，他稀里糊涂地跟别的客人上了平板三轮车，转弯抹角，被拉到火车站附近一个小巷里。灯火通明处，进门登记，被安置在一排通铺上。他躺下，找出旅游手册，纳闷，环顾四周，终于找到服务员。"同志，请问桑拿浴在哪儿？""什么桑拿浴？"人家白了他一眼。他拿出预订单和旅游手册。原来是把"人民宾馆"与"人民旅馆"弄混了，这是一家白天洗澡晚上出租床位的公共澡堂。第二天他赶到人民宾馆，刚进大门就被两个人高马大的保安给架了出来："臭要饭的，这地方是你来的吗？"他一边蹬腿一边高叫："我，我是日本人！我订好了房间！"直到他掏出日本护照，保安才放了他，并向他道歉。

讲到这故事的结尾处，他酸楚一笑。一个来自等级森严的社会的小人物，由于对平等与社会公正的向往而学习另一种语言……要是单单用钱说话，这语言他懂。他平步青云后只有一个爱好：打高尔夫球。那是多么孤独的运动，挥杆赶路的全部努力就是把一个小白球送进若干小洞里。然而这一身份标志在中国是不言自明的，所有服务员对他毕恭毕敬。

AD 怕老婆是出了名的，在公司传为佳话。要说怕老婆不是坏事，就怕不给面子。他在北京应酬多，每逢醉倒，由司机和下属抬回家，老婆拒绝开门，他只好在走廊忍一宿，头枕穿堂风，身盖明月清辉。

他们两口子的亲生儿子，和我女儿一起长大，一起上同一所中学。我女儿转述了他儿子讲的一段逸事。他们全家外出度假时，有一天儿子回到旅馆房间，从门外听见他爸正大声斥责他妈，势如排山倒海，夹杂着噼里啪啦的抽打声。儿子心想，我爸还反了，竟如此胆大妄为。一进屋才恍然大悟，他妈根本不在场，他爸暴打的只不过是个皮沙发。

据说很多年来 AD 都不肯原谅我，因为白洋淀那番谈话。可人生此一时彼一时，要说当年一个中国钩船的女人，怎么就配不上一个日本农民、店员和穷学生呢？即使不提门当户对，那也是两情相悦。

二〇〇一年冬天，我回到阔别十三年的北京，见到 AD 和他家人。我们在一间川菜馆共进晚餐后，到他家小坐。要说他倒不怎么显老，只有鬓角花白。那天晚上他话很少，显得矜持。我两杯白酒下肚，晕乎乎，有点儿动情。我忽然想跟他一起去北海道，看看他生长的地方，追溯他的童年；忽然想穿过二十年岁月的重重迷雾，回到那个白洋淀的早晨。在芦苇随风起伏的岸边，也许我该说点儿别的，比如，"如果你是条船，漂泊就是你的命运，可别靠岸。"

结局或开始

——献给遇罗克

我，站在这里

代替另一个被杀害的人

为了每当太阳升起

让沉重的影子像道路

穿过整个国土

悲哀的雾

覆盖着补丁般错落的屋顶

在房子与房子之间

烟囱喷吐着灰烬般的人群

温暖从明亮的树梢吹散

逗留在贫困的烟头上

一只只疲倦的手中

升起低沉的乌云

以太阳的名义

黑暗在公开地掠夺

沉默依然是东方的故事

人民在古老的壁画上

默默地永生

默默地死去

呵，我的土地

你为什么不再歌唱

难道连黄河纤夫的绳索

也像绷断的琴弦

不再发出鸣响

难道时间这面晦暗的镜子

也永远背对着你

只留下星星和浮云

我寻找着你

在一次次梦中

一个个多雾的夜里或早晨

我寻找春天和苹果树

蜜蜂牵动的一缕缕微风

我寻找海岸的潮汐

浪峰上的阳光变成的鸥群

我寻找砌在墙里的传说

你和我被遗忘的姓名

如果鲜血会使你肥沃

明天的枝头上

成熟的果实

会留下我的颜色

必须承认

在死亡白色的寒光中

我，战栗了

谁愿意做陨石

或受难者冰冷的塑像

看着不熄的青春之火

在别人的手中传递

即使鸽子落到肩上

也感不到体温和呼吸

它们梳理一番羽毛

又匆匆飞去

我是人

我需要爱

我渴望在情人的眼睛里

度过每个宁静的黄昏

在摇篮的晃动中

等待着儿子第一声呼唤

在草地和落叶上

在每一道真挚的目光上

我写下生活的诗

这普普通通的愿望

如今成了做人的全部代价

一生中

我曾多次撒谎

却始终诚实地遵守着

一个儿时的诺言

因此，那与孩子的心

不能相容的世界

再也没有饶恕过我

我，站在这里

代替另一个被杀害的人

没有别的选择

在我倒下的地方

将会有另一个人站起

我的肩上是风

风上是闪烁的星群

也许有一天
太阳变成了萎缩的花环
垂放在
每一个不屈的战士
森林般生长的墓碑前
乌鸦，这夜的碎片
纷纷扬扬

听风楼记

——怀念冯亦代伯伯

一

一九七六年十月上旬某个晚上，约莫十点多钟，我出家门，下楼，行百余步，到一号楼上二层左拐，敲响一二一室。冯伯伯先探出头来，再退身开门，原来正光着膀子。他挥挥手中的毛巾，说："来。"于是我尾随他到厨房。他背对我，用毛巾在脸盆汲水，擦拭上身。那时北京绝大多数人家都没有条件洗澡。冯伯伯那年六十三岁，已发福，背部赘肉下垂，但还算壮实。他对拉着毛巾搓背，留下红印。正当他洗得酣畅，我突然说："四人帮被抓起来了。"只见他身体僵住，背部一阵抽动。他慢慢转过身来，紧紧盯着我，问："真的？"我点点头。"什么时候？""就前两天。"他相信了我的话，把毛巾扔进脸盆，和我一起来到客厅。我们话不多，语言似乎变得并不重要。他若有所思，嘴张开，但并非笑容。

当我听到冯伯伯去世的消息，最初的反应是麻木的，像一个被冻僵了的人在记忆的火边慢慢缓过来；我首先想起的，就是三十年前这一幕，清晰可辨，似乎只要我再敲那扇门，一切就可以重新开始。

我和冯伯伯住在同一个民主党派的宿舍大院——三不老胡同一号，那曾是郑和的宅邸。后来不知怎的，在囫囵吞枣的北京话中，"三宝老爹"演变成了"三不老"。我们院的变迁，就如同中国现代史的一个旋转舞台，让人眼晕：刚搬进去时还有假山，后来拆走推平了，建小高炉炼钢铁，盖食堂吃大锅饭；到了"文革"，挖地三尺，成了防空洞；改革开放又填实，立起新楼。

我和冯伯伯应该是七三年以后认识的，即他随下放大军回到北京不久。我那时跟着收音机学英语，通过我父亲介绍，结识了这位翻译界的老前辈。那时都没有电话。一个匮乏时代的好处是，人与人交往很简单——敲门应声，无繁文缛节。再说民主党派全歇菜了，翻译刊物也关张了，冯伯伯成了大闲人，百无一用；他为人又随和，喜欢跟年轻人交往。于是我利用时代优势，闯进冯伯伯的生活。

要说这"听风楼"，不高，仅丈余；不大，一室一厅而已。我从未入室，熟悉的只是那厅，会客、读书、写字、用餐、养花等多功能兼备。一进门，我就近坐在门旁小沙发上。一个小书架横在那里，为了把空间隔开，也给窥视者带来视觉障碍。冯伯伯往往坐对面的小沙发，即主人的位置。此房坐南朝北把着楼角，想必冬天西北风肆虐，鬼哭狼嚎一般，故得名"听风楼"。若引申，恐怕还有另一层含义：听人世间那凶险莫测的狂风。

冯伯伯学的是工商管理，即现在最时髦的 MBA。他在上海沪江大学上二年级时结识郑安娜。当时英文剧社正上演莎士比亚的《仲夏夜之梦》，他一眼就看中了台上的郑安娜。他们于一九三八年成婚。他说："和一个英文天才结婚，不搞翻译才怪。"

待我见到郑妈妈时，她已是个和蔼可亲的小老太太了。每次几乎都是她来开门，向客厅里的冯伯伯通报。让我至今记忆犹新的是，她总是系围裙戴袖套，忙忙碌碌，好像有干不完的家务事。她从老花镜上边看人，用老花镜外加放大镜看书看世界。她在干校患急性青光眼，未能得到及时治疗，结果一只眼瞎了，另一只眼也仅剩下微弱视力。我一直管她叫"冯妈妈"。她轻声细语，为人爽快；偶尔也抱怨，但止于一声叹息。她是由宋庆龄推荐给周恩来的，在全国总工会当翻译。她就像本活字典一样，冯伯伯在翻译中遇到疑难总是问她。

记得我当时试着翻译毛姆的《人性的枷锁》的第一章。有个英文词 egg-top，指的是英国人吃煮鸡蛋时敲开外壳挖下顶端的那部分。我译成"鸡蛋头"，又觉得莫名其妙，于是找冯伯伯商量，他也觉得莫名其妙。他说，饮食文化中很多地方是不可译的。我们讨论一番，还是保留了莫名其妙的"鸡蛋头"。

说实话，我用这么简单的问题去纠缠一个老翻译家，纯粹是找借口。他们家最吸引我的是"文革"中幸存下来的书，特别是外国文学作品，那些书名我都忘了，只记得有一本冯伯伯译的海明威的《第五纵队》，再现了海明威那电报式的文体，无疑是中国现代翻译的经典之作。他自己也对《第五纵队》的翻译最满意。在一次访谈中，他说："你想一次翻译成功不行，总是改了又改，出了书，再版时还要改，我译的海明威的戏剧《第五纵队》，我推倒重来了五六次，现在还得修改，但现在我已没力气改了。因此，我曾苦恼、气馁，想改行，可翻译是我的爱好……"

冯伯伯是个温和的人，总是笑眯眯地叼着烟斗，脸上老年斑似乎在强调着与岁月的妥协。我那时年轻气盛，口无遮拦，而他正从反右和"文革"的惊吓中韬光养晦，却宽厚地接纳了我的异端邪说，听着，但很少介入我的话题。

正是我把"四人帮"倒台的消息带到听风楼，我们的关系发生了改变，我不再是个用"鸡蛋头"纠缠他的文学青年了，我们成了"同谋"——由于分享了一个秘密，而这秘密将分别改变我们的生活。那一夜，我估摸冯伯伯彻夜难眠，为了不惊动冯妈妈，他独自在黑暗中坐了很久。风云变幻，大半辈子坎坷都历历在目，他本来盘算着"夹起尾巴做人"，混在社会闲杂人员中了此残生。

二

偶尔读到冯伯伯的一篇短文《向日葵》，让我感动，无疑对解读他的内心世界是重要的。这篇短文是由于梵高那幅《向日葵》拍卖中被私人据为己有引发的感叹，由此联想到很多年前在上海买下的一张复制品。

他写道："十年动乱中，我被谪放到南荒的劳改农场，每天做着我力所不及的劳役，心情惨淡得自己也害怕。有天我推着粪车，走过一家农民的茅屋，从篱笆里探出头来的是几朵嫩黄的向日葵，衬托在一抹碧蓝的天色里。我突然想起了上海寓所那面墨绿色墙上挂着的梵高《向日葵》。我忆起那时家庭的欢欣，三岁的女儿在学着大人腔说话，接着她也发觉自己学得不像，便嘻嘻笑了起来，爬上桌子指着我在念的书，说'等我大了，我也要念这个'。而现在眼前只有几朵向日葵招呼着我，我的心不住沉落又飘浮，没个去处。以后每天拾粪，即使要多走不少路，也宁愿到这处来兜个圈。我只是想看一眼那几朵慢慢变成灰黄色的向日葵，重温一些旧时的欢乐，一直到有一天农民把熟透了的果实收藏了进去。我记得那一天我走过这家农家时，篱笆里孩子们正在争夺丰收的果实，一片笑声里夹着尖叫；我也想到了我远在北国的女儿，她现在如果就夹杂在这群孩子的喧哗中，该多幸福！但如果她看见自己的父亲，衣衫褴褛，推着沉重的粪车，她又作何感想？我噙着眼里的泪水往回走。我又想起了梵高那幅《向日葵》，他在画这画时，心头也许远比我尝到人世更大的孤凄，要不他为什么画出行将衰败的花朵呢？但他也梦想欢欣，要不他又为什么要用这耀眼的黄色作底呢？"

在我印象中，冯伯伯是个不善表达感情的人，没想到他在这篇短文中竟如此感伤，通过一幅画写尽人世的沧桑。一个记者前几年采访冯伯伯。据他记载，他最后问道："你能简单地用几句话总结你的一生吗？"冯亦代沉沉地说："用不了几句话，用一个字就够了——难。"末了，老人突然怆然泪下。

我们不妨细读这篇短文中的一段："解放了，我到北京工作，这幅画却没有带来；总觉得这幅画面与当时四周的气氛不相合拍似的。因为解放了，周围已没有落寞之感，一切都沉浸在节日的欢乐之中。但是曾几何时，我又怀恋起这幅画来了。似乎人就像是这束向日葵，即使在落日的余晖里，都拼命要抓住这逐渐远去的夕阳。"这种内心的转折，反映了知识分子与革命的复杂关系。

冯亦代于一九四一年离开香港前往重庆，临行前曾受乔冠华嘱托。到重庆后，他对左翼戏剧电影业帮助很大，并资助那些进步的文化人士。到了迟暮之年，记者在采访中问及那些往事。"有些事到死也不能讲。"他沉默了半天，又说："我做的事都是党让我做的，一些党内的事是不可以公开的。做得不对是我能力有限，是我的责任，但是一开始都是党交给的工作。我只能讲到此为止。"黄宗英逗着问他："总能透点风吧。"他断然地说："连老婆也不能讲。"也许在今天的人们看来这种事是可笑的，半个多世纪过去了，连国家档案局的资料都解密了，还能真有什么秘密可言？我想冯伯伯说的不是别的，而是他在青年时代对革命的承诺：士为知己者死。

据冯伯伯的女儿冯陶回忆："一九四九年解放以后，周恩来让胡乔木到南方去搜罗知识分子支持中央政府，爸爸和我们全家就到了北京。爸爸妈妈到了北京之后忙得不得了，根本见不着他们……那段时间应该是他们意气风发的时候，因为自己的理想实现了，他们希望建立这样的国家。后来爸爸调到了外文出版社，没过多久，就开始了反右运动，爸爸也是外文社第一个被打成右派的。"

据说在北京市民盟的整风会上，大家都急着把帽子抛出去，免得自己倒霉。而这顶右派帽子怎么就偏偏落到他头上了？依我看，这无疑和冯伯伯的性格有关。首先人家让他提意见，他义不容辞；等轮到分配帽子时，他又不便推托，只好留给自己受用。这和他所说的"有些事到死也不能讲"在逻辑上是一致的。

冯伯伯跟我父亲早在重庆就认识了，他们同在中央信托局，我父亲只是个小职员，而冯伯伯是中央信托局造币厂副厂长。那时的文艺界都管他叫"冯二哥"，但谁也闹不清这称号的出处。据说，他仗义疏财，"摆开八仙桌招待十六方"，凡是在餐馆请客都是他"埋单"。要说这也在情理之中，和众多穷文人在一起，谁让他是印钞票的呢？

据说到了晚年，冯伯伯卧床不起，黄宗英向他通报刚收到的一笔稿费，冯伯伯问了问数目，然后用大拇指一比画，说："请客。"

"文革"中，冯伯伯除了"美蒋特务""死不改悔的右派"等罪名外，还有一条是"二流堂黑干将"。关于"二流堂"，冯伯伯后来回忆道："香港沦陷后，从香港撤退的大批进步文化人汇聚重庆。首先见到夏衍，他住黄桷垭口朋友家里。不久夏衍夫人亦来。唐瑜便在山坡处另建一所三开间房子，人称'二流堂'。重庆的文化人经常来这里喝茶、会友、商谈工作。"

郭沫若戏称的"二流堂"，不过是个文人相聚的沙龙而已。同是天涯沦落人，杯光斛影，一时多少豪情！但只要想想暗中那些"到死也不能讲"的事，为杯中酒留下多少阴影。既然堂中无大哥，这仗义疏财的"冯二哥"自然成了头头，再加上"到死也不能讲"的事，赶上"文革"，可如何是好？他必然要经历革命逻辑及其所有悖论的考验。他回忆道："'文革'时我最初也想不通。一周之间，牙齿全部动摇，就医结果，十天之内，拔尽了上下牙齿，成为'无齿'之徒。"

一个人首先要看他是怎么起步的，这几乎决定了他的一生。冯伯伯当年也是个文学青年，居然也写过新诗。说起文学生涯的开端，他总是提到戴望舒。一九三八年二月，他在香港《星岛日报》编辑部认识戴望舒。戴望舒对他说："你的稿子我都看过了。你的散文还可以，译文也可以，你该把海明威的那篇小说译完，不过你写的诗大部分是模仿的，没有新意，不是从古典作品里来的，便是从外国来的，也有从我这儿来的。我说句直率的话，你成不了诗人。但是你的散文倒有些诗意。"

三

七十年代末，听风楼终于装上了电话，那是个现代化的信号，忙的信号，开放与拒绝的信号。冯伯伯从此成了大忙人，社会活动越来越多。我再按往日的习惯去敲门，往往扑空，只能跟冯妈妈拉拉家常。

《世界文学》要复刊了，这就等于给一棵眼见着快蔫了的植物找到了花盆。冯伯伯喜形于色，郑重宣布《世界文学》请他翻译一篇毛姆的中篇小说，发在复刊号上。但毕竟手艺生疏了，得意之余又有点儿含糊。他最后想出个高招，请一帮文学青年前来助阵，也包括我。他向我们朗读刚译好的初稿，请大家逐字逐句发表意见，为了让译文更顺畅更口语化。一连好几个周末，我们聚在冯伯伯的狭小的客厅里，欢声笑语，好像过节一样。我们常为某个词争得脸红脖子粗，冯妈妈握着放大镜对准大词典，帮他锁定确切的含义。最后当然由冯伯伯拍板，只见他抽烟斗望着天花板，沉吟良久，最后说："让我再想想。"

像冯伯伯这样的大翻译家，居然在自己的领地如履薄冰。他常被一个词卡住而苦恼数日，最终顿悟有如天助一般，让他欣喜若狂。再看看如今那些批量生产的商业化文学翻译产品，就气不打一处来。

而冯伯伯在百忙中并没忘掉我，他把我介绍给筹建大百科全书出版社的阎明复。我参加了翻译资格考试，居然考中了，但最终还是没调成。随后他又把我介绍到刚复刊的《新观察》杂志社，试用了一阵，我成了文艺组的编辑。

一九七八年十二月下旬某个下午，我匆匆赶到听风楼，冯伯伯刚好在家。我拿出即将问世的《今天》创刊号封面，问他"今天"这个词的英译。他两眼放光，猛噏烟斗，一时看不清他的脸。他不同意我把"今天"译成 Today，认为太一般。他找来英汉大词典，再和冯妈妈商量，建议我译成 The Moment，意思是此刻、当今。我没想到冯伯伯比我们更有紧迫感，更注重历史的转折时刻。于是在《今天》创刊号封面上出现的是冯伯伯对时间的阐释：The Moment。

我想起瑞典诗人特朗斯特罗默（Tomas Tranströmer）的诗句："我受雇于一个伟大的记忆。"记忆有如迷宫，打开一道门就会出现另一道门。说实话，关于为《今天》命名的这一重要细节早让我忘掉了。有一天我在网上闲逛，偶然看到冯伯伯握烟斗的照片，触目惊心，让我联想到人生中的此刻。我们每个人都生活在此刻，而这个此刻的门槛在不断移动。说到底，个人的此刻也许微不足道，但在某一点上，若与历史契机接通，就像短路一样闪出火花。我昨天去超市买菜，把车停好，脚落在地上，然后一步一步走动，突然想到二十七年前的这一幕：The Moment。是啊，我多想看清冯伯伯那沉在烟雾中的表情。

恰好就在此刻，冯伯伯和他的朋友们正筹划另一份杂志《读书》。这份杂志对今后几十年中国文化所产生的深远影响，应该怎么说都不过分。尽管《读书》和《今天》走过的道路不同，但它们却来自同一历史转折点。

回想八十年代，真可谓轰轰烈烈，就像灯火辉煌的列车在夜里一闪而过，给乘客留下的是若有所失的晕眩感。八十年代初，我成家了，搬离三不老大院。此后和冯伯伯的见面机会越来越少，却总是把他卷进各种旋涡中。大概正是那个夜晚的同谋关系，他没说过不，事后也从不抱怨。一九七九年十月的《新观察》，发表了冯伯伯为"星星画展事件"写的文章，慷慨陈词。

四

去国多年，常从我父亲那儿得到冯伯伯的消息。一九九三年得知冯妈妈过世的消息，我很难过，同时也为冯伯伯的孤单而担忧，后来听说他和黄宗英结为伴侣，转忧为喜。九六年春天，我和父亲通电话时，他叮嘱我一定给冯伯伯打个电话，说他中风后刚恢复，想跟我说说话。拨通号码，听见冯伯伯的声音，吓了一跳。他声音苍老颤抖，断断续续。他问到我在海外的情况。我纵使有千般委屈，又能说什么呢？"挺好"，我讷讷地说。后来又给冯伯伯打过两三次电话，都说不了什么，只是问候。天各一方，境遇不同；再说时差拆解了此刻，我们又能说些什么呢？

二〇〇一年冬天，我因父亲病重回到北京。离开故乡十三年，说实话，连家门都找不到了。我马上请保嘉帮我打听冯伯伯下落，她和黄宗英联系上了，说冯伯伯住在医院。那是个寒冷的早上，街头堆着积雪。由保嘉开车，先去小西天接上黄宗英阿姨。很多年前我就认识黄阿姨，当时我在北京处境不好，曾有心调到海口去，她正在那儿办公司。记得我们在她下榻的旅馆门外一直谈到深夜，她最后感叹道："你的问题太复杂，而我无权无势，帮不了你这个忙。"二十多年过去了，黄阿姨身体远不及当年，腿脚不便，在我们护驾下，总算上了车，开到中日友好医院。

所有病房首先让我想到的是冰窖，连护士的动作都变得迟缓，好像也准备一起进入冬眠。一见冯伯伯平躺着的姿势，心就往下一沉，那是任人摆布的姿势。听说他已中风七次，这是第八次。是什么力量使他出生入死而无所畏惧？黄阿姨抚摸着冯伯伯的额头，亲昵地呼唤："二哥，我来了。"冯伯伯慢吞吞睁开眼，目光痴呆，渐渐有了一点儿生气，好像从寒冬中苏醒。就在这时候他看见了我，先是一愣。我俯向床头，叫了声"冯伯伯"。他突然像孩子一样大哭起来，这下把我吓坏了，生怕再引起中风，慌忙退出他的视野。周围的人纷纷劝慰他，而他号哭不止，撕心裂肺。他从床单下露出来的赤脚，那么孤立无援。

我们在病房总共待了十分钟，就离开了。我知道这就是永别——今生今世。在门口，我最后回望了他一眼，默默为他祈祷。

冯伯伯曾对黄阿姨说过："我想修改我的遗嘱，加上：我将笑着迎接黑的美。"如此诗意的遗嘱，其实恰好说明他是一个绝望的浪漫主义者。而他对于黑的认识一直可以追溯到童年。他母亲在生下他一个多月后就患产褥热死去。他后来如是说："有母亲的人是有福的，但有时他们并不稀罕，视为应得；可是作为一个从小死去母亲的人来说，母爱对他是多么宝贵的东西。他盼望有母爱，他却得不到；他的幼小心灵，从小便命定是苦楚的。"

五

说实话，得知冯伯伯的死讯并未特别悲伤。他生活过、爱过，信仰过，失落过，写过，译过，干过几件大事。如此人生，足矣。我想起他那孤立无援的赤脚。它们是为了在大地上行走的，是通过行走来书写的，是通过书写来诉说的，是通过诉说来聆听的。是的，听大地风声。

如果生死大限是可以跨越的话，我此刻又回到一九七六年十月的那个晚上。我怀着秘密，一个让我惊喜得快要爆炸的秘密，从家出来，在黑暗中（楼里的灯泡都坏了）下楼梯，沿着红砖路和黑黝黝的楼影向前。那夜无风，月光明晃晃的。我走到尽头，拾阶而上，在黑暗中敲响听风楼的门。

守夜

月光小于睡眠

河水穿过我们的房间

家具在哪儿靠岸

不仅是编年史

也包括非法的气候中

公认的一面

使我们接近雨林

哦哭泣的防线

玻璃镇纸读出

文字叙述中的伤口

多少黑山挡住了

一九四九年

在无名小调的尽头

花握紧拳头叫喊

远行

——献给蔡其矫

　　元月二日晚，家中来客，一起包饺子过年。电话铃响，是《香港文学》主编陶然，他说："蔡老今天凌晨去世了。"我顿时呆住，妻子询问，复述时不禁泪如泉涌。又接到蔡三强的电话，说起他父亲一向打鼾，半夜鼾声一停人就走了。他还说找到很多照片，与《今天》及"星星画展"有关。不想扫客人的兴，我步入院中。女儿随即送来大衣，关切地盯着我，我摆摆手让她进屋，兀自坐在暗中。

　　去年七月，在香港与陶然等人相聚，席间说起蔡老的传记《少女万岁》。我要来电话号码，当晚打过去。蔡老听到是我，甚喜，得知我仍不能回国，破口大骂。我约他到香港相见，他长叹道："恐怕不行了，我八十八岁，老喽。"东拉西扯，从朋友到海洋。谁承想，那竟是我们最后一次通话。

　　满天星斗连成一片，璀璨迷离。看来总得有最后一次，否则人生更轻更贱。我们都走在这路上，谁都没有免于死亡的特权。也许重要的是，你与谁相识相伴相行，与谁分享生命苦乐，与谁共有某些重要的时刻，包括最后一次。

一

一九七五年冬，我在艾青家认识蔡其矫，那年我二十六岁，他五十七岁，正好是我现在的年龄。艾青到北京治眼疾，住白塔寺附近的王府仓四号，一家四口挤在一间小屋。家中陈设简陋，一目了然。由于地面不平，每次开饭，艾青都要亲自过问折叠桌是否放稳——颠沛流离，吃顿踏实饭至关重要。家徒四壁，但有满满一箱子齐白石的画，那是艾青刚进城当中央美院军代表时买下来的。

那时候说串门名副其实：走动之间，把国事家事天下事都给"串"到一起了。没电话，除非事先约好，只能撞大运——应声而至，沏茶倒水备酒留饭，取决于友情深浅。

那天上午，有人敲门后高声通报："艾青同志在家吗？我是蔡其矫。"只见他一头卷发，满面春风；说话底气足，南腔北调。一见面，他就夸我诗写得好，让我口讷而窃喜，手足无措。

第二天蔡其矫就来我家串门。唯一的皮沙发像烂橘子般陷落，只好把客人请上床。我们背靠墙并肩而坐，腿跷到床沿外。他引导话题，从诗到政治到性。他单刀直入，问我是否有过性经验，弄得我大红脸。接着他坦言对爱情及性的看法，我只好跟进，讲述了失败的爱情故事。他告诉我，他译过聂鲁达的《伐木者，醒来吧！》和《马楚·比楚高峰》，答应下次带给我。

我和蔡其矫成了忘年之交。相比之下，和艾青认识要早些，但关系很淡。他有点儿公子落难的意味，自视高，身份感强，让人敬而远之。这恐怕是他翻身当家做主人后我们决裂的原因之一。蔡其矫命途多舛，却毫不世故，嬉笑怒骂，如赤子般坦荡。

凭借华侨的特殊渠道，他搞到不少港台版文学书籍，再加上他手抄功夫了得，密密麻麻，如纳鞋底一般。说来也巧，自一九六四年因所谓"破坏军婚"罪锒铛入狱，直到一九七八年底他的三首诗发表在《今天》创刊号上，其间十五年，蔡其矫跟我们一样处于地下，摸黑走路，靠手抄本借光。如今说到地下文学，看来界定要宽泛得多，且源远流长，最早可追溯到一九六二年他写下的《波浪》一诗。

在阳光普照的大墙后，有一窄门通向北京离经叛道的地下世界，那儿有各式各样的沙龙，热闹得很。创作是私下的事，大家凑到一起则变着法儿玩——聚会郊游酗酒吟唱谈情说爱。我把蔡其矫领了进去，这地下世界，连带出没其中的漂亮女孩儿，让他激动不已。他的老式莱卡相机，镜头跟主人的眼睛一起永远忠实于她们。大家当面恭敬，一口一个"蔡老"，背后叫他"蔡求蜜"。

单位与老家在福建，夫人住北京，随"文革"风暴远去，行动自由的限制少了，他来北京的机会多了。后来每年像候鸟，春去秋来。而那窄门后面的北京，让他时不时改变行程。

我们常去的地方有圆明园、香山、樱桃沟、沟崖、八大处、十三陵水库、丁家滩和云水洞。便携录音机的出现把郊游推向高潮——野外舞会应运而生。最早上市的板儿砖式录音机细如蚊声，动辄卷带，但丝毫不影响众人兴致。音乐响起，只见蔡其矫独领风骚，他腰板笔直，昂首含颔，带着女孩儿旋转。霎时间，节奏骤变，从舞曲转成摇滚乐，慌乱中他踩不上点儿，于是急流勇退，继续搞好摄影师的本职工作。这一切都写进他诗中，诸如《雨后樱桃沟》《湖上黄昏》《十渡》和《女中音歌手》，后者副标题还特地注明"为今天玩伴而作"。

久别重逢，我提起当年那些女孩儿，他全都忘光了，令我惊讶。其实他记住的名字是青春，总有青春的代表进入他的生活。

他与舒婷一九七五年结识。《橡树》这首诗就是他转抄给艾青，艾青大为赞赏，又推荐给我。在蔡其矫引荐下，我和舒婷自一九七七年八月开始通信，她的《这也是一切》随意抄在信中，是对我的《一切》的答和。

一九七六年是中国当代史的转折点。"四五事件"发生时蔡其矫在福建泉州，九月十八日回到北京，马上去天安门广场凭吊，写下长诗《丙辰清明》：

啊，祖国！

我忧心如焚

到处在寻找你的踪影：

那些鸽子哪儿去了？

那年夏天，我妹妹在湖北游泳救人时死去，我痛不欲生。十月上旬，蔡其矫约我去香山散心。霜染红叶，如大地的血迹。我们沿后山小路攀登，在茶室小憩，凭栏望去，无限江山无限愁。

骑车回家的路上，街有异动——中国人的嗅觉比狗还灵。拐进某大院（据他回忆是海军大院），得到的消息难以置信。我们张着大嘴在夜色中前进，经王府井，终于得到证实。街上有人在吆喝："卖螃蟹喽，三公一母！"他甩出一张"大团结"，不等找钱，拎起螃蟹飞身上车说："到我家喝酒吃螃蟹去。"

那夜，我们喝黄酒吃螃蟹论天下事。我只记得他满脸通红，眼神有点儿疯狂，恐怕也折射了我的疯狂。对，我们就是荒原狼，在长夜将尽时朝天嗥叫。

我自选了二十多首诗，抄在十六开蓝色笔记本上，赠给蔡其矫。在扉页我写下题诗：

在长风不安的歌声中，
请免去这最后的祝福。
白色的道路上，
只有翅膀和天空。

二

蔡其矫在中国当代文人中绝对是个异数。

一九一八年十二月十二日生于福建晋江园坂村。六岁读私塾，八岁随家人侨居印尼泗水。一九二九年回国，在泉州教会学校初中毕业，在上海读高中参加抗日爱国运动。一九三八年早春，他离开印尼辗转抵延安，先进鲁艺学习，后到晋察冀边区，在华北联大任教。一九四一年他开始发表诗作。一九四五年当随军记者。自一九四八年起从事情报研究工作。五十年代初他放弃仕途，调到中央文学研究所……

我常在琢磨个人与时代的关系。一个华侨富商之子投身革命，往往是想通过救亡，通过对社会不公正的集体反抗以实现个人理想——个人与革命之间不免有互相需求与误解的成分。应该看到，在中国现代化转型的苦难历程中，革命有着必然的合理性的同时，也伴随着与生俱来的悲剧性。它混合着各种动机诉求与欲望，如同没有河床的洪流，冲决一切羁绊的同时带有自毁倾向。

与参加革命的农民不同，蔡其矫渴望的是某种精神回报，在这一点上，至少在革命胜利以前，他如愿以偿。他在二〇〇〇年口述时如是说："……那时，上课是自由的，唱歌是自由的，贴墙报是自由的，搞创作也是自由的……"

而后，和大多数文人一样，蔡其矫经历的痛苦可想而知。他也曾试图随大流跟形势——歌功颂德，写检查，与各种反党集团及思潮划清界限。但最终发现，革命与他所向往的个人自由早已分道扬镳。当人们彻底放弃自我时，他做了反向的选择，毅然决然站起来歌唱：

> 我英勇的、自由的心啊
>
> 谁敢在你上面建立他的统治？
>
> ……
>
> 波浪啊！对水藻是细语，
>
> 对飓风是抗争，
>
> 生活正应像你这样充满音响，
>
> 波——浪——啊！

这就是他写于一九六二年的《波浪》。

那是精神脊梁骨被打断的一代。即使有少数挑战者，也往往受限于二元对立的格局，成为统治者的镜像——正反不同，可长得一模一样。由于被镜子夺去了灵魂，即使幸存下来，往往变得枯燥而无趣。

从年初起，我在美国印第安纳州一个叫南湾（South Bend）的小镇教书。这里大雪茫茫，铲雪车到处奔忙，在路面刮出刺耳的声音。蔡其矫仿佛和我肩并肩，在雪中趔趄而行。他离开这世界一个多月了。这是个洁净的日子，充满明亮忧伤的日子，纪念逝者的日子。

王柄根《少女万岁》一书中的某些章节让我哑然失笑。"文革"期间，蔡其矫不仅不认罪，还公然贴大字报和造反派辩论。比如，说他是黄色诗人，他就举出唐宋诗词中的例子反驳。退一步，在某种意义上他也接受，因为他皮肤是黄色的。但接着他又说，皮肤并不能决定诗人的品质，比如，普希金的祖父是黑人，不能说他是黑色诗人……嘿，他还挺矫情。

与此相应的是宁折不弯的刚烈。在一次批斗会上，福建作协别的头头都被迫跪下，只有蔡其矫，怎么推搡他硬是不跪。造反派小头目一板子砸过来，闪过去，又是一板子，头破血流，他连血也不擦。最后造反派害怕了，把他送进医院。

也许最让人叹服的还是他惊世骇俗的爱情观："为了一次快乐的亲吻／不惜粉碎我自己。"纵然一生风流，蔡其矫有自己的原则。他在笔记本上写道："爱情的存在不是为了使我们幸福，而是为了向我们表明在忍受上我们能有多么坚强。世界上没有比无言的爱更高贵、更令人幸福的了。以无欲念的爱克服愁苦，也许这是迷途的爱、沉睡的爱。肉体有限度的满足，是人的最低权利。爱情是人类精神的一种最深沉的冲动……"

依我看，在一个"阶级仇民族恨"的时代，正是爱与艺术让他超越了反抗的局限。也只有爱与艺术，才会破解权力的因果链条，挣脱官方话语的无形桎梏；才会让人心变得柔软，复原万物的质感，使灵魂自由青春永驻。

一九六四年四月十三日，他因破坏军婚罪被开除党籍，锒铛入狱，关了近两年。多年后，蔡其矫和艾青在天安门广场散步。艾青问，你为女人坐过牢，后不后悔？蔡其矫说，无悔，这里有代价，但也得教益。这个教益就是当面对一个爱你的女人时，你要勇敢。艾青说，蔡其矫，你是真正的男人……

三

一九七八年深秋，我着手编辑《今天》创刊号，在桌上摊开蔡其矫和舒婷的诗稿，逐一推敲。我发现在老一代诗人中，蔡其矫竟与我们精神上如此之近。于是我选了他的三首诗《风景画》《给——》和《思念》，排在首位，接下来是舒婷的《致橡树》和《啊，母亲》。其中那首《橡树》，我根据上下文把题目改为《致橡树》。为安全起见，我给蔡其矫取了个笔名"乔加"。

我事先写信去福建试探，他竟满口答应，还另抄了几首新作。要知道那年月这可是胆大包天的决定，弄不好是要坐牢的。那年他整满六十，本应安度晚年，却跟我们这帮浑不吝的小子借《今天》浮出地表。

舒婷加入《今天》文学团体，始作俑者蔡其矫。在他催促下，一九七九年秋舒婷第一次来到北京，与《今天》同人聚首。某日，天高气爽，蔡其矫、艾未未和我陪舒婷游长城。那天蔡老兴致格外好，端着照相机冲锋陷阵；舒婷胆大艺高，爬到城垛上徘徊远眺；我晕高，看不得这壮举，把头转开；艾未未还是个大男孩儿，一开口脸就红……

十月二十一日上午，《今天》在玉渊潭公园举办第二届露天朗诵会，蔡其矫和舒婷也来了。以灰蓝色调为主的听众，点缀着花花绿绿的外国人和白制服警察。风雨欲来，朗诵会开得凝重悲壮。朗诵者向这两位最早加盟《今天》的南方人致敬。与整个基调形成反差，他们的诗句让人想到黎明时分的热带雨林。

《今天》问世后我们越玩越疯,郊游规模越来越大。蔡其矫是积极倡导者,乐此不疲。一九七九年深秋,即"星星画展事件"后不久,一行百十余人,浩浩荡荡,前往云水洞和十渡。在云水洞前空地上的舞会,如庆祝胜利的狂欢节。这下可忙坏了蔡其矫——跳舞摄影,二者不可兼得。只见他上蹿下跳,进退两难,连那些照片都拍得气喘吁吁的。爬山路上,他突然惊呼:"哎呀,这下糟糕了!"等大家围过来他才说:"我的面包都破了!"原来是他带的面包被压碎了。一个南方人的"破"字当头,把北方人全逗乐了。

如果说革命是狂欢节的话,当过情报科科长的蔡其矫深知其中危险。他多次警告我少和外国人来往,千万不要涉及政治,为此他甚至跟我发脾气。可既然是狂欢节,谁又能控制得了呢?跟他怎么解释都没用。

他与《今天》渐行渐远,但友情依旧。只要有美食美景美女,他从不拒绝。

四

一九八〇年十月下旬,我和前妻从山东度蜜月回来。第二天一早,有人拍门大叫:"我是蔡其矫。还活着,快,快点儿生火。"原来他拎着一串螃蟹。在朋友中,他是头一个来贺喜的。

按他的话来说,天下好吃莫过于螃蟹。看他吃螃蟹是一种享受：不用任何工具，咬啃咂嚷，全靠嘴上功夫，关键还得牙口好。一般来说，美食家全都热爱生活，没听说哪个美食家得抑郁症自杀的。我吃螃蟹毫无耐心，很快就在残渣余孽前投降了。他从牙缝挤出的评论准确有力："笨，懒，浪费，可惜。"

那时候都在家待客，最多去搞点儿散装啤酒凉菜什么的。一个物质匮乏时代的好处是，朋友聚在一起，粗茶淡饭，能多说说知心话。有时也争得脸红脖子粗，但不往心里去。

有一天，蔡其矫云游四海归来，我应声而至。那时他住东单大雅宝胡同，人民美术出版社宿舍，两间小屋昏黑，堆满书和他收集的贝壳。他留我吃午饭，得意地展示一路上的新作。我对那些"旅游诗"不以为然，半开玩笑说："你怎么跟出笼的母鸡一样，到哪儿都下个蛋？"他脸一沉嘴倒弓，下了逐客令："饭吃好了，你该回家了。"我为自己口无遮拦后悔，晚矣，只好悻悻离去。几天后他老人家骑车来找我，照样乐呵呵的，好像什么都没发生。

一九八一年秋，在兰州教书的"九叶派"诗人唐祈筹备"兰州诗会"，请了舒婷、江河、杨炼和我。未在受邀之列的蔡其矫，闻舒婷途中被窃，赶去救援；舒婷败兴回家，他却意犹未尽，直奔兰州。我们在招待所撞见，不禁欢呼起来。由于风声紧，"兰州诗会"被迫取消。于是我们封蔡其矫为"头头"，结伴而行。他将军般威风，摊开地图，为进军大西北制定路线。

我们一路穷开心。他最喜欢给美女照相，投其所好，我们仨就像选妃子一般，四处寻觅，把稍有姿色的女孩儿一网打尽。我们声称，这位是作家协会的老革命，为写作收集素材，关键是江山得有美人配。那年月彩色照片稀罕，再听说是作家兼老革命，几乎没碰过钉子。只见女孩子搔首弄姿，风情万种。拍照后留下地址，他事后评论道："这个蛮不错，有味道。"我们开始犯坏，专挑那些相貌平平甚至丑的，蔡其矫照旧乐得屁颠屁颠的，殷勤备至，但多少有些保留："还可以，马马虎虎。"他准心里纳闷：江山依旧，可怎的，一夜间，"六宫粉黛无颜色"。

夜宿青海湖边。蔡其矫早起去照相，回来大骂"懒虫"，把我们从床上赶下来。探头窗外，青海湖碧蓝如海，令人怦然心动。我们嗷嗷叫喊向湖边冲去，蔡其矫不甘落后，跟我们一起冲啊喊啊……

辞青海湖，过西宁，再返张掖，宿酒泉，登嘉峪关，抵敦煌。我们持私人介绍信找到敦煌研究所所长，受到特别礼遇，安排在招待所下榻，吃住便宜。在导游引领下，一连四天，参观了几乎所有重要的洞窟，有些从不对外开放。借助户外微光或手电筒，那奇异的造型与色彩，把我们全都震住了，屏息凝神，神魂颠倒。最让蔡其矫着魔的是飞天与乐伎。他认为，美的最高境界就是宗教，而宗教的最高境界是美。

最后一站柳园。三名小卒入川返京，而光杆司令继续西行，向新疆挺进。那是蔡其矫云游四海的开端。我们在小旅社告别，为他发现更多的维吾尔族美女干杯。收拾行李时才发现，不约而同，每人都带了一本惠特曼的《草叶集》。这影响显然来自于蔡其矫。

<h1 style="text-align:center">五</h1>

蔡其矫第一次读《草叶集》是一九四〇年，在晋察冀边区。他当时是华北联大文学院教员，院长是在法国留过学的沙可夫。在一个星空灿烂的夏夜，他和沙可夫从法国作家纪德说起，探讨文学艺术的自由观。沙可夫提到惠特曼，并把从苏联带回的英文版《草叶集》借给蔡其矫。

是夜，在煤油灯下，他几乎通读了《草叶集》，为惠特曼的风格所慑服。那来自美洲大陆动荡不安的声音，好像开关，一下打开他天性中未知的暗道——那与革命缘起息息相关，但又与铁血纪律格格不入的流浪精神。他大声用英文朗诵着《啊，船长，我的船长》，激动不已。在华北平原，在残酷的战争岁月，美国的惠特曼与中国的蔡其矫相遇，带有某种宿命色彩。

很多年后，他回首往事说："任何企图进入艺术王国的人，都应该有大师引路，让自己的大师领着走进那个精神王国。没有大师的引路是不行的。第一位引我走进诗歌王国的大师就是惠特曼，第二位是聂鲁达……"

惠特曼于蔡其矫，绝不仅仅意味着文学表达方式，也是生活方式、对世界的感知方式。对惠特曼来说，性是人体的能源，是世界物质生命——男女、动物、植物——的关键。他认为肉体与精神同样重要，相辅相成。从这一点出发，就比较容易理解蔡其矫的感情世界和爱情观。

在我看来，蔡其矫的诗歌成就终究有限，说来原因很多，包括与中国现代诗歌史的短暂与断裂有关。然而，这丝毫不影响他的重要性，因为他展现了更为宝贵的生命价值。在这一点上，蔡其矫比安贫乐道的惠特曼走得远得多，他用自己一生穿越近百年中国的苦难，九死而不悔。他对任何形式的权力结构保持警惕，毫不妥协，从而跨越一个个历史陷阱：在金钱万能的印尼，他离家出走；在革命走向胜利时，他弃官从文；在歌舞升平的时代，他书写民众疾苦；在禁欲主义的重围下，他以身试法；在万马齐喑的岁月，他高歌自由；在物质主义的昏梦中，他走遍大地……

他的反抗是个人的，他相信任何形式的集体反抗最终必与权力结盟，任何以自由为名的造反都将走向奴役之路。一九八六年五月在福州召开的"蔡其矫作品讨论会"上，他在发言中总结了自己的一生："我并不重要，我自认为是一块跳板，一层台阶，踏着它是为跃向对岸或走向高处……所有的诗人艺术家，无不历尽坎坷，屡经寂寞，不被窒息而死就是最大的幸运了！生命即使是伟大而勇敢，也难以达到成功！没有谁保护我们，只有靠自己支持到最后一息……"

自一九八一年秋，即我们西北之行以来，他云游四海，足迹几乎遍及中国。这一壮举对我来说至今还是个谜。他是为了继承徐霞客的传统，还是为了用脚在大地上书写，追赶青春穿透生命的迷雾？他曾在《自画像》一诗中自问："从黄昏到垂暮，他还能在眷恋中远行吗？"眷恋与远行，方向相反，却彼此激荡有如持久的钟声。

他是一面光芒涌动的镜子，与黑暗对立，却并非为了折射黑暗。它似乎提醒我们一个阴郁时刻的到来：趋炎附势、追名逐利、男盗女娼、画地为牢——这一切正成为我们文化的主流。

六

二〇〇一年冬，因父亲病重我回到阔别十三年的北京。除了尽孝，头等大事就是去看望那些忘年之交——岁数不饶人。我从保嘉那儿得知蔡老在京，大喜过望。

保嘉开车带我先去接牛汉。事先瞒着，牛汉下楼迎候时看见我，惊得竟蹦了起来。他快八十的人，仍像棵擎天老树那么壮实。再去东堂子胡同接蔡老。他老人家性急，不断打电话催问，早早到楼下等候。与他紧紧握手那瞬间，我的眼角湿了。他引我们回家，他夫人徐竞辞很热情，沏茶倒水。蔡老明显见老了，但还硬朗。想当年大家就管他叫蔡老，叫了三十年，终于给叫老了。他告诉我，几年前被摩托车撞翻，脊椎骨短了一截，行动大不如从前，但他还是骑车到处跑。

牛汉和蔡老执意先去看望我父亲，于是到我家小坐，再去附近"山水间"餐厅吃晚饭。那天给蔡老点了狗肉煲，他大赞，称天下第一美味。俩老头儿在一起总是斗嘴，嗓门大，还打打闹闹。说来他们还是通过我相识的，那是"四人帮"倒台后不久，我带蔡老拜访牛汉。

蔡老要去参加作代会，我请他约上舒婷和王安忆一起小聚。那晚，保嘉开车去奥林匹克饭店接上他们，来到后海河沿的"孔乙己"饭店。没事先订位，五个人围住一张小桌，好像烤火取暖。我给蔡老点了只大闸蟹，他大赞，称天下第一美味。

临走前，我借朋友的美意，在其属下一家名叫"湘君府"的湖南餐厅，宴请牛汉、谢冕、邵燕祥、吴思敬和蔡其矫，由几位同辈人作陪。所谓"总统套间"金碧辉煌，那华丽的装饰和闪光灯让人分神。蔡老坐我对面，话不多，专注于那精美的头盘——凉拌龙虾。我劝他多吃，最后连龙虾头也由他包了。在座的文学所的刘福春跟我抱怨说，他每次陪蔡老骑车，蔡老总是逆行，直冲着警察骑过去，他只好推着自行车跟在后面跑。

酒后有点儿恍惚了：生活继续，友情依旧，只是由于我的缺席，过去与现在之间出现某种断裂，如拼图中缺失了部分。

次年冬，又在北京见到蔡老。一切似乎又回到过去的轨道中。那晚，我请他和牛汉在一家大众饭馆吃涮羊肉，俩老头儿又斗上嘴了，好像双方为此等了一年。仔细听去，他们提及的名字大都不在人世了。

蔡老告诉我，他用积蓄在老家建了座花园，为了留给年轻人——让他们谈情说爱，诵读诗文。"我年纪大了，得考虑身后的事了，人都有这么一天。"这话还是让我一愣：年龄于他，似乎只是追逐青春的距离参数，与死亡无关。

他还告诉我，他如今志在海洋，研究写作均与此有关。他认为，中国的强大和航海有关。从根儿上说，他是个海洋性格的人。生于海边，长在印尼，随舰队远航，而他那自由不羁的灵魂，更是属于大海的。看来他在大地上走累了，开始寻找归宿——想象与灵魂的归宿。

此刻，我坐在大学宿舍的书桌前，窗外风雪肆虐。我极力回想我们间的最后一面，却怎么也想不起来了，沉入我关于故乡的混乱驳杂的印象中；而早年交往的细节，像雨后蟾蜍一个个蹦出来，似乎为了展示时光倒错的意义。是的，我们自以为与时俱进，其实在不断后退，一直退到我们出发的地方。

黑色地图

寒鸦终于拼凑成

夜：黑色地图

我回来了——归程

总是比迷途长

长于一生

带上冬天的心

当泉水和蜜制药丸

成了夜的话语

当记忆狂吠

彩虹在黑市出没

父亲生命之火如豆

我是他的回声

为赴约转过街角

旧日情人隐身风中

和信一起旋转

北京，让我

跟你所有灯光干杯

让我的白发领路

穿过黑色地图

如风暴领你起飞

我排队排到那小窗

关上：哦明月

我回来了——重逢

总是比告别少

只少一次

味儿

一

关于北京，首先让我想到是气味儿，随季节变化而变化。就这一点而言，人像狗。要不为什么那些老华侨多年后回国，四顾茫然，张着嘴，东闻闻西嗅嗅——寻找的就是那记忆中的北京味儿。

冬储大白菜味儿。立冬前后，各副食店门前搭起临时菜站，大白菜堆积如山，从早到晚排起长队。每家至少得买上几百斤，用平板三轮、自行车、儿童车等各种工具倒腾回家，邻里间互相照应，特别是对那些行动不便的孤寡老人。大白菜先摊开晾晒，然后码放在窗下、门边、过道里、阳台上，用草帘子或旧棉被盖住。冬天风雪肆虐，大白菜像木乃伊干枯变质，顽强地散发出霉烂味儿，提示着它们的存在。

煤烟味儿。为取暖做饭，大小煤球炉蜂窝煤炉像烟鬼把烟囱伸出门窗，喷云吐雾。而煤焦油从烟囱口落到地上，结成一坨坨黑冰。赶上刮风天，得赶紧转动烟囱口的拐脖——

浓烟倒灌，呛得人鼻涕眼泪，狂嗽不止。更别提那阴险的煤气：趁人不备，温柔地杀你。

灰尘味儿。相当于颜色中的铁灰加点儿赭石——北京冬天的底色。它是所有气味儿中的统帅，让人口干舌燥，嗓子冒烟，心情恶劣。一旦借西北风更是了得，千军万马，铺天盖地，顺窗缝门缝登堂入室，没处躲没处藏。当年戴口罩防的主要就是它，否则出门满嘴牙碜。

正当北京人活得不耐烦，骤然间大雪纷飞，覆盖全城。大雪有一股云中薄荷味儿，特别是出门吸第一口，清凉滋润。孩子们高喊着冲出门去，他们摘掉口罩扔下手套，一边喷吐哈气，一边打雪仗堆雪人。直到道路泥泞，结成脏冰，他们沿着脏冰打出溜儿，快到尽头往下一蹲，借惯性再蹭几米，号称"老头钻被窝儿"。

我家离后海很近。孩子们常在那儿"滑野冰"，自制冰鞋雪橇滑雪板，呼啸成群，扬起阵阵雪末儿，被风刮到脸上，好像白砂糖一样，舔舔，有股无中生有的甜味儿。工人们在湖面开凿冰块，用铁钩子钩住，沿木板搭的栈道运到岸上，再运到李广桥北面的冰窖。趁人不注意，我跟着同学钻进冰窖，昏暗阴冷，水腥味夹杂着干草味。那些冰块置放在多层木架上，用草垫隔开，最后用草垫木板和土封顶。待来年夏天，这些冰块用于冷藏鲜货食品。在冰窖里那一刻，我把自己想象成冷冻的鱼。

冬天过于漫长，让人厌烦，孩子们眼巴巴盼着春天。数到"五九"，后海沿岸的柳枝蓦然转绿，变得柔软，散发着略带苦涩的清香。解冻了，冰面发出清脆的破裂声，雪水沿房檐滴落，煤焦油的冰坨像墨迹洇开。我们的棉鞋全都变了形，跟蟾蜍一样趴下，咧着嘴，有股咸带鱼的臭味儿。

我母亲几乎年年都买水仙，赶上春节前后悄然开放，暗香涌动，照亮沉闷的室内。在户外，顶属杏花开得最早，随后梨花丁香桃花，风卷花香，熏得人头晕，昏昏欲睡。小时候常说"春困秋乏夏打盹，睡不醒的冬三月"，那时尚不知有花粉过敏一说。

等到槐花一开，夏天到了。国槐乃北方性格，有一种恣意妄为的狞厉之美。相比之下，那淡黄色槐花开得平凡琐碎，一阵风过，如雨飘落。槐花的香味儿很淡，但悠远如箫。

而伴随着这香味的是可怕的"吊死鬼"。那些蠕虫吐丝吊在空中，此起彼伏，封锁着人行道。穿过"吊死鬼"方阵如过鬼门关，一旦挂在脖子上脸上，挥之不去，让人浑身起鸡皮疙瘩，难免惊叫。

夏天是一年中最快乐的时光，主要是放暑假的缘故吧。我们常去鼓楼"中国民主促进会"看电视打乒乓球，或是去什刹海体育场游泳。说到游泳，我们沉浮在福尔马林味儿、漂白粉味儿和尿臊味儿中，沉浮在人声鼎沸的喧嚣和水下的片刻宁静之间。

暴雨似乎来自体内的压力。当闷热到了难以忍受的临界点，一连串雷电惊天动地，青春期的躁动得到某种程度的释放。雨一停，孩子冲向马路旁阴沟上，一边蹚水一边高叫："下雨啦，冒泡啦，王八戴上草帽啦……"

不知为什么，秋天总与忧伤相关，或许是开学的缘故：自由被没收了。是的，秋天代表了学校的刻板节奏，代表了秩序。粉笔末儿飘散，中文与数字在黑板上出现又消失。在男孩子臭脚丫味儿和脏话之上，是女孩儿的体香，丝丝缕缕，让人困惑。

秋雨阵阵，树叶辗转飘零，湿漉漉的，起初带有泡得过久的酽茶的苦味儿，转而变成发酵的霉烂味儿。与即将接班的冬储大白菜味儿相呼应。

二

话说味儿，除了嗅觉，自然也包括味觉。味觉的记忆更内在，因而也更持久。

鱼肝油味儿，唤醒我最早的童年之梦：在剪纸般的门窗深处，是一盏带有鱼腥味儿的灯光。那灯光大概与我服用鱼肝油的经验有关。起初，从父母严肃的表情中，我把它归为药类，保持着一种天生的警惕。

当鱼肝油通过滴管滴在舌尖上，凉凉的，很快扩散开来，满嘴腥味儿。这从鳕鱼肝脏提炼的油脂，让我品尝到大海深处的孤独感。后来学到的进化论证实了这一点：鱼是人类的祖先。随着年龄增长这孤独感被不断放大，构成青春期内在的轰鸣。滴管改成胶囊后，我把鱼肝油归为准糖果类，不再有抵触情绪。先咬破胶囊，待鱼肝油漏走再细嚼那胶质，有牛皮糖的口感。

"大白兔"奶糖味儿。它是糖果之王，首先是那层半透明的米纸，在舌头上融化时带来预期的快感。"大白兔"奶味儿最重，据说七块糖等于一杯牛奶，为营养不良的孩子所渴望。可惜困难时期，"大白兔"被归入"高级糖"，有顺口溜为证："高级点心高级糖，高级老头上茅房"，可见那"高级循环"与平民百姓无关。多年后，一个法国朋友在巴黎让我再次尝到"大白兔"，令我激动不已，此后我身上常备那么几块，加入"高级老头"的行列。

困难时期正赶上身体发育，我开始偷吃家里所有能吃的东西，从养在鱼缸的小球藻到父母配给的黏稠的卵磷脂，从钙片到枸杞子，从榨菜到黄酱，从海米到大葱……父母开始坚壁清野，可挡不住我与日俱增的食欲。什么都吃光了，我开始吞食味精。在美国，跟老外去中国餐馆，他们事先声明"No MSG（不放味精）"，让我听了就他妈心烦。

我把味精从瓶中倒在掌心，一小撮，先用舌尖舔舔，通过味蕾沿神经丛反射到大脑表层，引起最初的兴奋——好像品尝那被提纯的大海，那叫鲜！我开始逐渐加大剂量，刺激持续上升，直到鲜味儿完全消失。最后索性把剩下半瓶味精全倒进嘴里，引起大脑皮层的信号混乱或短路——晕眩恶心，一头栽倒在床上。我估摸，这跟吸毒的经验接近。

父母抱怨，是谁打翻了味精瓶？

在我们小学操场墙外，常有个小贩的叫卖声勾人魂魄。他从背囊像变戏法变出各种糖果小吃。由于同学引荐，我爱上桂皮。桂皮即桂树的树皮，中草药，辛辣中透着甘甜。两分钱能买好几块，比糖果经久耐吃多了。我用手绢包好，在课堂时不时舔一下。说实话，除了那桂皮味儿，与知识有关的一切毫无印象。

一天晚上，我和关铁林从学校回家，一个挑担的小贩在路上吆喝："臭豆腐酱豆腐——"我从未尝过臭豆腐，在关铁林怂恿下，花三分钱买了一块，仅一口就噎住了，我把剩下的扔到房上。回到家，钱阿姨喊臭，东闻西嗅，非要追查来源。我冲进厕所刷牙漱口，又溜进厨房，用两大勺白糖糊住嘴。可钱阿姨依然翕动着鼻子，像警犬四处搜寻。

三

一个夏天的早上，我和一凡从三不老胡同一号出发，前往位于鼓楼方砖厂辛安里九十八号的中国民主促进会，那是我们父辈的工作单位。暑假期间，我们常步行到那儿打乒乓球，顺便嘛，采摘一棵野梨树上的小酸梨。

一出三不老胡同口即德内大街，对面是我的小学所在的弘善胡同，把东北角的小杂货铺发出信号，大脑中条件反射的红灯亮了，分泌出口水——上学路上，我常花两分钱买块糖，就着它把窝头顺进去。

沿德内大街南行百余步，过马路来到刘海胡同副食店。门外菜棚正处理西红柿，一毛钱四斤；还有凭本供应的咸带鱼，三毛八一斤，招来成群的苍蝇，挥之不去。我和一凡本想买两个流汤的西红柿，凑凑兜里的钢镚儿，咽了口唾沫走开。

沿刘海胡同向东，到松树街北拐，穿过大新开胡同时，在路边的公共厕所撒泡尿，那小便池上的尿碱味儿熏得人睁不开眼，我们像在水中练习憋气，蹿出好远才敢深呼吸，而花香沁人心脾——满地槐花。昨夜必是有雨，一潭潭小水洼折射出天光树影。

拐进柳荫街一路向北，这里尽是深宅大院，尽北头高大的围墙后面，据说是徐向前元帅的宅邸。在树荫下，我们买了两根处理小豆冰棍，五分钱两根，省了一分钱。可这处理冰棍软塌塌的，眼看要化了，顾不得细品冰镇小豆的美味儿，两口就吸溜进去，我们抻着脖子仰望天空，肚子咕噜噜响。

出了柳荫街是后海，豁然开朗。后海是什刹海一部分，始于七百年前元大都时期。作为漕运的终点，这里曾一度繁花似锦。拐角处有棵巨大的国槐，为几个下象棋的人蔽荫。几个半大男孩正在捞蛤蜊，他们憋足气，跃起身往下扎猛子，脚丫蹬出水面，扑哧作响。岸边堆放着几只蛤蜊，大的像锅盖。蛤蜊散发着腥膻的怪味，似乎对人类发出最后的警告。

我们沿后海南沿，用柳枝敲打着湖边铁栏杆。宽阔的水面陡然变窄，两岸由一石桥连缀，这就是银锭桥。银锭观山，乃燕京八景之一。桥边有"烤肉季"，这名扬天下的百年老店，对我等的神经是多大的考验：那烤羊肉的膻香味儿，伴着炭焦味儿及各种调料味儿随风飘荡，搅动我们的胃，提醒中午时分已近。

我们一溜烟穿过烟袋斜街，来到繁华的地安门大街，北望鼓楼，过马路向南走，途经地安门商场副食店，门口贴出告示：处理点心渣儿（即把各种点心的残渣集中出售），我们旋风般冲进去，又旋风般冲了出来，那点心渣儿倒是挺招人爱，可惜粮票和钢镚儿有限。

沿地安门大街左拐进方砖厂胡同，再沿辛安里抵达目的地。"中国民主促进会全国委员会"的牌子，堂而皇之地挂在那儿，怎么看怎么像一句反动口号。

我和一凡先到乒乓球室大战三盘，饥肠辘辘，下决心去摘酸梨垫垫肚子。那棵墙角的野梨树并没多高，三五个土灰色小梨垂在最高枝头。踩着一凡的肩膀我攀上树腰，再向更高的枝头挺进。眼看着快够到小梨，手背一阵刺痛，原来遭"洋辣子"的埋伏。

从树上下来，吮吸那蜇红的伤口，但无济于事。从兜里掏出那几个小梨，在裤子上蹭蹭，咬了一口，又酸又涩，满嘴是难以下咽的残渣。食堂开饭的钟敲响了，一股猪肉炖白菜的香味儿飘过来。

安魂曲

——给珊珊

那一年的浪头

淹没了镜中之沙

迷途即离别

而在离别的意义上

所有语言的瞬间

如日影西斜

生命只是个诺言

别为它悲伤

花园毁灭以前

我们有过太多时间

争辩飞鸟的含义

敲开午夜之门

孤独像火柴被擦亮

当童年的坑道

导向可疑的矿层

迷途即离别

而诗在纠正生活

纠正诗的回声

纽约变奏

一

我是因为一场大火搬到纽约的。当然，大火只是个形象说法，是指生活的某种非常状态。到纽约的第二天，我一觉醒来，才凌晨四点，从十九层楼的窗户望去，纽约好像着了大火，高楼大厦燃烧，千百块玻璃呈血红色，黑鸟盘旋，好一幅末日的景象。原来是我的闹钟仍走着加州的时间，差三个钟头，纽约只不过正日出而已。

那天见着纽约的月亮，也吓我一跳。它出其不意地卡在两栋高楼之间，其大其亮，怎么琢磨怎么不对。如果让纽约的孩子画月亮，多半不圆，被水泥玻璃切削得迤逦歪斜。

曼哈顿这个长十三英里、宽二点五英里的岩石岛，最初是荷兰总督于一六二六年以价值二十四美元的小商品从印第安人那儿买下来的。十九世纪末由于钢筋混凝土的广泛应用，人们才开始发疯似的往高空发展。以致有一天，纽约人发现他们自己像鸟栖息在水泥森林里。

纽约人是不会想到地平线的，这事儿生来就和他们无关。如果我在加州的思维方式是横向的话，那么在这儿肯定是纵向的。当电梯把我从地面带到十九楼，我的思想还会继续沿惯性上升，直到蓝天。按人口比例，纽约人信教的不多，我琢磨肯定和电梯有关。你想想整天上天入地的，哪儿还会有什么关于天堂地狱的神秘感？从某种意义上，电梯成了纽约人思维的原动力。若停电他们被卡在中间，那非疯不可。

我到纽约的第二天就满街溜达，琢磨纽约人。其思路除了纵向性外，还有线性这个特点。比如，他们约会从来不含糊：二十三街第七大道或两街和百老汇之间。久了我才明白，其实他们是棋盘上的棋子，路线几乎是固定的，而捏住他们的手是钱，是命运，是线性逻辑。这么说，可别以为纽约人直来直去一根筋。与地貌街道相对立的是内心迷宫和九曲回肠，是权力的转弯抹角和股票市场的曲线，这势必造成纽约人灵魂的扭曲。

二

一九八八年夏天头一回到纽约。我们是从伦敦过来的。和垂死的大英帝国相比，这儿有股满不在乎的劲头，北京人叫"愣头青"，但朝气蓬勃。刚下飞机，我表妹的男朋友就开车带我们去兜风，隔东河观望曼哈顿的摩天大楼。那是黄昏时分，灯火通明，气派果然不凡。第二天乘地铁进城，我差点儿被尿臊味熏晕了过去。好不容易爬出地面，灰头土脸。

再抬头一看，那些高楼脏兮兮的，压得人喘不过气来，好在天热还能挡挡太阳。

我们到东村去找 W。当年我头一本油印诗集就是他手绘的封面，我和邵飞也是通过他认识的。他八十年代初到美国，在纽约一住七八年，黑了下来。这黑和黑还不一样，有的如履薄冰，有的如鱼得水。要说纽约可比哪儿都改造人。这个当年电影学院动画专业二年级的好学生，整个变了个人：他眼神阴暗，肥头大耳，一身短打扮，满口纽约土话。他走在街上，三教九流都过来打招呼，满脸崇敬。那时东村是流浪汉、酒鬼、毒贩子和艾滋病患者的天下。他哼哈应声，话不多，拍拍这个肩膀，摸摸那个秃头，奇迹一般，那些狂暴的灵魂顿时平静下来。

他告诉我们，两天后的晚上，穷苦兄弟们要在华盛顿广场示威，反对市政当局驱赶流浪汉的决定，警察肯定会戒严。他为此花高价买了台可连拍的闪光灯相机。当马队冲进示威队伍警察抡起警棍那一瞬间，他连续按动快门。照片发在本地报纸上，电视新闻也报道了示威场面，作为目击者他讲述了警察的暴行。尽管头部镜头被遮挡，还是为他捏了把汗，他非法居留，一旦被警察发现肯定会报复。可他满不在乎。

问他以何为生，答街头画像。说罢他取下画画工具，拦了辆出租车，拉我们到西四街的繁华地段，那儿已有不少中国画家在拉客。可惜那天晚上他运气不佳，等了两个钟头无人问津。有人提议去大西洋城赌一把，他立马收了摊，扬长而去。

他和艾伦·金斯堡（Allen Ginsberg）混得厮熟，艾伦会很夸张地呼唤他的名字。刚到纽约，艾伦请我们到一家日本馆子吃饭，由他作陪翻译。他用中文拿艾伦开涮，艾伦瞪着眼珠子咧嘴直乐，好像全听懂了。他把警察戒严的消息告诉艾伦，艾伦立即发表声明。在纽约有各式各样的秘密社会。而 W 自甘与那些社会边缘人为伍，伸张正义，说明他天生反骨，这大概是他当年加入"星星画会"的内在原因。纽约作为一个相对开放的社会，为其反叛的激情提供了发泄的可能。

后来听说他回国了，发了财，成了北京的大古董商。这倒也不稀奇，商业化最终会消解一切。而古董市场肯定也是个秘密社会，以他在纽约练就的胆识，足矣。

三

迈克（Michael），纽约人，现在住布拉格，前两天来纽约出差，哥伦比亚大学历史系毕业后，步庞德（Ezra Pound）和艾略特（Eliot）后尘，他搬到伦敦，娶妻生子，一陷二十多年。前几年他又搬到布拉格。今年布拉格国际作家节请阿瑟·米勒（Arthur Miller）参加，作为作家节主席迈克得亲自出马。于是由英国《卫报》（*The Guardian*）和布拉格市政厅资助、国际快递公司（DHL）包邮递、全球化电讯（Global One）免费提供手机、瑞士航空公司（Swiss Air）出机票，把一个老纽约包装好，送回故乡。

他要我帮他订旅馆。纽约旅馆贵得离谱，而他的预算有限。找来找去，那点儿钱只能住在家庭旅馆（B＆B），位置不错，在格林威治村。

我搬到纽约后，迈克曾在电话里说，"你的住处离我出生地只有两三个路口，你应该去看看我的摇篮。"丁零一响，迈克到，带着他那典型的微笑。他从布拉格带来六个粉红色水晶小酒盅送给我，还带来本届作家节的小册子，封面是捷克画家的半抽象油画，由大大小小的圆圈组成，全都是坟墓。迈克叹了口气，随后指着后排的一个小圆圈说，那是他的。

两天后的下午，我们约好去朋友家做客前先找个地方坐坐。出了地铁站，我打电话让他下来。迈克出现在蒙蒙细雨中，黑呢大衣，头发稀疏蓬乱。"看，这是我的纽约。"他张开双臂说。其实这早就不是他的纽约了。他多愁善感，在缅怀那逝去的一切。而真正的纽约人拒绝温情，都是冷酷生活的证人。他告诉我住处还行，主人挺热情，只是他的卧室没有窗户。没有窗户。我想象他面壁独坐黑暗中，纽约在墙后大放光明。

我们在一个咖啡馆坐下来。这里陈设古朴幽雅，精心但不刻意。顾客多是本地人，一个女大学生在旁边桌上做功课。"纽约变了。以前纽约的人是不谈钱的，"迈克呷着浓咖啡，闭着眼睛说，"如今一切都是赤裸裸的。"他告诉我，他在纽约没有亲人，跟在迈阿密的继父也不再来往。他母亲死后，他写信给继父，只想要母亲喜欢的钟作纪念。他继父却偏偏把那钟卖了，寄给他一笔卖钟的钱。

我给他的女友买了件咖啡馆自己的T恤衫，并在一张梦露的明信片上给她写了几个字。我知道，迈克喜欢这方式。出门我不禁打了个哆嗦。一个以泪解乡愁的纽约人，四处漂泊，却连个代表过去的纪念品都没有；好不容易回到故乡，居然住在一个没有窗户的房间里。

四

纽约出租车全都包给第三世界特别是来自战乱贫困地区的弟兄们，他们开得像打仗应在情理中。科索沃战争期间，那天让我赶上的司机是刚从前线下来的塞尔维亚人。只见他猫着腰，急速转动方向盘，躲来闪去，显然在避开炮火。那是战争经验的延续。他两眼发直，脸上既焦虑又得意，准是有种深入敌后的感觉——直插美帝国主义心脏。

有的出租车司机目标很具体。有一回坐车，司机是从土耳其山沟来的中年农民，从后视镜能看见他忧郁的眼睛。他的最大愿望就是攒钱买辆好车，衣锦还乡。他仔细向我打听各种车的性能和价格，高不成低不就，好像我是车行老板。亏得我也爱车，趁机卖弄我那点儿知识。他暗自拨拉一遍小算盘，断定自己明年就能回国了。他恨纽约。他咬牙切齿地说，纽约是地狱。

跟纽约出租车司机聊天要避免卷入政治宗教之类的话题。那一天头上包布满脸胡子的印度司机收工回家把我捎上。他马上要下班了，心情愉快，跟我东拉西扯。他来自孟买，在纽约开了十五年出租车，全家老少都搬到纽约。他说他的收入相当体面，都是现金，没有税务的问题。我提到塞蒙·拉什迪（Salman Rushdie），那个被伊朗追杀的印度小说家，以为是他们民族的骄傲。他一听这名字破口大骂，用尽所有的英文脏话。他准是个虔诚的伊斯兰教徒。我及时闭嘴，否则非得被他赶下车去。

我有个美国朋友是个老纽约。有一回搭出租车去肯尼迪机场，随口问司机从哪儿来。司机一下火了，用浓重的外国口音说，从哪儿来从哪儿来，每回人都这么问，可等他说出自己国家，没一个知道。我的朋友说让他试试。司机说那好，我说出国名你说出首都，这趟算我的，否则加倍收费。成。司机说阿尔巴尼亚。他不仅说出首都地拉那，还提到阿尔巴尼亚一个男高音的名字，可把司机乐坏了，下车时怎么也不肯收费。

前两天我去华盛顿广场附近的小剧场彩排，拦了辆出租车。司机是个白人，仪表堂堂，像即将离休的哈姆雷特。他叫罗维斯（Lovis），话剧演员，是六七十年代活跃在纽约的街头戏剧的骨干。他对中国一往情深。父亲是抗战期间美国"飞虎队"的队副，但不许他去中国旅行。说到大选，他骂布什是白痴，代表美国军火商的利益；说到纽约房租，他骂市长是黑社会老大，这个黑社会由三种人组成：律师、银行家和房地产商。下车时我们交换了电话号码。他最后告诉我，等他从革命大潮退下来，发现这社会已无他容身之地，只能开开出租车，偶尔客串一下。"你还没醒过来，这世道他妈的早就变了。"他说。

五

田田不喜欢纽约。她前不久到纽约来看我，住了半个月。一个在北京长大的孩子，在加州乡下小镇住了五年——从小学五年级到初中毕业，去年夏天又转回北京上高中，其内心困惑可想而知。住加州时想北京，真搬回北京她又失望了。这孩子念旧，她想念加州的同学，但并不喜欢美国，她将来要搬到一个陌生的国度去。十六岁是一个苦闷的年龄，再加上跨国迁徙、文化位移、家庭震荡、青春躁动，要处处小心才是。

田田睡在客厅的沙发上。大概由于时差或对纽约的拒绝，她每天上午昏睡不醒，一到晚上来了精神，上蹿下跳满屋飞，让我眼晕。客厅的橱柜上有个老座钟，想必停摆了很多年，零件早就锈死。田田从来不戴手表，大概在北京和纽约之间获得某种参考时间，她没事儿就去鼓捣那座钟，拨动时针摇晃钟摆，可走不了几下就停了。

在我看来，到纽约就要登高。我要带她去帝国大厦。她反问："为什么去帝国大厦？""那儿高。""还能比山高吗？"这下把我噎住了。好吧，那就去中央公园。"为什么去中央公园？""那儿大。""到底有多大？"我比画半天，最后找出纽约地图。"才这么丁点儿，"她蔑视地吐了口气说，"算了吧。"最后我只能陪她逛苏活（Soho）。一进那种青少年的服装店，嫌我丢人现眼，她约好见面的时间地点，几句话把我打发走。

我们带田田到 Q 大姐家去做客。Q 大姐的丈夫彼特（Peter）是德国犹太人，全家死在纳粹集中营里，只有他逃出来。他在纽约做了多年的心理医生，可每周还要自己花钱去看心理医生。他们住中城东边的一座现代公寓楼。一进门，大理石光可鉴人，门房穿戴如将军，很容易迷失在那些镜子中。他们家一尘不染，雪白的沙发雪白的地毯，聚光灯投射在墙上一幅幅抽象画上。

"简直像个五星级宾馆。"田田吐吐舌头说。

Q 大姐做了一桌地道的上海菜。彼特的脑门奇大，像个老寿星。他会怪腔怪调地说几个中文短语，比如"拉关系"，嘲笑自己"搭错了筋"。我们带来两瓶法国红酒，喝得提心吊胆，生怕滴在脚下的白色地毯上。晚饭后，彼特取出他们最近在中国的照片。他事先警告田田，他是有毛病的人，必须戴上橡胶手套才能看相册。我正给田田照相，她伸出一双手，同时捏着橡胶手套装成另一双手，向我挥动。

英雄所见略同：彼特提议带田田登高去看纽约的夜景。她后来告诉我，楼顶中央有个露天游泳池，天气冷，上面盖着帆布。她想走过去看看，"搭错筋的！"老彼特突然在背后大喝道，"不许动！你、你再往前——走一步，就是死！"

六

G 有个普通的汉族姓氏，因祖上满族正黄旗，为维护正统，他想改回去姓皇族的姓——那拉氏。据说上两代，他家某某曾是京城的卫戍区司令，可信。若再往上多数几代，我猜则多半是攻城的，是逐水草而居的游牧民族。要不他怎么当年能从北京直奔荷兰，又从荷兰杀到美国？南征北战，其中必有血液的召唤。

他是"星星画会"最年轻的成员。他那时年仅十八岁，眼睛明亮，一脸憨笑。记得"星星画会"在北海公园办画展，他帮大家挂画，话不多，忙上忙下。当年那个明朗的北京小伙儿，待八八年秋天在纽约重逢，一晃变成了阴郁的纽约人。他俨然以东道主的身份，开车陪我们到康州的海边去玩，逛哈雷姆区，在中国城请客吃饭。

我九三年搬到美国，G的故事有点儿离谱了。在画画搞实验电影的同时，他投身华尔街，摇身变成了生意人。更邪乎的是，据说他同时有两个老婆，不久又生了两个闺女，年龄相差没几天。我打电话去问，他一乐，不置可否。依我看这也没什么，古已有之，再说那不正是多数男人的梦想嘛。让我奇怪的倒是，怎么以前从未觉察到他的疯狂。

自打我搬到纽约，我们周末常在一起喝酒。他喜欢苏格兰威士忌，不兑水不加冰块，干喝。微醺时他总要挑起一些形而上的话题，且用英文，直到先把自己说糊涂了为止。他笑起来挺费劲儿，多半是未完成的，支离破碎。

他性格中有很多对立的东西。他既疯狂又自我压抑，厌倦名利又渴望成功，待人诚恳又过于苛刻，既暴烈又脆弱。他在西方受教育，但骨子里是地道的中国人。他无疑是个怪人，怪人只能住在纽约那林立的高楼之中。前两年他搬到与曼哈顿隔岸相望的新泽西州。这一回可搬坏了，其纽约人的内心受到了重创。这多少在他的一组画中反映出来：形同废墟的建筑物梦幻般地呈现在平涂的单色背景中，无限寂寞。他开始在家里养鱼，而且专找那些丑陋古怪的热带鱼，养在自己心头，韬光养晦。

他最近画风大变，画了一批疯马，横眉立目，鬃毛倒卷，犹如他本人的自画像。我很喜欢，从中选了一张做我英文诗集《在天涯》（*At the Sky's Edge*）的封面。我突然意识到，我跟他在性格等诸多方面南辕北辙，但也有共同之处，那就是内心的疯狂。在某种意义上，疯马的对应物就是天涯。这么说来，我们在纽约相逢不是没有缘由的。

七

星期六上午，G 开车到曼哈顿捎上我，过桥进入皇后区，上四九五号高速公路。不少纽约人去长岛度周末，车多，走走停停，到水磨坊镇（Water Mill）已中午一点。我用手机先通风报信，S 站在路的尽头，那头灰白头发像信号旗在飘扬。

我们是在一本国际刊物的发布会上认识的。我早到了一个钟头，孤魂般在大厅转悠。终于有人出现，斜插过来跟我握手，他就是 S，以前从未谋面。我请他帮我朗诵我的诗的英文翻译。会后我们应邀共进晚餐。分手时互留地址，他约我到他的乡下别墅做客。对纽约人的这类承诺不必认真。一个月后他打电话来："还记得吗？对，是我。"

窗外海天一色，鸥鸟齐飞。他的夫人詹（Jane）随和善谈，是退了休的社会学家。S七十多岁，诗人兼出版商，但靠的是艺术收藏和交易。他专门经营意大利、西班牙的古典名画，和各个博物馆打交道。我问他是否靠家族遗产。他摇头说，他是从零开始的，最初的知识得自于以前的女友，她是个意大利画家。说这话时，我们坐在客厅，夕阳平射在他脸上，他眯起眼睛，满面倦容。长时间的沉默，直到阳光悠然滑走，他陷入昏暗中。

第二天上午我下楼时他在书房。他说他五点起床，正在看一本昆虫学的书。

一周后又接到S的电话，这回是在他家设宴。他住河谷镇（Riverdale），离曼哈顿仅十几英里，是有钱人躲避都市喧嚣的好去处。他的豪宅坐落在哈德逊河边，视野开阔。从阳台望去，在变化微妙的光线中，天空河水丘陵层次分明。他家是个小型博物馆，几乎都是文艺复兴的名画，包括伯尼尼和戈雅的重要作品。

今晚的主要客人是美国桂冠诗人库尼兹（Stanley Kunitz）及夫人，分别坐在长桌两头。S雇了几个人打下手，由他亲自掌勺。坐在库尼兹旁边的是个患艾滋病的女诗人，眼神扑朔迷离，但有一种正视死亡的坚定。我和S坐在库尼兹夫人两侧。她九十五岁，说起话来像个孩子，天真不连贯。她请人在她的红酒里兑点儿水。"这回好多了，"她呷了一口，对我说，"我看这儿的客人都很模糊，只有声音是熟悉的。"

S今天很健谈，从意大利人的性格讲到昆虫的生活。他认为昆虫有自己的世界，做爱做到昏天黑地的地步，那是一种幸福，人类不能理解的幸福。他有一天醒来，发现两只蝙蝠正在他胸口上做爱。"我怕蝙蝠。"老夫人说。S又讲到蛇的爱情，老人扮了个鬼脸说："我怕蛇。"

八

去迈阿密晒了半年太阳的老夫妇马上要回来了，我们得从他们的单元搬出，临时住到朋友家去。要说这单元还算宽敞，但惨不忍睹。棕黑色家具丑陋笨重，好像跟随老夫妇多年后决心长在那里；两个并排面对电视的单人沙发，加上那停摆的座钟，代表了退休者的生活格局；墙上挂满廉价的商品油画和旅游明信片，如窥视浮华世界的大小窗口。我们不得不用色调明亮的布和地毯，以及从画家朋友那儿借来的画尽可能地覆盖一切。

这个单元在上城中央公园西侧的一栋三十二层公寓楼里。住在里边的都是穷人，若无政府的住房补贴，谁也不可能留在这寸土寸金的曼哈顿。我们的邻居多半是黑人。在电梯那狭小的空间和短短的升降时间里，打声招呼，最多三言两语，说说狗、天气和孩子，然后目光错开。别瞧纽约人直眉瞪眼，其实什么都没耽误，仅一瞥，点点滴滴在心头。若碰见话多的肯定有毛病，最好躲远点儿。

在纽约，街区（neighborhood）是个重要的概念。这让我想起老北京。哪个饭馆实惠啤酒没兑水，哪个副食店的肉好菜新鲜，哪个居委会老太太最刁钻，以及去哪个煤铺拉蜂窝煤到哪个派出所领粮票，全得门儿清。在纽约也差不多。我知道哪个看门人和气，哪个服装店售货员漂亮，哪个路口车少，哪个小铺的啤酒种类多且便宜……纽约自有它的方便之处，各行各业均有二十四小时服务。可以想象有相当那么一拨夜猫子，昼伏夜出。

流浪汉也多半跟街区共命运。每回去银行，拉门的总是同一个老头，彬彬有礼，外加美好的祝愿；而副食店门口永远戳着同一个恶煞，若不给钱，必招来一顿劈头盖脑的臭骂。好在人们习惯了政治家的赞美和老板的诅咒，见怪不怪。每回晚上我经过百老汇和七十八街之间，几乎都能见到那个瘦瘦的男人，躺在路边的铺盖上，掌灯夜读，用的是个钢笔手电筒，周围大包小包估摸塞满捡来的书。那精神让我惭愧。

我出门基本有条固定路线，先去八十六街和百老汇拐角的花旗银行（Citibank）取钱，顺手在旁边报亭买份报纸，沿百老汇走到八十三街左拐，穿过一个路口进邮局，办完事在那街角买束花，沿阿姆斯特丹大道折回，在八十五街的副食店买菜，再到隔壁酒店拎上两瓶红酒，然后经过一个红砖教堂回家。赶上刮风下雨，我会躲到马路对面去——整个路口都被脚手架覆盖。

九

我们搬到西村。西村是格林威治村的一部分，也是其传统意义上的心脏。E 和家人住在那种纽约典型的排房里，独门独院，楼梯嘎嘎作响，钩连着三层楼及地下室，后院窄小，有竹林摇曳。建于一九二九年，作为这条街最古老的房子，曾是分割成四十个鸽子笼般的寄宿宿舍，几易其主而翻修改建，十四年前被 E 买下，融入他的性格和趣味。他每天早起头一件事就是把塑料喂鸟器装满，再挂回树杈上，鸽子麻雀已在竹林扑腾，跃跃欲试。然后他就着咖啡读《纽约时报》，雷打不动。这时邻居家的女高音在麻雀声中高歌，怪吓人的，尤其那音阶练习好像攀登云梯，让人提心吊胆。

荷兰人当初买下整个曼哈顿岛时，这里还是片鸟飞兽走的林地。英国人占领后，英军舰队司令买下三百英亩烟草种植地，在哈德逊河边安家落户，他临死前命名其庄园为格林威治。一八二二年，瘟疫横行，人们为了河边新鲜的空气搬来，这个偏僻村落渐渐变成繁华的市镇。十九世纪末，赶时髦的有钱人急忙奔新兴的中上城，途中的格林威治村被遗忘，荒下来。于是艺术家和反叛者搬进来，而当地信教的意大利、爱尔兰和德国移民，被他们波西米亚的生活方式及异端邪说吓坏了。

一九一六年某天，一帮年轻人在酒吧喝了个通宵，爬到华盛顿广场的拱门顶上，大叫大喊，宣布成立自由共和国——新波西米亚。他们说什么也不肯下来，直到市长答应了这一要求。格林威治村曾一度以"小波西米亚"风靡全国。

上世纪五十年代后期，"垮掉一代"的诗人从各地而来，形成第一波的冲击。到了六十年代，波普艺术、先锋戏剧和摇滚乐接踵而至，加上大麻，构成了波西米亚生活最后的时光。一直持续到七十年代，被以同性恋自我认同为标志的性革命所取代。八十年代里根的经济政策使房价飞涨，艺术家被逐到东村和别的地方。

中午 E 从顶楼的书房下来，我问他的写作进行得怎么样，他讲了个福楼拜的故事。有一天吃午饭，福楼拜走出书房，客人如是问，他说他只写了个逗号；晚饭时客人再问，他说他把那逗号涂掉了。

十

一九七〇年三月六日，西村的西十一街十八号发生爆炸，"气象员"地下组织（Weatherman Underground）的三名成员在制造炸弹时不慎引爆，被当场炸死。另两个姑娘幸存下来，赤身裸体跑到隔壁的电影明星达斯汀·霍夫曼（Dustin Hoffman）家，跟他妻子借了衣服，躲进地铁，在地下生活了很多年。其中一个后来自首，从轻发落；另一个再次卷入别的地下组织的生活，被捕后处以重刑。

"气象员"来自美国著名歌手鲍勃·迪伦（Bob Dylan）的歌词，"你用不着气象员告知风往哪儿吹"（You don't need a weatherman to know which way the wind blows）。它的前身是一个全国性组织"民主社会学生联盟"（SDS），成立于一九六〇年，随着美国的人权运动和反越战的抗议示威发展壮大，也越来越倾向暴力。一九六九年由于观点分歧，它分裂成若干团体，其中最激进的就是"气象员"。该组织在纽约的成员主要是哥伦比亚大学的学生。他们是激进分子，主张通过武装革命来打消美帝国主义的气焰。

E告诉我，他有个同学就是"气象员"的成员。后来成了英文教授。在他们看来，私有制是万恶之源，甚至连衣物都会导致私有观念。他们进屋全要脱光，衣服集中在一个大纸箱里，出门时随便穿一件。可每个人尺寸不同，穿戴必然很怪。由于"气象员"在英文中属阳性，和妇女解放相抵触，后改名为"气象地下组织"（Weather Underground）。

从一九六九年"气象员"成立以来，其成员纷纷被捕送上法庭。一九七〇年六月九日，即在西村的事故后三个月，纽约警察局被炸；七月二十七日，美国银行（Bank of America）在纽约的分支机构被炸，"气象员"发表新闻公报，承认是他们所为……

五月应是绿肥红瘦，却乍暖还寒。和一个从德国来的朋友约好，一起逛格林威治村。蒙蒙细雨，穿过曲折小街，先去了迪兰·托马斯喝死的那家"白马"酒馆（White Horse Tavern），又去了世界上最早的同性恋书店，今天周末，要等中午才能开门。我们来到华盛顿广场。西北角有几张镶棋盘的石桌，多数空着，有个老头摆好棋子，拿出计时器，等待对手的到来。穿过广场，沿第六大道拐进西十一街，终于找到十八号。

这栋三角形的现代化建筑是一九七八年重建的，夹在老房子中，似乎故意突出某种不协调。这是个普通的星期六的早上。一个父亲在门口逗弄小男孩，另一家人正迎接客人，或告别。有谁还会记得三十一年前的爆炸事件？在那些"气象员"中，死者永远年轻，生者和我年龄相仿，都来自六十年代，并留有那个时代的烙印。如今，风向早就变了。我想起鲍勃·迪伦的歌："你用不着气象员告知风往哪儿吹"。

十一

一九七四年七月十三日，一艘油轮停靠在费城德拉瓦河（Delaware River）码头卸油，见习船员 X 和伙伴乘出租车到附近的小镇，他另付了一百五十美元，出租司机换了辆自己的车，一直把他们拉到纽约。他一九五〇年出生在台湾屏东南州，自幼爱画画，在马祖服了三年兵役。他"跳船"蓄谋已久，是为了到纽约闯天下。

我是在朋友家的聚会上认识他的。他小个儿，黝黑，但眼睛特别，直愣愣的，有一种藏得很深的忧伤。陪他一起来的女人跟他正好相反，又白又高，高出他大半头。他们靠着墙角喝酒聊天。主人把 X 介绍给我，说他是著名的观念艺术家。高个女人纠正说，是世界级大师。你好，大师。酒尽人散，大师要开车送我回曼哈顿。他开的是辆后车厢加盖的小卡车。那女人后我下车。于是窝进窄窄的后座，手脚支出来。

X 车开得稳，不像刚出道的艺术界的怪人。当时作为画家的家属，我也跟着啧啧称奇。

我们约好再去喝一杯。到西村停好车，那女人被解放出来。先进一家酒吧，女侍态度恶劣，每人非得买两杯才能坐下，岂有此理。又换了一家，坐定。他相当内向，自有一套语言系统，不易进入。我琢磨一个人独处久了，他人已不重要——虚无之墙的投影而已。

到纽约后，他边打工边琢磨自己的走向。他早期作品有自残倾向，比如跳楼钻粪坑，把腿都摔坏了。一瘸一拐地摸索，终于开了窍，他连续做了四个为期一年的作品。

从七八年至七九年，他自我监禁在一个十平米见方两米多高的笼子里。一年期间，不交谈，不读写，不听广播，不看电视。他进笼子那天由律师贴了封条，出来时再启封。每日三餐是由一个朋友送的。对伙食不满，他只能摔碗抗议。他以床为家，到余下的地盘散步算作出门。他每天在墙上画一道——整整三百六十五道，早画了还不行，剩下的时间显得太漫长。在他看来，每个人都有自己的笼子，只是往往意识不到而已。

从八〇年春天起，他把自己关进同一个笼子，穿着工作服，每小时打卡一次，持续了一年。为了精确，他买了台日本打卡机，和手表和高音喇叭串联，每小时差三十秒响一次。和头一年那种半冬眠状态正好相反，他成了世界上最忙的人，每天打二十四次卡。他说，打卡打久了，就像瘸子走路变得自然而然。在他看来，人所做的一切都是在消耗有限的生命，而所谓时间是无限的，在打卡时他强烈感觉到生命与时间的荒谬关系。

第三件作品是从八一年夏天起在户外生活一年，不进任何建筑物、地下道、洞穴、帐篷、汽车、火车、飞机、船舱等。他背着个睡袋，与纽约街头的流浪汉为伍。比流浪汉强的是他兜里有钱，能填饱肚子，但不能像他们那样钻进地铁、桥洞或废弃建筑物睡觉。那年纽约的冬天奇冷，低到零下三十八度，他把所有衣服都穿上，烤火取暖，一躺下就会被冻死。人比自然更恶。有一回他在一家工厂附近喝茶，老板连打带骂赶他走，他掏出护身用的三节棍。警察来了，他拿出报道他的报纸，蒙混过去。不久那老板在街上看见他，又叫来警察。这回可不管什么艺术原则，先关十五个小时，还要判刑。他花钱找来律师。开庭时，法官同意他留在室外。律师的铁嘴铜牙加上法官的同情心，最后把他放了。除了那十五个小时，他孤狼般在户外生活了一年，成了人类文明的旁观者。

从一九八三年七月四日即美国独立日那天起，他和一个美国女艺术家琳达（Linda）用根八英尺长的绳子互绑在腰间一年，双方身体不能接触。洗澡上厕所在一起，出门遛狗接受采访会见各自朋友也得在一起。一旦吵起架来比较麻烦。有一回他正洗澡，琳达发脾气要冲出去，差点把他光屁股拖出门外。和平共处时，他们俩一起打工挣钱，一起去教书，一起坐飞机到别的城市演讲。由于完全没有隐私，在八四年独立日分手时，两人几乎到了彼此憎恨的地步。

从八五年到八六年，他坚持不做艺术、不看艺术、不谈艺术一年。从一九八六年十二月三十一号他的生日起，到二十世纪的最后一天，整整十三年期间，他虽然做艺术，但不发表。在我看，这后两个声明是多余的：将军退休了，就不必再言战事。他结了两次婚，又都分了手。他告诉我，他现在忙着装修他在布鲁克林的房子，准备请世界各地的艺术家来免费居住创作。

十二

每星期三中午我坐九号地铁到宾夕法尼亚火车站（Penn Station），先买一份《纽约时报》，然后搭乘十二点十五分开往长岛的郊区火车。在车上我把报纸翻过来掉过去，被另一种语言所遮蔽的事件弄得昏昏欲睡，直到播音器吱吱嘎嘎响，我戴着花镜冲出车门，一片茫然，再随众人涌上另一辆日本造的双层火车，爬到二层，把报纸扔在一边，看窗外风景。离开纽约，空气越来越新鲜，到处是树林、坡地、溪流和一闪而过的白房子。下午两点五分到达石溪（Stony Brook）。

搬到纽约不久，经朋友介绍，我稀里糊涂找了份工作——在纽约州立大学石溪分校英文系教一个学期的诗歌创作课。由于交通不便，课都集中在星期三。我就这英文水平，若让我反过来当学生肯定不够格。我心想，在美国撑死胆大的，饿死胆小的；再说诗歌本来就说不清，用另一种说不清的语言也许更好。头一天上课，我真有点儿上刑场的感觉，头皮发麻，身上冷飕飕的。

我的课从四点到六点，外加三个钟头的辅导课，说得我理屈词穷，累得我灵魂出窍。在美国大学，老师比学生更怕性骚扰:办公室永远敞着,相隔一米,还得尽量提高嗓门儿。送走最后一个学生,锁上门,我裹紧大衣,哆哆嗦嗦穿过楼群和停车场,好歹赶上八点四十开往纽约的火车。除了换车时买包土豆片充饥,我真恨不得睡到世界末日。

我的学生多是本地人,没有纽约人的那种精明和神经质。要说也怪了,这儿离纽约不到一百英里,不仅地貌甚至连人种都变了。迈克(Michael)赤红脸膛,满脸络腮胡子,头发蓬乱,潦草得像一张未完成的肖像速写。他嗓门大,一会儿叫我"教授",一会儿叫我"船长"。每回课间休息,他高喊着"热狗的时间到了",冲出门去买热狗。他告诉我,他刚跟女朋友吹了,现在有两个候选人。听那口气他本人就是白宫,看哪位候选人有资格进来。他每周在报亭打工三十个小时,比美国总统对世界的局势还了如指掌。他既信天主教又渴望革命,跟他的诗一样混乱。

安娜(Anna)是个白净的女孩子,一说话就脸红,在课堂上总是静悄悄的。她起先成绩平平,到后来竟写出一些惊人的句子,让我这个当老师的颇有些沾沾自喜。克里斯蒂娜(Christina)是个五十多岁的职业妇女,是这儿艺术系某教授的夫人。她来上课,纯粹是因为热爱写作。她无疑是全班最勤奋的学生,一首诗往往改上十几遍,可进步不大。她是那种富于幻想的女人,诗歌正好帮她飞翔,飞向美国中产阶级那单调刻板的生活以外。我们之间似乎没有性骚扰的问题,可以关起门来无话不谈。

冬去春来,通往火车站的小路从积雪中显露出来,被阳光晒干。我理直气壮走着，迎风用手机满世界打电话。

十三

纽约人的内心其实是极孤独的，只要看看他们眼神就知道了。一般来说，除了神经有毛病的，他们从不直视别人，在人口密度这么高的地方，也真难为了。比如在地铁车上，为了躲避目光碰撞，他们要不看书看报，要不闭目养神，要不干脆把目光悬浮在空中，梦游一般。这本事，恐怕得花好多年工夫才能练就出来。当然要有个把绝色美女出现，男人们会醒过来，混浊的目光像雾中的灯一闪。但绝不像我这样的乡下老鼠直眉瞪眼，而是用余光悄悄跟踪，漫不经心，甚至有点儿倦怠。好像在说，那又怎么样？别烦我。

曼哈顿的单身贵族特别多。这道理很简单，单身是保持孤独的最佳方式，没配偶没孩子，省得啰唆。除了访亲会友，他们会多半在家一个人吃晚饭。打个电话到附近中国餐厅订外卖，一份咕咾肉外加酸辣汤；要不干脆对付对付，就着干酪，啃着昨天的干面包。目光像苍蝇在四壁游荡，一不留神落进墙角的蜘蛛网里。偶尔也说说话，跟自己。据说在纽约吃抗忧郁药的比例特别高，这也难怪。

若两个孤独加在一起，必有新的麻烦。有一回从肯尼迪机场飞巴黎。一上飞机，我就发现自己的尴尬处境：正好坐在一对纽约夫妇中间，女的邻通道，男的靠窗口。我马上提出换座位，人家不干。起初我还以为感情有问题，拿我作挡箭牌。没有的事儿，老两口亲热得很，一口一个"亲爱的，我的甜心，我的宝贝儿"，让我直起鸡皮疙瘩。男的给女的找出拖鞋和小说，嘘寒问暖；女的藏起一小瓶免费红酒，留给男的在巴黎受用。更让我不解的是，两口子竟隔着我侃起来，从纽约的天气到巴黎的旅馆，从亲戚间的纠纷到股票投资。我再次提出换位子，遭到一致反对。我这才明白，这位子是人家事先挑选好的，让我为孤独做证。

其实孤独并非与寂静对应，它有自己的声音，这声音在纽约则被无限放大了。首先是那些警车救护车救火车，为引起足够的注意，不断提高音量，高入云霄。而那些单元里快憋疯了的狗，好不容易放到街上，为了向另一只狗致敬，非得用整个腹腔吼叫。轮到纽约人，要想再表达点什么，得多不屈不挠才行——他们扯直嗓门，说到一半被警笛打断，张着嘴，只好把话咽了回去。

十四

W大姐在纽约中国文化圈是个中心人物，那真是"无心插柳柳成荫"。有人打破脑袋撒遍钱，名片印十八个头衔也没用。文化圈既有形又无形，不存在权力结构，故也不认一般意义上的权力。没有头头，只有中心人物。

曾几何时，纽约人才济济。一九八八年我头一次来纽约，赶上个聚会。有唱茶花女的、跳黑天鹅的、反弹琵琶的、话剧演正角的；还有文化掮客、舌头打结的侨领和半老半疯的业余女作者，外加身份不明者——如我。要说谁谁都面生，但全认识 W 大姐。她性情中人，好热闹，揽天下闲事，会八方来客；她办文学社，为诗歌刊物撑腰，组织朗诵会，收容流浪文人，穿针引线于撕碎的纸片之间。

她自打年轻时就写诗，又是个美人，台湾诗人群起追之。尘土飞扬中，被一个不言不语的台湾留学生得手，成婚，众人傻了眼。

糊涂可算得她优秀品质中的一部分了，对化解大都市的钩心斗角和人生的千古忧愁，百利而无一害。在美国留学，她稀里糊涂卷入"美丽岛事件"，上了国民党黑名单，流亡了二十年；她稀里糊涂当上北美某中文报纸文艺版主编，招揽天下长反骨的，这报纸后被切断财源，不得不停刊；好不容易歇两天吧，她又稀里糊涂被我裹挟进《今天》，当牛做马。

她大事糊涂，小事更糊涂。给外州读书的儿子寄隐形眼镜，到了邮局，顺手把刚买的汉堡包塞进纸盒。回家路上猛醒，赶紧给儿子打电话，再三叮嘱，千万别吃那个会变质的汉堡包。有一回，她满心欢喜到旧金山看朋友，下了飞机没人接，给谁打电话都不通。问警察，才知道自己坐错了飞机，飞到洛杉矶，离目的地差四百英里。她早上永远睡不醒，到曼哈顿时上班基本上处于梦游状态。若有熟人招呼声，她会大声警告说："我还没醒，现在认不出你是谁！"

W 大姐的微笑特别，在表达对人世间无奈的同时，又展示了某种宽慰，像护士在照料垂危的病人。和她在一起，不说什么，心里也会踏实多了。在某种意义上，作家都是病人，正需要这样的护士。

他们两口子当年在苏活买了一层旧厂房（Loft），数年后翻了好几番，卖掉以轻心，搬到纽约上州。这一离开曼哈顿，想回来可就不容易喽。每回她都得掰指头掐表赶郊区火车。当年仗着年轻倒不怕，晚就晚一趟。如今大家兴致正高，她起身告辞，谁拦也拦不住。眼见着纽约中国人的文化圈衰败了，肯定和这郊区火车的班次太少有关。

十五

在纽约一住半年多，没有老A的消息，听说他回国做生意去了，他那些故事倒常有人提起，那是纽约传说的一部分。老A上辈子肯定是个说书的，其杜撰演绎绘声绘色的天赋，无人出其右。若在太平年代，故事就是故事，说书的和故事保持足够的距离，台上台下共享叙述的快感。而他投胎于乱世，故事和自身经历搅在一起，说书的和听众兼于一身，忙得他上蹿下跳，顾此失彼。

我认识他没多久，他的舌头得罪人了，遭到暗算，左眼被打得半瞎。自八十年代初起，他是我家常客。他的故事每回都有新发展，跌宕起伏，关键处他大笑，一抹嘴，戛然而止，起身——且听下回分解。我们请他帮个女孩找对象，先让他过过目。架不住当天下午一阵神侃，那女孩成了他老婆。

他有种处变不惊的本事。大年初一，他跟老婆闹别扭，只身到我家。我们刚买了只烧鸡准备过年，端出来招待客人。

只见他一边诉苦，痛不欲生，一边抓住烧鸡麻利地啃着，津津有味。我们眼睁睁的——烧鸡不见了，在悲惨世界的终点剩下一堆鸡骨头。

那年我在纽约见到他，他都长横了，油光满脸，半瞎的左眼球鼓出来。但在表面的亢奋状态中，我发现他其实有某种焦虑：在那些顾客中他只是个说书的。钱倒是挣到了，但既没参与感，故事也没新高潮。总之，纽约缺了他也行。

这一页很快就翻过去。我有一天在《世界日报》看到一篇台海局势分析文章，署名是军事评论家A。接着又在电视的中文频道看见他，正在一个两岸军事专题讨论会上慷慨陈词。他告诉我，中南海和五角大楼都跟他秘密接触过，暗示第三次世界大战是否能避免，就看他了。

从风水先生到军事专家，其实不仅没有一般意义上的鸿沟，对我来说，甚至是顺理成章的，从古到今，先礼后兵：从八卦图到导弹封锁，和为贵。说书的不耐烦了，直接进入故事——修身齐家治国平天下。

十六

纽约有个和高层建筑相对应的地下世界，如同影子之于巨人，黑夜之于白天。我想起一首流行歌曲的题目"白天不懂夜的黑"，原不以为然，再细想其实很有道理。若对纽约进行精神分析的话，这地下世界无疑是个关键。

和地面混乱不堪的交通相比，地铁代表了秩序，那是纽约极其坚韧的神经系统。只有下去走一遭，你才会明白，这个国际大都市为什么没发疯。在曼哈顿，其实地铁只有两个方向：上城或下城，按道理连傻瓜都不该迷路。在地面再糊涂，到地下就全都门儿清了。这有点儿像美国的两党制：民主党——下城，共和党——上城。大多数美国人的思维方式是单向度的，目标明确，黑白分明。有时候想跟美国人说清楚中国是怎么回事，可真把我难坏了。你说得越认真，他脸上越困惑，冷不丁问一句，能把你鼻子气歪了。没辙，"白天不懂夜的黑"。

纽约第一条真正的地铁建于一八七〇年，是发明家比奇（Beach）先生设计的。他异想天开，用风作动力——大风扇照着封闭的管道狂吹。模型先在一个博览会展出，引起轰动。再把模型变成真正的交通工具可就难了，除了技术问题，更大的障碍是人，是操纵纽约政界的黑手——外号"大老板"。他不点头，没戏。于是比奇下决心用地下方式进行。他租了个服装店的地下室，工人们昼伏夜出，把挖出来的泥土在天亮前运走。神不知鬼不觉，只用五十八个夜晚，这长三百一十二英尺的风力管道地铁建成了，还居然带个一百二十英尺长的豪华候车室，包括油画、钢琴和喷水池，目的是让幽闭症患者安心。一八七〇年二月二十六日，比奇先生举行了隆重的通车仪式，把纽约震了。他接着宣布了他的计划：先通过一个公共交通法案授予他建造权，再私人筹资五百万美元，修建长达五英里每天运载二十万乘客的专线。纽约州众参议院通过了这一法案。"大老板"急了，这直接影响到他从每辆公共马车获得的抽成。他的傀儡州长，想方设法否决了交通法案。这官司打了两年多，最后以比奇先生的失败告终，他只好把自己的地铁封起来。直到四十年以后，即一九一二年，工人在市政厅附近修地铁，无意中打通了那个静悄悄的候车室……

十七

M 祖籍湖北，香港出生长大，到巴黎读书，考进联合国做口译，先在日内瓦，后搬到纽约，一住就是二十多年。她会说六七种语言，其中三种能同声传译。她做意大利饭，喝法国酒，读英文报，见什么人说什么话。有时候我纳闷，中文在她心里到底占多大分量？文化归属往往在潜意识中，比如，用什么语言数数骂人说梦话。说到底，凡在精神上说不清血缘关系的，都应通通算作"文化孤儿"。据说纽约一半外国人，其子女又占了四分之一——整个一个孤儿院。故"爱国"在纽约人的语调中是根本不存在的。

纽约是相遇的地点，把不同种族不同背景经历的人凑在一起。十年前，一个朋友带我到 M 家去吃晚饭。她住曼哈顿中城东边二十七层的一个玻璃牢笼里。一只鹦鹉居高临下打量着客人。鹦鹉叫"鲁克"（Look），它不停地用英文重复："Look wants peanuts.（鲁克想要花生）"。那一晚，美酒佳肴钢琴曲外加黄色笑话。男人们几乎都在抽烟，女主人打开窗户，让风把一缕缕浓烟带走……

字母 M 在英文中绝对是阴性的：小姐（Miss）、夫人（Madam）、母亲（Mother）。她正儿八经是按传统路线一步步走过来的。如今很多女人要不省了某道程序，要不倒着来，要不干脆闹革命了——脱离这套系统。可惜我只见着做母亲的 M。她离婚多年，独自把两个男孩拉扯大了。在纽约这样的城市，青少年猛于虎，何况还俩，想想都替她发愁。直到多年后，俩孩子都离开上了大学，有一回我请她看电影，随便捡了个，没想到是关于青少年吸毒和暴力问题的。开演不到五分钟，她就受不了，说什么也得走。一路上她双手勾着双肩，怕冷似的。

我跟 M 同岁。我们经历完全不同，有一点相似，都是属候鸟的——热爱旅途中的生活。有那么几年她像发了疯，一得空就满世界飞。在联合国本来出差机会就多，但还嫌不够，自己掏腰包孝敬旅行社。纽约成了航空港中转站，她家成了旅馆，随时准备出发。她甚至会去巴黎度周末。星期五乘夜班飞机到巴黎，两个白天加秉烛夜游，累得半死，但没耽误星期一早上的班。

她一直盘算着提前退休，搬到佛罗伦萨去。谁承想，多年的媳妇熬成婆，她升了官，成了联合国口译中心的总头，手下管着好几百口子语言天才。说来我们每个人往往都事与愿违。我想起她家的鹦鹉："鲁克想要花生……"

十八

　　飞机正点降落在纽瓦克（Newark）机场。今天星期二，即"九一一"事件后的第三周。通道上，几个荷枪实弹的国民警卫队大兵，阴暗地打量着乘客。我拉着行李，到客运柜台买了张票。在汽车站等车的人沉默不语，似乎各有各的心事。车终于来了，连咳嗽带喘在机场兜了一圈，捞起些散客。除了后视镜中那司机的半张歪脸，全都是乘客的后脑勺。曼哈顿出现了。夕阳西下，世贸大楼像两颗门牙被拔掉，豁口处浓烟滚滚，直入云霄。我在四十二街的长途车总站下车，迷了路，终于拦辆出租车，直奔东村。

　　纽约人似乎一如既往，该干吗干吗，但细看去，他们脸上蒙了层阴影。到了晚上才自在些，大概是夜的阴影更重，让人喘口气。我们在街上散步。天气闷热，弥漫着一股焦煳味。街角或灯柱旁的一个个小祭坛，烛光摇曳，有失踪者照片和文字，散乱不经意。

　　我在纽约总共住了六个月，不长不短，算得上我生命途中的一站。我得承认，在这告别时刻，我多少有点儿喜欢上纽约了。这是个消耗精力的城市，年轻人喜欢它，是因为他们有的是精力，需要释放——在最小的空间蹦跳冲撞挤压流汗放血；老年人喜欢它，因为怀旧。我大概只能算后者了。精力消耗大必变化快，更新快变旧更快。要说纽约是个真正怀旧的去处，好像开车——朝前看，别回头，让心悬在那儿，对身后消失的一切心知肚明。

今年春天，我和一个黑人女诗人在曼哈顿一起朗诵。记得她有着关于纽约鸽子的诗，给我印象很深。要说鸽子，几乎每个大城市都有。但鸽子和鸽子的命运截然不同。比如巴黎的鸽子就舒坦得多。古建筑优雅开放，从游客的面包到餐馆的垃圾，应有尽有；而萨拉耶佛（Sarajevo）的鸽子则饱受惊吓，除了炮弹就是枪子儿，好不容易消停两天，还得忍饥挨饿，个个需要看心理医生。纽约的鸽子处境不同。首先是地势险恶，万丈深渊要先学会垂直起落，这打生下来就得学，没保险。还有那无数的玻璃陷阱，得学会识别闪避，否则一不留神非撞死不可。再加上废气、噪音和没长眼的汽车轮胎，虽说不愁吃不愁喝，但它们因其环境变得狭隘冷酷，并极有侵略性。其实鸽子本来就是相当凶残的鸟类，好勇斗狠，弱肉强食，自有其权力系统，和人类很像。但除了食物链相关外，它们和人类生活基本是平行的。它们是旁观者。当一只鸽子和你隔窗相视，它只是好奇，两只眼睛在迅速聚焦，捕捉你的尴尬表情，但它并不愿进入你的生活。

一天早上，两只金属大鸟先后插进曼哈顿两栋最高的大厦，引发了一场大火。巨响和热浪，让栖息在楼顶的鸽子惊呆了，它们呼啦啦起飞，在空中盘旋。

岛屿

风景

灯光

波浪

等待灯光

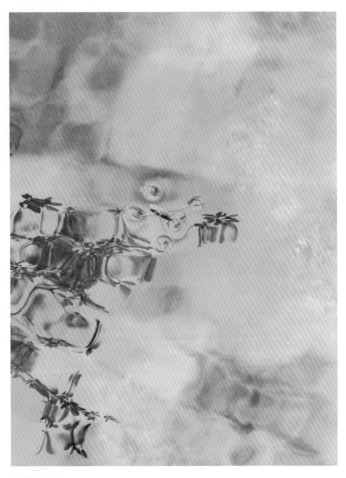

大世界

色调 No.5

窗户 No.2

辑二

词的流亡

无题

他睁开第三只眼睛

那颗头上的星辰

来自东西方相向的暖流

构成了拱门

高速公路穿过落日

两座山峰骑垮了骆驼

骨架被压进深深的

煤层

他坐在水下狭小的舱房里

压舱石般镇定

周围的鱼群光芒四射

自由那黄金的棺盖

高悬在监狱上方

在巨石后面排队的人们

等待着进入帝王的

记忆

词的流亡开始了

艾伦·金斯堡

一

艾伦得意地对我说："看，我这件西服五块钱，皮鞋三块，衬衣两块，领带一块，都是二手货，只有我的诗是一手的。"

提起艾伦·金斯堡，在美国几乎家喻户晓。这位美国的"垮掉一代"之父，自五十年代因朗诵他的长诗《嚎叫》一举成名，成为反主流文化的英雄。他在六十到七十年代席卷美国的反越战抗议浪潮和左翼造反运动中，扮演了重要角色。可以毫不夸张地说，没有他，这半个世纪的美国历史就会像一本缺页的书，难以卒读。

我和艾伦是一九八四年认识的，当时他随美国作家代表团第一次到中国访问。在我的英译者杜博妮（Bonnie McDougall）的安排下，我们在他下榻的旅馆秘密见面，在场的还有他的亲密战友加里·斯奈德（Gary Snyder）。说起来我是"有问题的人"，是正在进行中的"反精神污染运动"

的重点审查对象，被停职反省。我对那次见面的印象并不太好：他们对中国的当代诗歌所知甚少，让他们感兴趣的似乎是我的持不同政见的色彩。

再次见到艾伦是四年以后，我到纽约参加由他组织的中国诗歌节。刚到艾伦就请我和邵飞在一家日本餐馆吃晚饭。作陪的艾未未用中文对我说："宰他丫的，这个犹太小气鬼。"我不知他和艾伦有什么过节。对我，艾伦彬彬有礼，慷慨付账，并送给我一条二手的领带作纪念。但在席间他明显地忽视了邵飞。都知道他是个同性恋，谁也没在意。赞助那次诗歌节的是纽约的浴帘大王——一个肥胖而傲慢的老女人，动作迟缓，但挺有派头。据说艾伦的很多活动经费都是她从浴帘后变出来的。艾伦总是亦步亦趋、点头哈腰地跟在老太太身后，像个贴身仆人，不时朝我挤挤眼。我真没想到，这家伙竟有这般能屈能伸的本事。

此后见面机会多了，开始熟络起来。九〇年夏天，我们在汉城举办的世界诗歌大会上相遇。艾伦总是衣冠楚楚（虽然都是二手货），跟那些朝鲜的官员谈释放政治犯，谈人权。让组织者既头疼又没辙：他太有名了。在官方的宴会上，大小官员都慕名而来，跟他合影留念。艾伦总是拉上我，躲都躲不开。有一回，一个地位显赫的官员，突然发现我正和他们分享荣耀，马上把我推开。我从来没见过艾伦发这么大脾气，他对着那个官员跳着脚大骂："你这个狗娘养的！你他妈知道吗？这是我的好朋友！中国诗人！"官员只好赔礼道歉，硬拉着我一起照相，让我哭笑不得。再碰上这样的场合，我尽量躲他远点儿。

我问艾伦为什么总是打领带。他的理由很简单：其一，他得和那些政客谈人权；再者呢，他狡猾一笑，说："不打领带，我男朋友的父母就会不喜欢我。"

在汉城，会开得无聊，我们俩常出去闲逛。他拿着微型照相机，像个间谍到处偷拍，一会儿对着路人的脚步，一会儿对着树梢的乌鸦，一会儿对着小贩做广告的粘满蟑螂的胶纸。走累了，我们在路边的草地上歇脚，他教我打坐。他信喇嘛教，最大的愿望是有一天能去西藏。饿了，钻进一家小饭馆，我们随意点些可口的小吃。渴了，想喝杯茶，却怎么也说不清楚。我干脆用食指在案板上写下来，有不少朝鲜人懂汉字。老板似乎明白了，连忙去打电话。我们慌忙拦住：喝茶干吗打电话？莫非误以为我们要找妓女？但实在太渴了，我们又去比画，做饮茶状。老板又拿起电话，吓得我们撒腿就跑。

晚上，我们来到汉城市中心的夜总会。这里陪舞女郎缠着艾伦不放。没待上十分钟，他死活拉着我出来，说："我应该告诉她们，我是个同性恋。"我们迎面碰上一群美国留学生。他们一眼认出了艾伦："嗨！你是金斯堡？""我是，"艾伦马上问，"这附近有没有同性恋俱乐部？"众人大笑。其中一个小伙子为他指路。但我声明绝不进去，艾伦在门外转了一圈，只好作罢。

艾伦很念旧。在纽约他那狭小的公寓里，他给我放当年和《在路上》的作者杰克·凯鲁亚克（Jack Kerouac）一起喝酒聊天的录音，脸上露出悲哀。他讲起凯鲁亚克，讲起友谊、争吵和死亡。他叹息道："我那么多朋友都死了，死于酗酒、吸毒。"我告诉他，我们青年时代为《在路上》着魔，甚至有人能大段大段地背诵。让我感动的是，他和死者和平共处，似乎继续着多年前的交谈。我甚至可以想象，他独坐家中，反复听着录音带，看暮色爬进窗户。

前车之鉴，艾伦不吸烟不喝酒，除了偶尔有个把男朋友，他过着近乎清教徒的生活。但他是个真正的工作狂。他最忙的时候雇了三个半秘书。他们忙得四脚朝天，给艾伦安排活动。艾伦反过来对我说："我得拼命干，要不然谁来养活他们？"这纯粹是资本家的逻辑。艾伦告诉我，他是布鲁克林学院的终身教授，薪水不错，占他全部收入的三分之一，另外版税和朗诵费占三分之一，还有三分之一来自他的摄影作品。和他混得最久的秘书鲍勃（Bob）跟我抱怨："我是艾伦的脑子。他满世界应承，自己什么也记不住，最后都得我来收拾。"

从艾伦朗诵中，仍能看到他年轻时骄傲和野蛮的力量。他的诗是为了朗诵的，不是为了看的。有一次在新泽西的诗歌节上，艾伦和我一起朗诵。他读我的诗的英文翻译。他事先圈圈点点，改动词序。上了台，他就像疯狂的火车头吼叫着，向疯狂的听众奔去，把我孤单单地抛在那里。以后我再也不敢请他帮我读诗了。

去年他过了七十岁生日。他身体不好，有心脏病、糖尿病。医生劝他不要出门旅行。最近他在电话里告诉我，他常梦见那些死去的朋友，他们和他谈论死亡。他老了。我想起他的长诗《嚎叫》里的头一句："我看见这一代精英被疯狂毁掉……"

二

下午有人来电话，告诉我艾伦今天凌晨去世。我把自己关在房间里，脑子一片空白。傍晚我给加里·斯奈德打了个电话。加里的声音很平静，他告诉我最后几天艾伦在医院的情况。医生查出他得了肝癌，还有三五个月可活。艾伦最后在电话里对他说："伙计，这意味着再见了。"

我记得曾问过艾伦，他是否相信转世。他的回答含混，几乎是否定的。他信喇嘛教是受加里的影响，东方宗教使他那狂暴的灵魂安静下来，像拆除了引信的炸弹。他家里挂着西藏喇嘛教的唐卡，有高师指点，每年都到密歇根来参加禅习班。他和加里不一样，信仰似乎不是通过内省获得的，而是外来的，带有某种强制性。他的禅习班离我当时的住处不算远，他常从那儿打电话约我过去玩，或溜出来看我。我叫他"野和尚"。

在安娜堡（Ann Arbor）有个喇嘛庙，住持是艾伦的师父，在喇嘛教里是个自由派，比如重享乐，主张性开放，受到众多喇嘛的攻击。我想他的异端邪说很对艾伦的胃口。艾伦请我去听他讲道。这是我有生头一回。说是庙，其实只是普通的房间布置成的经堂，陈设简朴，地板上散放着一些垫子。艾伦是贵宾，我又是艾伦的客人，于是我们被让到显要的位置，席地而坐。听众四五十，多是白人，来自不同的社会阶层。住持方头大耳，一脸福相。他先介绍了艾伦和我，然后开始讲道。那是一种东方的智慧，讲的都是为人之道，浅显易懂，毫不枯燥。艾伦正襟危坐，双目半闭。

东方宗教有一种宽厚的力量，息事宁人。再说对像艾伦这样西方的造反者来说，只能借助基督教以外的精神力量才能向其传统挑战。而艾伦在东方又恰恰选择了一种边缘化的喇嘛教，把自己和一块粗犷而神秘、充满再生能力的土地与文化结合起来。

艾伦的眼睛里有一种真正的疯狂。他眼球凸起，且不在同一水平上。他用一只眼看你，用另一只眼想心事。他送我一本他的摄影集。在这些黑白照片里，你可以感到他两只眼睛的双重曝光。其中多是"垮掉一代"的伙伴，大家勾肩搭背，神情涣散，即使笑也显得很疲倦。在艾伦试图固定那一瞬间的同时，焦点显得游移不定，像他另一只想心事的眼睛。声音沉寂，色彩褪尽，他让人体验到消失的力量，一种真正的悲哀。有一张是艾伦的自拍的照片。他赤裸地盘腿坐着，面对浴室的镜子，相机搁在两腿中间。他秃顶两边的浓发翘起，目光如炬。这张照片摄于二十多年前。他想借此看清自己吗？或看清自己的消失？

艾伦是我的摄影老师。九〇年在汉城，他见我用傻瓜相机拍照，就嘲笑说："傻瓜相机把人变成了傻瓜。"他建议我买一个他那样的手动的 Olympus 微型相机。他告诉我，这种相机轻便小巧，便于抓拍，而且一切都可以控制，你能获得你想获得的效果。但现在已不生产了，只能买到二手货。他警告说，千万不要用闪光灯，那会破坏空间感，把景物压成平面。最好用高感光度的胶片解决曝光不足的问题。第二年春天在纽约重逢，我真买到了一个那样的相机。艾伦问我在哪儿买的。这位二手货专家在手里把玩着，对新旧程度和价钱表示满意。接着他教我怎样利用光线，以及在光线不足的情况下如何夹紧双臂，屏住呼吸，就这样——咔嚓咔嚓，他给我拍了两张。

艾伦总是照顾那些穷困潦倒的"垮掉一代"的伙计。据说他多年来一直接济诗人科尔索（Gregory Corso），买他的画，给他生活费。我在艾伦的公寓里见过科尔索。他到之前，艾伦指着墙上几幅科尔索的画，一脸骄傲。科尔索很健硕，衣着随便，像纽约街头的建筑工人。

我们坐在方桌前喝茶。艾伦找来我的诗集，科尔索突然请我读一首我的诗，这在诗人之间是个奇怪的要求。我挑了首短诗，读了，科尔索咕噜了几句，好像是赞叹。艾伦坐在我们之间，不吭声，像个证人。然后他请我们去一家意大利餐馆吃午饭。路上科尔索跟艾伦要钱买烟，艾伦父亲般半信半疑，跟着他一起去烟摊，似乎怕他买的不是香烟，而是毒品。

艾伦极推崇科尔索的诗歌才能，建议我翻成中文。他专门带我到书店，买了本科尔索的诗选《思想场》（*Mindfield*）送给我，并把他认为重要的作品一一标出。我与朋友合作译了几首，发表在《今天》杂志上。艾伦很兴奋，让我马上寄一本，由他转给科尔索。

走在街上，艾伦常常会被认出来，有人就近在书店买本诗集，请他签名。他只要有时间，会几笔勾出有星星和蛇神陪衬的佛像，佛爷还会发出哈的一声，不知是祈祷，还是愤怒。艾伦对我说："我签得太多了。有一天我死了，每个签名也就值两块钱吧？"两年前，艾伦以一百万美元的高价，把他全部手稿和来往信件卖给了斯坦福大学图书馆，成了一大新闻。艾伦告诉我，如果把他的每张纸片都算上，平均最多才值一块钱。再说这笔钱缴税后只剩六十万，他打算在附近买个大点儿的单元，把他的继母接过来。

艾伦曾在安娜堡搞过一次捐款朗诵会，四千张票一抢而空。这件事让我鼓起勇气跟艾伦商量，作为我们的顾问，他能不能也为一直入不敷出的《今天》杂志帮个忙。艾伦痛快地答应了，并建议除了斯奈德，应再加上佛林盖第（Lawrence Ferlinghetti）和迈可勒（Michael McClure）。朗诵会订于去年十月初，那时"垮掉一代"的干将云集旧金山，举办四十周年的纪念活动。没想到艾伦病了，没有医生的许可不能出门。加里转达了艾伦的歉意，并告诉我，医生认为他的病情非常严重，随时都会死去。

说来我和艾伦南辕北辙，性格相反，诗歌上志趣也不同。他有一次告诉我，他看不懂我这些年的诗。我也如此，除了他早年的诗外，我根本不知他在写什么。但这似乎并不妨碍我们的友谊。让我佩服的是他对权力从不妥协的姿势和戏谑的态度，而后者恰恰缓和了前者的疲劳感。他给我看过刚刚解密的五十年前联邦调查局对他的监视报告。我想这五十年来，无论谁执政，权力中心都从没有把他从敌人的名单抹掉。他就像个过河的卒子，单枪匹马地和严阵以待的王作战，这残局持续了五十年，而对峙本身就是胜利。

此刻，我端着杯酒，在纽约林肯中心的大厅游荡。我来参加美国笔会中心成立七十五周年的捐款晚宴。在客人名单上有艾伦，但他九天前死了。我感到那么孤独，不认识什么人，也不想认识什么人。我在人群中寻找艾伦。

布拉格

一群乡下蛾子在攻打城市
街灯，幽灵的脸
细长的腿支撑着夜空

有了幽灵，有了历史
地图上未标明的地下矿脉
是布拉格粗大的神经

卡夫卡的童年穿过广场
梦在逃学，梦
是坐在云端的严厉的父亲

有了父亲，有了继承权
一只耗子在皇宫的走廊漫步
影子的侍从前簇后拥

从世纪大门出发的轻便马车
途中变成了坦克

真理在选择它的敌人

有了真理，有了遗忘
醉汉如雄蕊在风中摇晃
抖落了尘土的咒语

越过伏尔塔瓦河上时间的
桥，进入耀眼的白天
古老的雕像们充满敌意

有了敌意，有了荣耀
小贩神秘地摊开一块丝绒
请买珍珠聚集的好天气

卡夫卡的布拉格

一

迈克在电话里叮嘱我："别急，有人去接你，他很高，像个篮球运动员……"果然，一出海关就看见了，他举着牌子，头在人群之上浮动。他又高又瘦，一脸疲倦而温和的笑容。他叫斯坦尼斯拉夫（Stanislav），是音乐家，帮布拉格作家节接送客人。我们坐进他那辆老掉牙的斯柯达，点火，车连咳嗽带喘地出发了。他英文差，问我会不会德文。我说不会。他说他月底要到德国演出。我问他用什么乐器。他说了个德文词，用手比画。钢琴？不。管风琴？他拼命摇头。我问他一般都在哪儿演奏，他说主要是为病人。医院？不。疗养院？他拼命摇头。但愿不是殡仪馆，我心想。我放弃了对他生活中两个重大细节的好奇心，看窗外风景。

这是我第四次来布拉格。

一九八九年夏天我在西柏林。迈平夫妇开车从奥斯陆出发，把我捎上，再穿过东德进入捷克。过了边境，开进头一个捷克城市吃午饭。女服务员不会英文，我们用国际语言加俄文单词，点了可乐和匈牙利牛肉汤，好歹填饱了肚子。一结账，我们乐了，几乎等于是免费的，头一回体会到西方游客的优越感。

越过伏尔塔瓦河上的桥进入布拉格市区，天已擦黑了。我们把车停在繁华大街上，迈平给一个叫奥尔卡（Olga）的汉学家打电话。她丈夫说奥尔卡带孩子去乡下度假去了，欢迎我们到他家住。他是个建筑师，对布拉格了如指掌。我们晚上出去喝酒游荡，他带我们看老城广场边上的卡夫卡故居，指出在我们脚下有个巨大的矿脉。布拉格的美独一无二，特别是夜里，古老的街灯引导夜游者迷失方向。灯光下，阴影转动，回声跌宕，似有幽灵出没。我恍然大悟，卡夫卡的小说竟如此真实，真实得可以触摸。✗ *touchable*

那正是蓝丝绒革命前夕。马丁（Martin）是奥尔卡在布拉格大学的同事，也是地下文学刊物《手枪评论》（*Revolver Review*）的编辑。他当时正忙乎着秘密串联搞联名信，要把前国王的侄子推出来，恢复帝制。他也找我们签名，我不喜欢帝制，拒绝了。

四年后，《手枪评论》请《今天》在欧洲的编辑到布拉格开讨论会，还请来好管闲事的李欧梵教授。这两份当年的地下刊物八〇年代末的命运完全不同，一个名正言顺，一个扫地出门。我们先在《手枪评论》编辑部开讨论会。临走头天晚上，在一个中世纪的地窖为我们举办了诗歌朗诵会。散场后，突然一个天仙般的女人出现，马丁介绍说，这是《手枪评论》新任总编辑。她落落大方，在我们桌旁坐下，引起中国文学的一次骚动。她说她正在写一篇戏剧评论。李欧梵的脑门儿发亮，对捷克戏剧给予高度评价；张枣端着香烟，猛烈抨击美国霸权文化的入侵；只有迈平眯眯笑，话不多。我忘了我说什么了，肯定也语无伦次。我琢磨，一个由美女领导的刊物大概工作效率极高。若她向李欧梵约稿，必应声而至，用不着像我那样得磨破嘴皮子。

三访布拉格是九五年春天，我那时住巴黎，应迈克的声声呼唤自费参加布拉格作家节。迈克是我老朋友，纽约人。为了寻找诗歌的精神家园搬到伦敦，娶妻生子，一陷二十多年，日子清贫不说，保守的英国诗歌界根本容不得他。他是伦敦的卡夫卡。九一年他创办了布拉格作家节。那时迈克在一家英国公司听差，那公司主办一年一度的布拉格国际书展，捎带着个作家节。那些人看起来个个都是迈克的老板，颐指气使，支得他团团转。

迈克总是带我去迪斯科酒吧，大概想让我看看布拉格的年轻人，感受一下青春气息。可那音乐实在让我肝儿颤，震得连酒杯都端不稳。那时迈克正闹婚变，又受尽那些英国商人的气，在强光灯的闪射下，他哭丧着脸。我叹了口气，管他叫"我成功的朋友"，这回把他逗乐了。他用浓重的伦敦腔骂道："我他妈的成功？成功个屁！"

二

弗朗兹·卡夫卡（Franz Kafka）于一八八三年七月三日生于布拉格老城广场旁的一栋楼房里。虽然他们几次搬家，但离他的出生地都不远。他的希伯来语老师引述了卡夫卡对他说过的话："这是我的中学，我们对面的那边的建筑是大学，左边再过去一点儿，是我的办公室。我一辈子"——卡夫卡用手指画了几个小圆圈——"都局限在这小圈圈里。"

卡夫卡出生的楼房于一八八九年毁于大火。一九〇二年重建时，仅有部分保留下来。一九九五年，卡夫卡的胸像嵌在这房子外面的墙上。作为"布拉格之春"的先兆，卡夫卡终于被捷克当局接受了，称之为"资本主义异化的革命批评家"。

在卡夫卡出生头一年，卡夫卡的父亲赫曼·卡夫卡（Hermann Kafka）在老城广场北边开了个小杂货铺，先零售，后批发。卡夫卡在一封未发出的给父亲的信里写道："……而自从你让我处处害怕，对我来说店铺和你是不可分的，那就不再是个好去处了。首先让我又羞又恼的是你对雇员的方式……而你，我见识了你在店里叫喊、诅咒、大发雷霆，在某种意义上，我当时就明白了，这世界上到哪儿都无平等可言。"

在另一封给父亲的信中，他写道："你可以，比如抱怨捷克人，然后德国人，再就是犹太人，全面淘汰，最后除了你谁也剩不下。对我来说，你为莫名其妙的事大发脾气正如所有暴君把其法律建立在个人而非理性之上。"

一八八九至一八九三年间，卡夫卡一家搬到名叫"片刻"（At the Minute）的楼房，他的三个妹妹都出生在这儿。后来这三个妹妹都死于纳粹的集中营。卡夫卡上的是一所德国小学。很多年后他在给朋友的信里记述了他童年的一次事件。

我小时候，有一回得到了六便士，非常想给一个坐在老城广场和小广场间的年老的女乞丐。我琢磨这恐怕是乞丐大概从未得到过的粗暴的数目，而我要做这么件粗暴的事，在她面前会多么羞愧。于是我把六便士换成零的，先给那女的一便士，沿着市政厅建筑群和小广场的拱廊转了一圈，像个社会改良家再从左边出现，给了另一便士，又走开，这样兴冲冲地反复了十次（或许少些，我相信那女人因失去耐心而离开了）。总之，最后我无论身体和道德上都垮了，赶回家大哭，直到母亲又给了我六便士。

在给同一友人的另一封信里，卡夫卡讲述了他每天早上步行到学校的细节。"我们的厨娘，一个又小又干又瘦、尖鼻塌腮、蜡黄结实、精力充沛且傲慢的女人，每天早上领我去学校。"上学的路上，厨娘总是威胁要向老师告状，历数他在家的"罪行"。同样的威胁重复了差不多一年。他觉得去学校之路如此漫长，什么都可能发生。"学校本来就是一种恐怖，厨娘非要雪上加霜。我开始恳求，她摇头，我越是恳求越是觉得我恳求的价值更大更危险；我赖在那儿不动乞求宽恕，她拖着我走；我威胁要通过父母报复，她笑了，在这儿她是至高无上的；我抓住商店的门框基石，在得到她宽恕前不肯动。我拖着她的裙子（这也给她造成麻烦），但她一边拖着我，一边发誓告状时罪加一等。眼看晚了，圣詹姆斯（St.James）教堂的钟敲响八点，可以听见学校铃声，其他孩子开始跑，我最怕迟到，我们也跟着跑，'她告状，她不告状'这一念头纠缠着我；事实上，她从没告过状，但她总是掌握似乎在不断增长的机会（昨天没告状，而今天我肯定会的），她从未打消这主意。有时想想看，米勒娜（Milena，卡夫卡致信的友人）——在小巷她气得跳脚，一个女煤贩子常凑在旁边看热闹。米勒娜，多么愚蠢，我怎么属于你，与厨娘、威胁及无数尘埃在一起，这三十八年尘埃飞腾，落在我肺里。"

三

某部委招待所就在老城广场附近，九五年来布拉格时我就住在这儿。房间还算干净，设备陈旧结实，电话最远只能打到楼下柜台，让人想到蓝丝绒革命前的社会主义岁月。看门的老头显然是打那时候过来的，昏昏欲睡，带着过渡时期笨拙的笑容。

我匆匆洗漱下楼，斯坦尼斯拉夫在门厅等我。我们交流有障碍，他比画说要去哪儿哪儿，我点头说是是。我们穿过老城广场，他停住脚，悄悄说斯克沃瑞基（Josef Škvorecký）在那儿，一脸崇敬。我只知道他是著名的捷克小说家，住在加拿大，星期四晚上和我一起朗诵。我被领到市政厅，出示请帖。一进门可傻了眼，人家全都衣冠楚楚——男的西服革履，女的长裙粉黛，只有我蓬头垢面，皮夹克牛仔裤球鞋，还扛着个大书包，像个逃难的。没处躲没处藏，只好硬着头皮跟着上了三楼，来到大厅。市政厅是布拉格一景，可上溯到十三世纪。七百年了，经历了多少朝代多少生死。

市长大人讲话，一口流利的英文。他拿迈克的小个子开玩笑。迈克接过这个玩笑，和他刚出版的诗集《消失》（*Disappearance*）连在一起。消失，多好的主题，在这个呈现的时代，恐怕没多少人懂得消失的含义。他的女朋友、作家节副主席伏拉斯塔（Vlasta）站在他旁边。她四十来岁，很苗条，热情外向。迈克提到捷克诗人塞弗尔特（Jaroslav Seifert）。今天晚上就是纪念他的专场朗诵会。迈克讲话时昂着头，闭上眼睛，好像在缅怀消失的诗歌和死者。

散场后，迈克跟我紧紧拥抱，并把伏拉斯塔介绍给我。我对迈克说："你看，我早就说过了，你不是真的很成功吗？"

我喜欢在布拉格街头闲逛。往返于招待所和剧场，必经老城广场。正值复活节前夕，露天舞台围满了游客，摊贩在推销彩蛋、传统的木制玩具和水晶器皿。我去服装店，给自己打扮成正人君子，为对付每天晚上各国使馆的招待会，免得再丢人现眼。和五年前相比，布拉格变了不少，越来越商业化，到处是跨国公司名牌产品的广告。但看得出来，捷克人还是有一种自信，没在商业化浪潮的冲击下完全转向。满街都是漂亮的捷克姑娘，让我眼花缭乱。她们有一种不谙世

故的美，这在美国西欧早就见不到了。现代化首先消灭的是这种令人心醉的美。*meh*

让我吃惊的是，那么多美国年轻人住在布拉格，甚至有自己的报纸刊物。迈克跟我解释说，这儿生活费便宜，他们可以逃避美国的生活压力。再说，布拉格像三十年代的巴黎，有人说是来寻找艺术灵感的。"可我怎么就没见着一个成气候的？"迈克摇摇头，说。

他带我去看看他的办公室和家。我们离开旅游区，街上人很少，弯弯曲曲的小巷让我想起北京的胡同。迈克抱着一堆书，梦游似的边走边说："你看，这个世界上只有伏拉斯塔爱我……我在布拉格根本找不到能深入谈话的人。在今天，谁还需要深入的谈话？一切都是表面的，光滑的，假装快乐的……捷克作家多半都是民族主义者，不喜欢一个老外当作家节的头头。到哪儿我都是老外。英国人更可怕，势利保守自以为是。要说纽约是我老家，可家没了，我怎么住得起那儿的旅馆……"

我从节目单上看到苏珊·桑塔格（Susan Sontag）的名字，她要和另两个美国小说家威廉·斯泰伦（William Styron）、罗伯特·斯通（Robert Stone）在作家节"纽约，纽约"的节目中亮相。我跟苏珊有几面之交。她请我到她家做客，并约好出去吃晚饭。阴错阳差，让我给误了。

早上我查地图，终于找到"地球"（Globe）书店，每天上午在这里召开新闻发布会。书店以英文书为主，附带咖啡厅。几台电脑沿墙排开，是供顾客上网发电子邮件的，没有椅子，顾客只能像鸟一样站着，免得赖在那儿不动。我抽空钻过去，也想试着跟上这新时代，却不知道怎么用。请教旁边的美国小伙子，他麻利地用光标把我引进迷宫，一下卡住了，进退两难，顿时一身冷汗。

一个挂满照相机的人跟我打招呼。他自我介绍他叫若萨诺（Rossano），是作家节的指定摄影师。他毛发蓬松，眼睛跟镜头一样亮。他要给我照相，只能从命，跟他满街跑。他照相的方式特别，要不让我站在教堂前的石墩上像个受难者，要不把我关进电话亭像个囚犯。他来自佛罗伦萨，是个典型的意大利人，热情爽朗。为什么住布拉格？很简单，他娶了个布拉格姑娘，刚生了孩子。说到这儿，若萨诺长叹了口气。

记者招待会快结束了。咖啡厅挤得满满的。苏珊·桑塔格坐在主席台上，被记者的各种问题围追堵截，从科索沃战争到全球化问题。她刚下飞机，看起来一点儿倦意都没有，词锋犀利，得理不让人。等迈克宣布散场，我过去跟苏珊打招呼。好极了，她用手拨开滑到前额的一绺白发说。你看明天晚上怎么样？就我们俩，吃饭聊天，没有记者，没有采访，没有照相机。一言为定。

四

布拉格不肯走，也不让我们走。这个妈咪有爪子。人必须得排好队，或者，我们必须在维瑟荷德（Vysehrad）和城堡两处点火，然后我们或许才能离去。

——摘自卡夫卡给波拉克（Oskar Pollak）的信

查尔斯大学创建于一三四八年，是中欧最古老的大学，一八八二年分成德语查尔斯大学和捷克语查尔斯大学。卡夫卡于一九〇一年在德国大学注册，他学习成绩平平。学法律对他来说是权宜之计，犹太人只能选择法律和医学这类务实的专业。

在给友人的信里，他描述了第一次性经验：

那时我们住在泽特纳嘎斯（Zeltnergasse）。对面是一家服装店，卖衣服的姑娘总是站在门口。我二十刚过，不停地在屋里走来走去，为应付头一次全国统考，整天忙于我看是毫无意义而且伤神的死记硬背。那是夏天，热极了，难以忍受。我在窗口，讨厌的罗马法历史总是在我牙齿间。我们终于通过手势联络上了，晚上八点我来接她。可我到的时候，另一个男人已经在那儿。唉，总是如此，我怕整个世界，也怕这个男人。而那姑娘从男人那儿抽出胳膊，做手势让我跟着。我们来到斯楚策宁瑟尔（Schutzeninsel），在那儿喝啤酒，我坐隔壁桌子。接着继续溜达，我尾随在后，到了那姑娘在跳蚤市场附近的家。那男人离开了，姑娘消失在房子里，我等了一阵，直到她又出来。然后我们去了克雷恩萨特（Kleinseite）的一家旅馆。到旅馆以前，这一切迷人激动令人作呕，在旅馆里也没有什么两样。

凌晨，依然又热又美，我们穿过查尔斯桥回家。我，当然幸福,这幸福的含义仅仅在于我那呻吟的身体终于平息了。而最主要的,这幸福在于整个事情并没有更令人作呕,更肮脏……

一九〇四年冬天,二十一岁的卡夫卡开始写《一次斗争的描述》的初稿。他在当时给朋友的信里写道:"一本书必须是我们中间冻结之海的斧子。我相信这一点。"在这本书里,我——叙述者描述了他在夜里的漫游,和一个同学一起,穿过寒冷荒凉的布拉格。而他别的作品都没有像这本书那样,布拉格扮演如此中心的角色。卡夫卡通过夜游所涉及的布拉格的名胜古迹,除了少数毁于战火,和今天人们目睹的几乎没有区别。

查尔斯桥(Charles Bridge)是布拉格最古老最著名的桥,跨越伏尔塔瓦河,连接着老城和对岸。这桥的前身毁于洪水和解冻的冰流。一三五七年,查尔斯四世责成建筑师建起这座桥。

除了一八九〇年有两个桥洞被洪水冲垮外,它从历代的战火灾害中奇迹般地幸存下来。

卡夫卡在一九一九年六月十九日的日记中写道:"和奥特拉(Ottla,卡夫卡的妹妹)一起。她的英文老师领着她。过码头、石桥、马拉·斯特拉那(Mala Strana)新桥,回家。查尔斯桥上的令人激动的塑像。桥在夜里空旷时奇特的夏夜之光。"他在致友人的信里写道:

每人心中的魔鬼在把夜啃垮,无所谓好坏,这就是生活：若无魔鬼，你不可能活下去。故你诅咒自己的是你的生活。这魔鬼是物质（从根本上极美妙的那种），已经给予了你，你现在非用不可……在布拉格查尔斯桥上，在一座讲述你的故事的圣像下面有一种解救。这圣人驱赶着魔鬼耕地。当然魔鬼依然狂怒（因此有了过渡时期，只要魔鬼不甘失败），他露出牙齿，用扭曲阴险的表情回望它的主人，痉挛地缩回尾巴，而它被轭具所制服……

五

我站在米内克餐厅（Mlýnec Restaurant）的落地窗前，灯火闪烁的查尔斯桥近在咫尺。这个咖啡厅过分奢华，有一股暴发户的味道。我在读一本英文版的书《弗朗兹·卡夫卡与布拉格》。作者哈若德·萨弗尔纳（Harald Safellner）。书的背面引了卡夫卡的朋友约翰内斯·乌兹迪尔（Johannes Urzidil）的话："卡夫卡就是布拉格，布拉格就是卡夫卡。过去没有将来也不会有像卡夫卡一生中那个全面而典型的布拉格。我们，他的朋友们，'幸福的一小撮'……我们知道布拉格被包含在他作品那些最小的量子之中。"

布拉格作家节进展顺利。作家一个个上台下台，听众掌声起落，剧场挤得满满的又一下子空荡荡。如果卡夫卡还活着，一定会觉得作家节是件可笑的事，说不定会为此写部小说呢。今天整个的活动就叫"布拉格"，都是捷克作家，除了我，晚上我和捷克小说家斯克沃瑞基同台朗诵。我怎么被归入捷克作家的行列？这是迈克的主意。他告诉我，他原计划是安排我和哈维尔一起朗诵。为此他前往总统府，而哈维尔的顾问借口不懂英文把他打发走了。后来有人对他说："你疯了？怎么能让捷克总统跟一个诗人一起朗诵？"

下午在国家电台接受采访时，主播人告诉我，一九六八年苏联军队占领布拉格后，我们所在的这个第九号播音室由于位置偏僻，仍在发出反抗的声音。俄国人花了两天的工夫，最后才找到这儿。

今天晚上座无虚席，听众是冲着斯克沃瑞基来的，他在捷克比米兰·昆德拉名气大得多。一九六八年苏军入侵后不久，斯克沃瑞基流亡到加拿大多伦多，在大学教书，并协助他太太办了一家"六八出版社"，专门出版在捷克的禁书。一个捷克学者告诉我，斯克沃瑞基流亡后，为捷克做了重要贡献；而米兰·昆德拉根本瞧不起他的祖国，自认为是法国人。

斯克沃瑞基得了重感冒，坐在后台，不停喝白兰地。他对我说，他老了，不适合长途旅行。他上了台，一边喝白兰地，一边先用母语后用英文朗诵他的小说《低音萨克斯管》（ *Bass Saxophone* ）。掌声雷动，有人高叫着什么，捷克人在向他们的英雄致敬。下半场轮到我，先由迈克讲几句话。他像鸟一样闭上眼睛，似乎在回想往事。

昨天晚上跟苏珊·桑塔格"约会"，没想到还成了事件，传得沸沸扬扬。苏珊的名气太大，又冷若冰霜，更罩上层神秘色彩。摄影师若萨诺让我帮他说情，给他个拍照的机会；瑞典使馆的二秘让（Jan）托我转交名片致以崇高敬意，说他是苏珊多年的崇拜者。我带着重要使命，在她下榻的旅馆大厅等候。九点四十，苏珊才从电视台接受采访回来。"哎，这些愚蠢的问题，真是折磨人。走吧，我饿坏了。"

我们坐出租车去一家名叫"中国城"的饭馆。我发现司机不开计价表，并在城里兜圈子。到了目的地，他要价比应有的高三倍。我示意让苏珊先下车，把要价的一半塞给他。他用捷克语破口大骂，好在听不懂，否则非得打一架不可。

在餐桌上，我转达了意大利人的请求和瑞典人的致意。苏珊接过名片，叹了口气说，每回我接受邀请时，总是忘了那些没完没了的媒体。提起哈维尔，苏珊说捷克很多人都在批评他，而她总是为他辩护。上次她来布拉格，哈维尔请她单独到一家饭馆吃饭，旁边坐着几个保镖。她真想问哈维尔一些真实想法。

"你知道，那样的场合，我问不出口。"苏珊说。

"让我最不理解的是，"我说，"作为作家，怎么可能忍受这样的生活？那比监狱强不到哪儿去。比如，他再不可能在街上散步，跟普通人聊天了。"

午夜时分，我们走在繁华的大街上，代表西方世界的霓虹灯跟布拉格之夜调情。苏珊突然说："是啊，没人再想恢复旧制度，可难道要的就是这种'空洞'（emptiness）吗？"我建议再去喝一杯。拐进酒吧，要了两杯啤酒，我们东拉西扯，都是家常。我说起我女儿、美国的学校和青少年问题；苏珊说起她的学历史的儿子——她在世界上最好的朋友。

送苏珊回旅馆，布拉格的街灯让我们迷了路。

旧地

死亡总是从反面
观察一幅画

此刻我从窗口
看见我年轻时的落日
旧地重游
我急于说出真相
可在天黑前
又能说出什么

饮过词语之杯
更让人干渴
与河水一起援引大地
我在空山倾听
吹笛人内心的呜咽

税收的天使们
从画的反面归来

从那些镀金的头颅

一直清点到落日

钟文：光与岸

二〇一七年四月二十二日上午十点，上海武警医院病房区。钟文半卧病床，面颊消瘦苍白，半闭着眼。我握着他嶙峋的左手，开场白简单明确——我承诺，一定会为你出版这本书。他头脑清楚，微微一笑，点点头。这是最后的告别。当天下午他昏迷不醒，直到五月七日凌晨离开这个世界。

我们是怎么认识的？应该和一个诗歌事件有关。一九八〇年秋，在北京郊区定福庄，由《诗刊》副主编邵燕祥主持全国诗歌讨论会，这是公开争论"朦胧诗"的序幕，后称为定福庄会议。在对"朦胧诗"刀光剑影的围攻中，有血性的"四条汉子"杀出一条生路，他们是谢冕、孙绍振、吴思敬和钟文。我们正四脚朝天，忙乎着《今天》那份油印杂志，后来才听说这件事。

记得一九八一年隆冬，钟文在北京开会因急病住院。他穿着军用棉大衣，苍白消瘦，一副书生模样。探视时间早就过了，我们在医院门外小聚，有合影为证：钟文、顾城、杨炼、唐晓渡、牛波和我。没有会客室也没有小饭馆，刮着西北风，冷飕飕的，谁也坚持不了多久——我们哆哆嗦嗦，互相取暖。

如果逆流而上，八十年代可谓现代诗歌的上游。那年头，四川诗人呼啸成群，集结在成都。军师钟文出谋策划，跟着摇旗呐喊，当年翟永明和欧阳江河都是他的学生。有谁播下诗歌的种子，从成都出发，再沿铁路公路小路延伸到罕见人迹之处。

"文革"后期，"反革命嫌疑犯"钟文，从上海到自贡下放劳动。一九七七年，中国政局开始松动。他有两三百本藏书，于是亲手编写了《文学描写手册》，半公开售卖，赚了第一桶金，尝到甜头。后来从自贡到成都，摇身一变，成为成都大学的老师，他借助电大的新媒体，开了两门课，浑水摸鱼捞下金银。

一九八五年是转折点。他从成都到深圳，水涨船高，跻身为深圳大学教授兼系主任。再往前跨一步，仅仅一步，他混进香港的金钱世界。顺着风向标，我跟着他亦步亦趋——同年春，我也下了海。在北京昌平县踩河村飞达公司听差。业务范围除了导弹以外，主要是出口转内销，倒卖盘条，中间赚差价，再加上所谓明星的商演，赔本赚吆喝。据说进京还捎带一货车的臭带鱼——各种演绎版的传闻。我和朋友忙乎了大半年，连生意都没沾上边儿，心里倒踏实，我再回到书桌码字。

钟文曾这样写道:"我十分欣赏客家人对人的命运的一句谚语:一命,二运,三风水,四积阴德,五读书。天命所归是人用什么力量也拗不过来的一种力量。"

那真是天命。一九九〇年夏天,我在巴黎见到钟文。先通电话,约好在巴黎一家中餐馆吃午饭。我们互相打量——我失魂落魄,跟流浪汉差不多;他住在难民营,但衣着优雅,对未来充满信心。午饭后,我顺手把一个信封塞进他口袋里——这是我刚在蓬皮杜中心朗诵的酬金。四海之内皆兄弟,没的说。

第二年冬天,眼见着钟文的灭顶之灾,被助手卷走了大部分巨款。苍天在上,居然和助手共享银行账号的签名权——他可真够糊涂的。估摸有一百多万法郎,对我来说那是天文数字。真为他着急,心里咯噔一下——看来流浪者与流浪者完全不一样。

冬去春来,接着地气缓了过来,他开始做小买卖。从爬山自行车时装到丝绸生意,慢慢走上正轨。记得一九九三年圣诞前夜,钟文在他家约我和几个朋友小聚。我喝多了,反复唠叨这句法文 beaucoup, beaucoup de problèmes(很多很多问题)。圣诞树的彩灯一闪一闪。是啊,每个人都有很多问题,那是我的艰难时刻,其实钟文也如此。躺在他家的沙发上,我半夜醒了过来,还是重复这句新学的法文。钟文为我盖好毛毯,像哄孩子安慰我。

那阵子,宋琳家住巴黎二区,送孩子上学,几乎每天早上都能见到钟文,互相打招呼。钟文推着小车送货,颠簸在鹅卵石路上，叮叮当当，沿着店铺门板回响。他自食其力，毫无老板的架子。

仗着腰板还算硬朗，钟文爬上小山坡，喘了口气。我算了算，那是二十年前的往事，他刚五十出头，做出战略转移的重大决定，于是从巴黎挪向上海。

他和一个法国人在西湖边聊天，谈起职业选择。他说，如果我现在选择，我还是会选择做商人。为什么？因为中国的现状使得做教授在智力与能力上的挑战越来越小，中国的教授是很平淡，甚至很中庸的一种职业（自然科学另当别论），我们这一代人中大量的是人云亦云的抄书匠，大量的是见风使舵的马屁精，如此而已。商人不一样，做商人在智力和能力上是对人的潜能的巨大挑战，成功与失败每天都在考验着他们，所需要的能力远远不是读书抄书这么简单。他们面对的世界非常之大，因为这一切，我情愿去做一个商人。

看来天命不可违。九十年代末，钟文的生意越来越大，他从巴黎搬到上海，成为欧罗福国际集团远东区总裁和法中文化交流中心主席。如果野心像深渊，谁才是真正的主人？

一九九九年夏天，在巴黎歌剧院附近的咖啡馆，钟文和一个法国的中国通喝白兰地抽雪茄。中国通说起一笔生意，涉及法国电力公司（法国最大的国企之一），打算把法国的几个火力发电厂，低价甚至无偿拆迁到别的国家或地区，当然针对的是第三世界。假如只花一欧元，可买下一座法国火力发电厂——这是多大的诱惑，做生意可比赌博，而梦想却比金钱远大得多。

再说，法国人一点儿都不傻，他们早就准备取代火力发电厂了，顺便送给中国的厚礼。钟文当然也不傻，中国能源需要的是时间差。

盘算小九九，一步一步向前推演——从法国电力厂拓展到全球绿色能源计划——这是他梦想的王国，但想想都后怕。硬着头皮，他与美国通用公司（GM）、英国石油（BP）和日立等老板们一起合伙共谋，相当于"八国联军"。看来他是站在深渊边随时准备跳下去的人。

规避商业机密，钟文几年后在香港跟我闲聊，谈到他的庞大计划，我听着都犯晕——除了诗歌的逻辑，还有金钱的逻辑，加在一起，他就像堂吉诃德那样冲向风车。再加上文牍的逻辑，他沿着字里行间跋涉，终于获得联合国的正式批准。自称为"历史性文件"，却需要全球绿色联盟计划的先决条件。想得美，他紧紧抓住一纸公文，喜极而悲。

二〇〇二年冬天，我陪母亲去上海和苏州小住。把我镇住了：钟文快成了上海滩的老大。他的坐骑是美洲豹（Jaguar），据说是上海头一辆，从英国直接运过来的。司机小张戴着白手套，毕恭毕敬，前仆后继。他派头可大了——无缝流线后背发型，皮鞋锃亮，意大利手工西服，加上淡淡的男用香水。他周旋于官商之间，茫茫然，目光不太容易对焦。

顺手，他把上海作协那栋小楼（巨鹿路六七五号）包租下来，先让文学靠边站。他还开了一家"三十年代大饭店"餐厅，高朋满座。我把外甥女介绍给他，担任英文翻译。当然了，我和母亲也蹭车沾光，由他的助手安排，包吃包住。坦率地说，在上海待了三天，我东闻闻西嗅嗅，估摸是那股男用香水味儿，在上海迷失了方向。

二〇〇六年秋，世界的舞台转换，我和钟文相聚在纽约。他刚见到通用公司的老板，前不久在人民大会堂举行正式会谈，为了绿色能源和绿色美元而干杯，据说还登上了报纸。我们请了一个学中文的美国小伙子专程陪同，钟文在新大陆实地考察。

在纽约，落叶飘飞，就像日子那样任意挥霍。我们住在曼哈顿西中区的小公寓，他蜷缩在小沙发里，感叹人生，生意无常，到头来还是平头百姓，平起平坐。问了问《今天》的难处，他顺手写下一张支票，捐了两千欧元。后来他半开玩笑问我，是否背后骂娘。没这回事儿，我应道，钱多钱少，都得感谢金主们的支持。

我二〇〇七年八月从美国搬到香港，在香港中文大学教书。次年夏，钟文到香港出差，在尖沙咀马可波罗酒店下榻。他身体虚弱，闭上眼说话，像生病的大鸟。据他说是一种怪病，译成"运动神经阻碍症"。我问他，倘若闭上眼谈判，和那些大老板们怎么周旋？他摊了摊手，苦笑，无可奈何。

每隔一阵他专程到香港，陪模特夫人和两个孩子住同一家酒店，紧挨着"购物天堂"的海港城。我们俩先在餐厅聊天，接着家人搂着大包小包，我们一起吃顿晚饭。钟文闭着眼，他夫人目不转睛，停在某处，和橱窗的模特差不多。

一想到从"八国联军"联合国全球绿色联盟到环保利

用焦炉煤气零污染燃气轮机、绿色美元，直至不夜城高档橱窗、英意晚餐菜单、侍者表情、模特脸色，我就烦透了，永远是那一套，再也不想去那鬼地方了。但为了友谊干杯，怎么办？我提出唯一的条件是，钟文本人到我家吃顿便饭。他终于来了，喝红酒加上家常便饭，他突然睁开眼睛，谈天说地，聊到深更半夜。

二〇一二年春，我在香港中风，终于得到大陆的签证，赶到上海，在一家针灸诊所治疗。当天晚上，虽有严格医嘱，还是忍不住给钟文通了电话。他惊呼小叫，非得赶到酒店过来看我，哪怕只待一个钟头。

我们在大堂咖啡厅小聚。钟文是半个盲人，我是半个哑巴，同病相怜，但还挺乐呵——在真实的处境中，这才是坚不可破的友谊。

这是人生的转折之年。他从巅峰滑到低谷，公司倒闭，跟老婆离了婚，把别墅也卖掉了。"本来无一物，何处惹尘埃"，他好歹捡了条命，终于回到书斋中。

那年，几乎每个月我都去上海治疗。钟文是美食家，听说我要过来，总是由他安排当晚请客，派司机接送。凶猛的美洲豹换成老掉牙的面包车，司机小张也变成老张了。一旦公司倒闭，钟文反倒眼睛亮了，就像打开窗户。

摘下商人的面具，他是个乐观又充满好奇的人，对上海几乎所有的细节无所不知。想当年，他是里弄的穷孩子，在恶劣的环境中，必有多少潜在的能量和原动力。

钟文每次请客，往往更换不同的老餐厅，好像为上海感到自豪。他目光时而温柔时而狡黠，就像老顽童。每次抢单，但他手上拮据，而我心里清楚，在乎的是他内心的骄傲。与此同时，他反复查看账单，估计多年被人坑蒙拐骗。

自二〇一二年起，钟文沉溺在书斋中，通读那些大部头的艰深原著，尤其是现当代哲学，写下上百万字的笔记。从商人转换成诗歌评论家，他发表了一系列评论文章，引起诗人和诗歌读者的注目。他从小热爱文学，算得上童子功，加上过目不忘，浸染其中，这五年下了功夫，厚积薄发，最终留下正果。

我相信能量守恒定律，生命也是如此，钟文的身体每况愈下。三年前他身上奇痒，住了两个多月医院，被抗生素灌饱了，看起来止痒了，但最终引起肾癌，相当于一连串连锁反应。幸好人只有一颗心，却天生存有两个肾，等于备胎，另一个肾被切除了，他好歹活了下来。手术很成功，我专程前往祝贺，备好家宴，他打开一瓶法国红酒，为生命干杯。

看来各有各的人性的弱点。钟文坚信西医比生命更重要，特别是三甲医院高师名徒加上美国药。患了肾癌，他用尽最贵的美国药，病况有所好转，但无形的病毒潜伏下来。

记得三年前，我和毅伟到他居住的"罗马花园"单元小聚。我坦率地说："你是个文人，但当不了商人。"他就像犯错的孩子，搓搓手，点了点头。就在前天晚上，我们在一家粤菜馆吃晚饭。毅伟问钟文，你最近怎么突然消失了？钟文交代，他和两个法国华人合伙，一起到柬埔寨倒卖房子，为了挣快钱，结果被黑帮绑架，抢劫一空。他绘声绘色，包括可信的细节，我们全都信了。后来才知道，钟文在山西厂方欠巨债，被拘一个月，因年老病衰放了他一马。转眼连面包车也卖掉了，司机老张也失业了。

时光流转。钟文差点儿忘了，他是上海真如庙住持方丈妙灵法师的佛门弟子。据说他当年捐了七十万，翻建了这座小庙。讲起他的经历与磨难，妙灵法师没说什么，只写了四个字：无得正观。

钟文写下的《那趟从不停靠的列车》的经商自传，由广西师范大学出版社出版（二○一五年），我终于找到了这本书。他在结尾处写道："读经以后使我很为开悟。俗世的得失观，过分强调了金钱的作用，于是人就产生了很多错觉和不良习惯。世上常常是贪心所起的假象，对钱的贪心越大，假象就越大，贪心越大，执着就越厉害，如此的恶性循环，会让人大吃苦头。"

彼岸与此刻，终有一别。在上海武警总医院的病房，透过窗户，阳光迷蒙蒙的。面对病榻上的钟文，我握着他的手，留下唯一的承诺。死亡就像定格，转瞬间，光的河流涌进窗户。

六月

风在耳边说，六月
六月是张黑名单
我提前离席

请注意告别方式
那些词的叹息

请注意那些诠释：
无边的塑料花
在死亡左岸
水泥广场
从写作中延伸

到此刻
我从写作中逃跑
当黎明被锻造
旗帜盖住大海

而忠实于大海的

低音喇叭说，六月

帕斯

一

四月十七日早上，我把车停在过夜停车场，再搭机场班车前往候机厅，总算赶上了班机。夜里没睡好，我一路昏沉沉的，像只被雷电震晕了的鸟。一下飞机就转了向，得亏有路标指引。汽车站，旅客动作缓慢，鱼一般游来游去。我登上辆面包车，开车的高个黑人跟大家打招呼，没人搭理。他见怪不怪，说："欢迎来芝加哥。"正是高峰时间，一路堵车，堵得个个面目可憎。在旅馆柜台，我拿到钥匙和一个信封，跟提行李的印度人上升。我给过小费，关上门，打开信封："……可惜艾略特不能来和你一起朗诵，今天凌晨帕斯去世了……"

可以说，墨西哥诗人奥克塔维奥·帕斯（Octavio Paz）是现代主义诗歌最后一个大师，他的死意味着一个时代的结束。

帕斯，西班牙语意思是和平。而他生于一九一四年，即第一次世界大战开始那年，人类从此就没和平过。一九三七年，他赴西班牙参加共和国保卫战，在马德里反法西斯作家代表大会上，结识了聂鲁达、阿尔贝蒂等作家。随后他卷入了巴黎的超现实主义运动。

他家里有很多有名的现代画家的画和各种艺术品，想必都是多年友谊与游历的见证，结果前两年毁于一场大火。帕斯从此一蹶不振。他从家里搬出来，住进旅馆和医院。最后墨西哥总统借给他一套官邸，并派军人们护理他，那跟软禁没多大区别。艾略特告诉我，帕斯变得沉默寡言，连老朋友的电话都不愿意接。美籍华裔女作家汤婷婷跟我讲述过她类似的经历。一场山火吞没了她的房子，包括未完成的手稿、信件、照片，什么也没留下。"我没有了过去。"她悲哀地说。

我头一回听说帕斯是八十年代初，那时在圈子里流传着一本叶维廉编选的外国当代诗选《众树歌唱》，可让我们开了眼界。其中帕斯的《街》特别引人注目：

又长又静的街

我在黑暗中走着，跌倒

又爬起来，向前摸索，脚

踩着沉默的石头与枯叶

我身后有人紧跟

我慢，他也慢

我跑，他也跑。我转身：没人……

我后来重译过。原文中的 nobody 在《众树歌唱》中被译成"空无一人",我改译成"没人",这样更短促,更具突然性。这首诗是有点儿让人瘆得慌。那会儿大家见面开玩笑,"我转身:空无一人。"自己先起一身鸡皮疙瘩。

八九年十月,美国笔会中心在纽约为中国作家举办了一场讨论会,由艾略特主持。艾略特住在纽约,是散文作家及帕斯的英译者。帕斯和夫人居然也坐在听众中间。那年头魔怔,除了叙旧没别的。散了会,一帮老朋友聚在门口,看来又得昏天黑地侃一夜。艾略特问要不要跟帕斯一起去吃晚饭。我和多多愣了一下,是帕斯还是叙旧?我们选择了帕斯。

那天晚上在一起的,除了帕斯夫妇、艾略特、多多和我,还有在讨论会上担任翻译的文朵莲。我们在一家意大利餐馆坐定。我连菜单都读不懂,请文朵莲帮忙。帕斯发福了,比照片上显得要老。他微笑着,带着老人的威严。我们谈到拉丁美洲的文学与政治,多多问起他和博尔赫斯的争论。不,没这回事,我们关系一直不错。也许你指的是和聂鲁达吧?我后来在一篇访问记中读到,帕斯认为聂鲁达的斯大林主义僭越了政治与道德的准则。

九〇年十月,帕斯获诺贝尔文学奖。当天夜里,帕斯接受郑树森代表台湾《联合报》的电话采访时说,我已经躺下了,刚吃了安眠药。那是不眠之夜的开始。

再见到帕斯是九一年十二月,在斯德哥尔摩一起开会。我还记得议题是"困难时期的严肃文学"。那是我的困难时期,几乎什么也听不懂,冒充严肃文学坐在那里。最后一天,布罗斯基作总结报告，报告后的讨论中，他的傲慢激怒了某些听众，帕斯也跟他呛了几句。帕斯的英文有限，时不时借助法文。让我记住的是他的姿态：像头老狮子昂起头。

一天早上，我和女儿在旅馆餐厅吃早饭。帕斯从街上走过，看见我们便拐了进来。我给他要了杯咖啡。那天帕斯心情似乎特别好，恐怕和港湾的新鲜空气有关，也许再加上轻松感——媒体的注意力已转移到新的获奖者头上。

他从提包掏出我刚出版的英文诗集《旧雪》，让我吃了一惊。他说他喜欢，飞机上一直在读，我们在美国同属一家出版社。他拿出他的一本书，签名送给我，是刚出版的论文集《另一种声音》。

直到很多年后的今天，我才读到此书的中译本，被他的博学和雄辩震住了。他把文学与现代性的关系讲得很清楚，并纠正了欧美学术界对"现代主义"历史的严重歪曲。更重要的是，他在相当严谨的理论阐释中体现了"批评的激情"，这正是他另一本论述诗歌的书的书名。

用瑞典文写诗的李笠来电话，约我晚上和几个年轻的瑞典诗人聚聚。下午在通往老城的石桥上，我碰到帕斯，问他愿不愿一起去，他满口答应。周围行人涌动，买东西的遛狗的下班回家的，均与诗无关。帕斯站在冬天稀薄的阳光下，披着黑呢大衣，像个退休的将军。傍晚，我打电话到帕斯住的旅馆，他改变了主意。"不行，我累了，"他声音有气无力，"你知道，这类的聚会太多

他这一年所受的名声之累，是要折寿的

也巧了，我们下一站都是巴黎。

一周后的晚上，尚德兰（Chantal）、高行健和我在巴黎一家旅馆的大厅等了一会儿，帕斯夫妇下来了。他夫人玛瑞朱丝（Marie-Jose）是法国人，比帕斯至少年轻二十岁。我提议去中国餐馆，帕斯有点儿不放心，叮嘱我说："可别去乱七八糟的，要去就去家像样的。"终于在附近找到一家，还真不赖。我们吃火锅，喝黄酒，聊唐诗。帕斯翻译过李白、杜甫和王维的诗，他还跟艾略特合写了一本书《读王维的十九种方法》。我多喝了几杯，变得伤感，大背李煜的词，把帮忙翻译的尚德兰害苦了。在烛光下，帕斯宽容地笑了。

临出门，他被一对法国夫妇认了出来：你是帕斯？

二

帕斯当过多年外交官，在法国、日本、瑞士和印度等国任职。由诗人作家当外交官，这似乎是拉丁美洲的文化传统。一九六八年，帕斯为抗议墨西哥政府镇压学生运动，辞去了驻印度大使的职务，他在欧美漂流了三年，直到七一年才回国。

九三年春天，我到墨西哥的莫尔里亚（Morelia）参加一个国际环保会议，这个会议请的都是科学家和作家。贫富悬殊像一道巨大的裂缝横贯墨西哥。我忘不了跟着汽车跑的那些光屁股的孩子，他们眼睛中有一种深深的绝望。我们到山林中的一个蝴蝶巢穴考察。上千万只蝴蝶，每年从这里出发经美国飞到加拿大，再返回这里过冬，行程几千英里。坐在树林中，只见蝴蝶遮暗了天空，翅膀发出轰鸣。

开完会回到墨西哥城，我给帕斯打了个电话，是玛瑞朱丝接的。她用法语大声呼唤帕斯，能听见房间里的回声。帕斯接过听筒，问我住在哪儿，什么时候有空，他要请我吃午饭。美国小伙子若贝托（Roberto）陪我一起去，他曾做过帕斯的秘书，母亲是墨西哥人，他的西班牙语跟英语一样好。我一直问他为什么没有女朋友，后来才知道他是个同性恋，跟一个古巴作家同居。

餐馆在郊区的山坡上，外观像古寺，草木掩映，大半餐桌散置于花园中。若贝托去查订位名单，没有帕斯。他猜帕斯用的是假名。一会儿，帕斯和夫人来了，他戴了一顶遮阳便帽，蓄起满脸花白的胡子，像戴着毛皮面具。

那一阵子墨西哥偏远山区正闹游击队。话题像苍蝇飞来飞去，自然而然地落在这个带血腥味儿的事件上。帕斯和若贝托看法截然相反。帕斯认为是阴魂不散，而若贝托反驳说官逼民反。帕斯一下翻了脸，用手指打了个榧子，厉声喝道："你美国佬懂什么？滚回家去！"若贝托闭住嘴，脸憋得通红。我赶紧把话题岔开。

那天帕斯情绪不对劲，跟我也争起来。说起诗人奥登，我不认为他有什么原创性，帕斯急了："要是奥登都没有原创性，你说谁有？"

国际环保会议闭幕了，在墨西哥城举办了告别宴会。宴会开始前，我注意到记者们在门口焦急地等着什么。达官显贵并没怎么引起他们的重视，而帕斯一出现，强光灯全亮了，所有的镜头都对准他。当天的晚间新闻播放了他对游击队的看法，我认识的几个墨西哥朋友都在摇头。后来听说帕斯后悔了。

帕斯的名声太大，免不了遭人忌恨和暗算。他常在报刊上跟人打笔仗，打得飞沙走石。艾略特告诉我，斗争使帕斯年轻。毕竟岁数不饶人，他病倒了，先在美国做了心导管手术，不久又发现癌症，而大火得寸进尺，吞没了他的过去。

就在帕斯去世前一个多月，艾略特赶到墨西哥城，参加帕斯基金会的开幕式。帕斯坐在轮椅上，极少说话。当人们颂扬他的成就时，他向前扬扬手，那疲倦的姿势在说：让这一切都过去吧。

九四年三月三十日，是帕斯的八十大寿。仅仅四年前，他容光焕发，步履稳健，毫无病痛和大火的阴影。美国诗人学会在大都会博物馆为他举办朗诵会，请来约翰·艾什伯瑞（John Ashbery）和马克·斯特兰德（Mark Strand）等美国诗坛的大明星，也请了我，滥竽充数，据说是帕斯的提议。我找来帕斯的诗集，不知为什么，竟有些失望。在我看来，是他追求宏大叙述的野心毁了那隐秘的激情，这在被称为现代文学经典的《太阳石》等长诗中尤其明显。我选来选去，还是选中那首他早年写的《街》，仍有初读时的新鲜感。

在一次采访中，他回答说："每分钟我们都是另一个。现在讲着他者的人与一秒钟以前讲着他者的人不同。那么什么是他者？我们是时间，为了成为时间，我们从来没有结束过生活，总是将要生活。将要生活？那是什么！我不知道。

在一问一答中间勃生某种改变我们的东西，它把人变成一个不可预见的造物。"

在美国，为一个外国诗人如此隆重的祝寿，恐怕历史上还是头一回。那天票是免费的，大都会博物馆剧场挤得满满当当。朗诵会开始前不久，帕斯跟艾略特一起挑选朗诵的诗，他突然慌了神，对艾略特说："我该念什么？它们都不怎么样，真的……"此时此刻，帕斯成了另一个，更接近我通过阅读认识的那个《街》中的帕斯，他疑心重重，在黑暗中摸索，跌倒了又爬起来。最后还是艾略特稳住了他。朗诵结束了，观众的掌声经久不息。

那天我朗诵的是帕斯的《街》：

……
所有的黑暗无门
重重拐角出没
总是把我引向这条街
没人等我，没人跟我
我追赶一个人，他跌倒
又爬起来，看见我说：没人

致托马斯·特朗斯特罗默

你把一首诗的最后一句

锁在心里——那是你的重心

随钟声摆动的教堂的重心

和无头的天使跳舞时

你保持住了平衡

你的大钢琴立在悬崖上

听众们紧紧抓住它

惊雷轰鸣，琴键疾飞

你回味着夜的列车

怎样追上了未来的黑暗

从蓝房子的车站出发

你冒雨去查看蘑菇

日与月，森林里的信号灯

七岁的彩虹后面

挤满戴着汽车面具的人

蓝房子

一

　　蓝房子在斯德哥尔摩附近的一个小岛上，是瑞典诗人托马斯·特朗斯特罗默的别墅。那房子其实又小又旧，得靠不断翻修和油漆才能度过瑞典严酷的冬天。

　　今年三月底，我到斯德哥尔摩开会。会开得沉闷无聊，这恐怕全世界哪儿都一样。临走前一天，安妮卡（Annika）和我约好去看托马斯。从斯德哥尔摩到托马斯居住的城市维斯特若斯（Vasteras）有两个小时路程，安妮卡开的是瑞典造的红色萨巴（Saab）车。天阴沉沉的，时不时飘下些碎雪。今年春天来得晚，阴郁的森林仍在沉睡，田野以灰蓝色调为主，光秃秃的，随公路起伏。

　　安妮卡当了十几年外交官，一夜之间变成上帝的使者——牧师。这事对我来说还是有点儿不可思议，好像长跑运动员，突然改行跳伞。安妮卡确实像运动员，高个儿，短发，相当矫健。我八一年在北京认识她时，她是瑞典使馆的文化专员。西方，那时还是使馆区戒备森严的铁栏杆后面一个相当抽象的概念。我每次和安妮卡见面，先打电话约好，等她开车把我运进去。经过岗楼，我像口袋面往下出溜。

八三年夏末，一天中午，我跟安妮卡去西单绒线胡同的四川饭店吃饭。下车时，她给我一包东西，说是托马斯最新的诗集《野蛮的广场》，包括马悦然（Göran Malmqvist）的英译稿和一封信。马悦然在信中问我能不能把托马斯的诗译成中文，这还是我头一回听到托马斯的名字。

回家查字典译了九首，果然厉害。托马斯的意象诡异而辉煌，其音调是独一无二的。很幸运，我是他的第一个中译者，相比之下，我们当时处于一个很低的起点。

八五年春天，托马斯到北京访问。我到鼓楼后边的竹园宾馆接他。那原是康生的家，大得让人咋舌。坐进出租车，我们都有点儿尴尬。我那时英文拉不开栓，连比画带蹦单词都没用，索性闭嘴。最初的路线我记得很清楚：穿过鼓楼大街，经北海后门奔平安里，再拐到西四，沿着复外大街向西……目的地是哪儿来着？现在怎么也想不起来了，于是那辆丰田出租车开进虚无中。只记得我紧张地盯着计价表上跳动的数字：兜里钱有限。

没过两天，我又陪托马斯去长城。那天作家协会出车，同行的还有人民画报社瑞典文组的李之义。他把作协的翻译小姐支走，小姐也乐得去买买衣服。李之义是我哥们儿，没的说，除了不得不对司机保持必要的防范。那年头，我们跟托马斯享受了社会主义的优越性：坐专车赏景，还在长城脚下的外国专家餐厅蹭了顿免费的午餐。

那天托马斯很高兴，面色红润，阳光在他深深的皱纹中转动。他触摸那些城垛上某某到此一游的刻字，对人们如此强烈的要被记住的愿望感到惊讶。我请他转过头来，摁动快门。在那一瞬间，他双手交叉，笑了，风掀起他开始褪色的金发。这张照片后来上了一本书的扉页，那书收入托马斯诗歌的各种译文，包括我译的那几首。

快到维斯特若斯，安妮卡用手机和托马斯的妻子莫妮卡（Monika）联系，确认高速公路的出口和路线。托马斯住在一片灰秃秃的没有性格的排房里——我紧跟攮着门牌号码的安妮卡东奔西突，在现代化的迷宫寻找托马斯。

他出现在门口，扔下拐棍，紧紧搂住我。那一瞬间，我真怕我会大哭起来。莫妮卡说："托马斯正要出去散步……看看我们的托马斯，要不是这两天感冒，简直像个明星……"待坐定，我才能真正看到他。他的头发全白了，但气色很好，眼睛恢复了中风前的镇定。

一九九〇年十二月，我得到托马斯中风的消息，马上给莫妮卡打电话。她哭了，"托马斯是个好人……他不会说话了……我能做什么？"莫妮卡是护士，托马斯中风后她辞了职。九一年夏天我来看望他们，托马斯显得惊慌而迷惘。他后来在诗中描述了那种内在的黑暗：他像个被麻袋罩住的孩子，隔着网眼观看外部世界。他右半身瘫痪，语言系统完全乱了套，咿咿呀呀，除了莫妮卡，谁也听不懂。只见莫妮卡贴近托马斯，和他的眼睛对视，解读他的内心。她也常常会猜错，托马斯就用手势帮助她。比如把时间猜成五年，手指向右增加，向左减少，微妙有如调琴。"心有灵犀一点通"，这在托马斯和莫妮卡的现实中是真的，他们跨越了语言障碍。

如今托马斯能说几句简单的瑞典话，常挂在嘴边的是"很好"。托马斯，喝咖啡吗？——很好。去散散步吧？——很好。要不要弹钢琴？——很好。这说明他对与莫妮卡共同拥有的现实的满意程度。我给托马斯带来一套激光唱盘，是格林·高尔德（Glenn Gould）演奏的巴赫第一、第五和第七钢琴协奏曲，他乐得像个孩子，一个劲儿向莫妮卡使眼色。在我的请求下，他用左手弹了几支曲子，相当专业。弹完他挥挥手，抱怨为左手写的谱子太少了——如今莫妮卡"翻译"得准确无误。

女人们去厨房忙碌，我和托马斯陷入头一次见面的尴尬中。我说了点儿什么，全都是废话。我剥掉激光唱盘上的玻璃纸，把唱盘交给托马斯。放唱盘的自动开关坏了，用一根黑线拴着，托马斯熟练地把唱盘放进去。在高尔德演奏第一协奏曲的前几秒钟，他突然大声哼出那激动人心的第一乐句，吓了我一跳。他两眼放光，让位给伟大的钢琴家和乐队，自己摸索着坐下。音乐给我们沉默的借口。

茶几上，那团成一团的玻璃纸，像朵透明的花慢慢开放。

二

蓝房子里挂着一幅多桅帆船的油画，是托马斯的祖父画的。这房子至少有一百五十年历史了。由于保暖需要，天花板很低，窗户小小的。沿着吱吱作响的楼梯上楼，一间是卧室，一间是托马斯的小书房，窗外就是树林。托马斯的很多意象与蓝房子有关。

我头一回见到蓝房子是八五年夏天，即我陪托马斯游长城的几个月后。那时我像只没头苍蝇，在官僚的玻璃上撞了好几个月，终于有只手挥了挥，把我放了出去。

托马斯笑呵呵地在蓝房子外迎接我。在场的除了马悦然和夫人宁祖（她去年因癌症过世），还有他们的学生碧达（Britta）和安妮卡。安妮卡来晚了，她刚从北京调回瑞典外交部。如果时光是部影片的话，我非把它倒回去，让那个时刻放得慢一点儿，或索性定格。那时托马斯爱开玩笑，壮得像牛；宁祖活得好好的，大笑个没完；安妮卡年轻得像个大学生，精力过人，好像直接从北京游过来似的。

瑞典的夏天好像钟停摆——阳光无限。坐在蓝房子外面，我们一边喝啤酒，一边尝莫妮卡做的小菜，话题散漫。瑞典文和中文近似，有两个声调。两种语言起伏应和，好像二重唱。那年蚊子特别多，逆光下呈雾状，挥之不去，让人心烦意乱。而托马斯坐在蚊子中间若无其事。蚊子不咬他，他也不驱赶，似乎达成了一个秘密的和平协议。

托马斯给我看了他刚刚完成的诗作《上海》（题目后来改成《上海的街》）。开头两句是：

公园的白蝴蝶被很多人读着。

我爱这菜白色，像是真理扑动的一角。

这意象来自他上海的经历。从北京到上海，没人陪同，使馆要他把所有发票都保存好。发票多半是中文的，他正着看倒着看都没用。那上海闲人多，估摸这奇怪的动作招来看热闹的，于是发票变成了白蝴蝶，被很多人读着。

托马斯是心理学家，在少年犯罪管教所工作。依我看，这职业和诗歌的关系最近，诗歌难道不像个少年犯吗？在二十三岁那年，托马斯靠他的第一本诗集《诗十七首》把瑞典文坛给镇了。即使现在看，那些诗也近于完美。他写得很慢，一辈子只有一百多首诗，结成了全集也不过一本小书而已，但几乎首首都好。那是奇迹。

我们又回到一九九八年，在晚饭前喝着西班牙开胃酒。我问起托马斯的写作。他从抽屉里找出两个八开的横格本。九〇年十二月是个分水岭，以前的字迹清晰工整，中风后改左手写字，像是地震后的结果，凌乱不堪。一个美国诗人告诉我，当年托马斯来美国访问，人一走，有人把模仿他诗句的纸条塞进他住过的房间，再找出来，宣称是伟大的发现。他们要能看到这原稿，还了得？

六七十年代，不合时代潮流的托马斯受到同行们恶狠狠的攻击，骂他是"出口诗人""保守派""资产阶级"。记得有一次我问他生不生气。"我倒想说不，可我能不生吗？"

今时代转过身来，向托马斯致敬。他接连得到许多重要的文学奖。莫妮卡告诉我，前不久，他俩去斯德哥尔摩美术馆，被一个导游认了出来，他大声向观众们说："这是我们的托马斯！"全体向他们鼓掌。

一九九〇年初，我漂流到瑞典，在斯德哥尔摩一住就是八个月。八五年那个令人晕眩的夏天一去不返。我整天拉着窗帘，跟自己过不去。若没有瑞典朋友，我八成早疯了。

那年我常和托马斯见面。

一张托马斯在花丛里的照片上标明：九〇年八月四日。那天早上，我和李笠乘轮船直奔蓝房子，结果坐过了站，被抛在另一个岛上，下一班船要等好几个钟头。李笠说服了一个住在岛上的老头，用汽艇把我们送过去，老头说什么也不肯收钱。

那天布罗斯基也在。他七二年离开俄国，再也没回去过。几乎每年夏天，他都到斯德哥尔摩住一阵，据说是因为这儿的环境气候最像他的老家彼得堡。我头一眼就不喜欢他，受不了他那自以为是的劲头。此后又见过面，都改变不了这第一印象。布罗斯基对托马斯倒是很恭敬。他曾老老实实承认，他的某些意象是从托马斯那儿"偷"来的。

我们坐在阳光下喝啤酒，懒洋洋的。大家倚在蓝房子的扶手台阶上，用 Polaroid 照相机轮流拍照。他们的小女儿玛利亚（Maria）帮忙收拾杯盘，她长得很像莫妮卡。他们有两个女儿，都住在斯德哥尔摩。

李笠、布罗斯基和玛利亚赶傍晚的一班船回斯德哥尔摩，我留下来，住在蓝房子旁边的一栋小木屋里。那夜，我失眠了。树林里的猫头鹰整夜哀号。

算起来，从那时到托马斯中风只剩下四个月。只有托马斯自己，在七四年发表的唯一一首长诗《波罗的海》预言了这场灾难。八月初，我从瑞典搬到丹麦，临走前跟托马斯夫妇来往最频繁。他们一到斯德哥尔摩，马上打电话过来。和中国人在一起，饭局是少不了的，几杯酒下肚，托马斯总是半开玩笑地对我说："我从没见过像你这么高的中国人。"

十一月初，我在丹麦奥胡斯（Aarhus）刚落脚，托马斯就跟过来朗诵。我像傻子一样，坐在听众中间。现在想起来，那是天赐良机，在托马斯即将丧失语言能力以前。他嗓子有点儿沙哑，平缓的声调中有一种嘲讽，但十分隐蔽，不易察觉。他注重词与词的距离，好像行走在溪流中的一块块石头上。朗诵完了，听众开始提问。有个秃顶男人和托马斯争了起来。我还是像傻子一样，头在瑞典语和丹麦语之间扭来扭去。我从来没见过托马斯这么激动过，他脸红了，嗓门也高了。

朗诵会后，主持人请我们一起吃晚饭。问起刚才的争论，托马斯只说了一句："那家伙自以为有学问。"我想为一起来听朗诵的同事安娜讨本诗集，他把手伸进书包，孩子似的做了个鬼脸——没了。没了？我有点儿怀疑。没了！他肯定地说。

一个月后，他拒绝再和任何人争论。听到他中风的消息，我很难过，写了首诗给他，听莫妮卡说他看完掉了眼泪：

你把一首诗的最后一句

锁在心里——那是你的重心

随钟声摆动的教堂的重心

和无头的天使跳舞时

你保持住了平衡

……

一晃七八年过去了，托马斯真的保持住了平衡。

我第二天一早飞回美国，得早点儿动身回斯德哥尔摩。晚饭吃得早，有鱼子酱、沙拉和烤鱼，餐桌上点着蜡烛，刀叉闪闪。烛光中，托马斯眼睛明亮。莫妮卡时不时握握他的手，询问般地望着他。饭后，我们回到客厅，打开电视，正好是晚间新闻。政客们一个个迎向镜头，喋喋不休。莫妮卡和安妮卡笑起来，而托马斯表情严肃，紧盯着电视。一会儿，莫妮卡关上电视，端出她烤的苹果馅饼。我们正有说有笑，托马斯又用遥控器把电视打开。莫妮卡告诉我，托马斯觉得有责任监督那些愚蠢的政客。

一九九〇年夏天，我的确在蓝房子过夜时失眠，莫妮卡证实了这一点。那么第二天早上干什么来着？对了，我跟托马斯去采蘑菇。我们穿上长筒胶靴，笨拙得像登月的宇航员。走着走着下起雨来，林中小路更加泥泞。托马斯走在前头，用小刀剜起蘑菇，搁嘴里尝尝，好的塞进口袋，坏的连忙吐掉，说："有毒。"

There is something in poetic language that it's so abstract, so simple yet telling that it has ways to tell in itself.

路歌

在树与树的遗忘中
是狗的抒情进攻
在无端旅途的终点
夜转动所有的金钥匙
没有门开向你

一只灯笼遵循的是
冬天古老的法则
我径直走向你
你展开的历史折扇
合上是孤独的歌

晚钟悠然追问你
回声两度为你作答
暗夜逆流而上
树根在秘密发电
你的果园亮了

我径直走向你

带领所有他乡之路

当火焰试穿大雪

日落封存帝国

大地之书翻到此刻

空山

一

今年夏天我在德国，住在斯图加特附近一个名叫"孤独"的城堡里。在此期间，我跟我的德文译者顾彬（Wolfgang Kubin）去柏林和慕尼黑朗诵。从慕尼黑回来的路上，我们去他弟弟家做客。丁克尔斯比尔（Dinkelsbuhl）是座古老的小镇，沿老房子上标明的建筑年号一直可追溯到中世纪。他弟弟一家住在小镇边上。附近的池塘野鸭嘎嘎叫着，有力地扇动翅膀，似乎想挣脱这近乎黏稠的宁静。顾彬的弟弟是医院的麻醉师，从早到晚奔波于麻醉与清醒之间，他太太代表了那个清醒的世界——家庭。

顾彬是那种不知疲倦的人，刚放下行李，就拉我出去散步。每回跟他出门我都犯怵。那哪儿是什么散步，完全是一种德国式的急行军，我得紧追慢赶，才能跟上他的速度。城墙荒草瑟瑟，有木梯石栈钩连。我只听见自己风箱般的喘息和怦怦心跳。顾彬话不多，皱着眉头大踏步前进。他坚持要带我去看一个中世纪刽子手的故居，据说当年几乎每个城镇都供养这么个职业刽子手。我们爬上爬下、拐弯抹角，足足找了一个多钟头。我两腿发软，差点儿就要在找到刽子手之前求饶了。

我认识顾彬是一九八一年九月，在友谊宾馆。杜博妮请我们到她家吃晚饭，她丈夫给我们斟上香港带来的"金门高粱"。顾彬第二天就要离开北京了。我对他最初的印象是模糊的。只记得他的笑容很特别，如同一个疲倦的人在镜子前无奈的自嘲。一九八二年早春，我们又在颐和园后湖见面了。记得那天我没睡好觉，又忘了刮胡子，浑身不自在，好像刚从地里刨出来的土豆。顾彬掏出个德国微型相机对准我。我觉得我们俩之间竟有点儿像，都不爱说话。他那天心不在焉，眯缝着眼，大概湖水的反光让他分心。他长我四岁，我们那时还年轻。

那是顾彬刚完成他的教授资格论文《空山》不久。他在大学涉猎甚广，包括哲学、日耳曼学和汉学，但他主修的是神学，本来顺理成章顾彬该做牧师的。我最近读了《空山》一书的中译本《中国文人的自然观》。在此书的序言中，平日沉默寡言的顾彬终于给了我们一点线索：一九六七年底，李白的那首《黄鹤楼送孟浩然之广陵》，成了他告别福音新教而转向汉学研究的诱因。如果一个人因一首诗而改变一生，其中必有某种神秘的召唤，且多半来自于血液中。

顾彬生在德国北方的策勒（Celle），祖先世世代代都是农民。他父亲是柏林人，母亲维也纳人。父母相识后搬到他祖母的老家策勒去。虽然同属于日耳曼种，但维也纳人很不一样，多愁善感，所以能产生像特拉克尔（Georg Trakl）和里尔克（Rainer Maria Rilke）这样的大诗人。八五年夏天，我头一次跟顾彬从柏林去维也纳。这旅行是从他父亲这边出发，到达他母亲那边，带有某种血缘考察性质。柏林的刻板和维也纳的闲散恰成对比。我们坐有轨电车，哐当当穿过中午昏睡的街区；去维也纳森林散步，在弗洛伊德对朋友说"梦将解释一切"的地方驻足；晚上到郊区贝多芬经常光顾的酒吧，喝刚酿出来的葡萄酒。在维也纳，连街头艺人演奏的约翰·斯特劳斯的圆舞曲也与众不同，染上那儿特有的忧伤。

顾彬最喜欢带我去墓地。刚到维也纳，我就跟他拜访了贝多芬、莫扎特、舒伯特等大师，倾听那寂静的音乐。墓地本身是一种文化，包含了历史、宗教、建筑、语言等诸多方面。每块墓碑都会说话，主角消失了，故事并没有结束。进入墓地，顾彬脸上的线条变得柔和了，改变了平时行进的节奏，忽快忽慢，在墓地中徘徊。他皱着眉头读完碑文，扭头走开。我真跟他在墓地学了不少东西，最重要的一条是体验死亡的宁静。

说实话，直到今天我还是不明白，为什么李白那么首简单的诗，会让他走上一条完全不同的路：

故人西辞黄鹤楼，烟花三月下扬州。
孤帆远影碧空尽，唯见长江天际流。

书写爱情

二

穗子警告我说：你可别把顾彬写得那么忧郁。你看，有人表面挺乐观的，结果扭头自杀了。我们顾彬看起来忧郁，但没事儿……我表示完全同意。穗子是顾彬的夫人，她原来在北京图书馆工作。顾彬去那儿，为刚完成初稿的《空山》查找补充资料，由穗子和另一个工作人员接待。一回生二回熟，这位平日目不斜视的德国准牧师直奔穗子办公室，兜里揣着两张《阿Q正传》的话剧票，惴惴然，到了也没敢把票掏出来，只好单独跟阿Q约会。人跟人的化学反应真是奇妙，酸碱中和——正好穗子话多，填补了顾彬那沉默的深渊。不，顾彬纠正我说，是穗子的梦多。

当年顾彬常来北京，骑辆破自行车满城飞。凭他那体力，要是有便衣跟踪，肯定累得半死。他告诉我，他在图书馆有个恋人，但不是书。那阵子涉外婚姻还是有麻烦，约会好像打游击，出没不定，更添了层浪漫色彩。

记忆除了不可靠外，更奇怪的是它的随意性，比如，为什么单挑某个细节而放弃别的？那么在当事人之间，记忆能在多大程度上重合呢？顾城死后，顾彬写了一篇文章《片段》：

> 我跟顾城的第一次见面该是一九八四年十一月。一天晚上，北岛来到天安门的国旗下接我。天黑得早，骑车一会儿就到了他的住所：几个人在包饺子，北岛的妻子、画家邵飞，我记得颇清楚，还有顾城，但另一个是谁，就不大真切，

或许是谢烨？北岛去帮忙干活，顾城和我便坐在一张沙发上，开始了我们的第一次谈话……

我还是为顾彬的记忆感到吃惊。他好像个巫师，用魔法召回某个苍茫暮色中众多的细节。我们住在崇文门西打磨厂街，离天安门很近。为什么选在国旗下？大概那是全北京最明显的标志了。那天黑得早，空气冰凉。我以一个酒鬼的敏锐，注意到挂在他车把塑料袋里的半打丹麦嘉士伯啤酒（肯定是友谊商店买的）。趁夜色，我带他匆匆穿过五进院，一股冬储大白菜的霉烂味道。把车支在家门口，推门，灯火辉煌（和外面的黑暗相比）。我们家并无长沙发，顾彬顾城对坐在两张包红布的小沙发上。起初顾城像个胆小的动物，怯生生的。顾彬一口流利的中文是个鼓励，他开始谈"文革"，谈法布尔的《昆虫记》，口若悬河，一发不可收拾。那天谢烨肯定在，她一边包饺子，一边赞许地看着顾城。那天除了丹麦啤酒，我还跟顾彬干了好几杯"衡水老白干"……

一九八九年后我在北欧漂泊，常到波恩去看顾彬，他总是用白酒款待我。顾彬会做一种麻辣豆腐汤，热气腾腾的。我和顾彬相对无言，频频干杯。这时候好心肠的穗子插进来，她担心我有一天流浪结束回国找不到工作。她建议我学开车，将来当个出租车司机，要不好好学英文，当个导游什么的。

顾彬穗子两口子在编一本名叫《袖珍汉学》的德文杂志，忙得天昏地暗。而大学图书馆的经费有限，不得不自己掏腰包买书订刊物。他们住处的空间越来越小，书越来越多，铺天盖地，洪流般席卷一切，最后涌向楼道。我就睡在书堆中，跟那些书一起做梦，硌得我腰酸腿疼。

顾彬是个真正的清教徒，虽然既有老婆又喝酒，我的意思是指他对自己苛求到了极点。不管睡得多晚，第二天早上六点钟他肯定坐在桌前写作备课。他扛着箱子送我去火车站，累得呼哧带喘，但从来不叫出租车。更别提散步了，他用儿童车推着儿子大踏步前进，害得我一溜小跑。我才知道什么是苦尽甜来：在这长途跋涉的尽头，我们坐在莱茵河畔的酒吧喝啤酒，那是我最幸福的时刻。

后来他连酒也戒了，只喝牛奶，为了有更多的力气著书立说，养家糊口。他和前妻有一女，正读大学，穗子又生了两个男孩，嗷嗷待哺。租了多年的单元被书占领，只能上资本主义的圈套：分期付款买房子。一个教授的工资紧巴巴的。可惜再到他家，我只能自酌自饮，十分无趣。喝得醉眼蒙眬，见顾彬又去噼噼啪啪打字，无奈，长叹一声，便倒头昏然睡去。

三

德文原书《空山》的副标题是"中国文学中自然观之发展"。顾彬认为早在六朝时代，也就是一千五百年以前，中国文学就有了自然观的完美表露，人们把风景看成是独立的部分，从而探求把握其美。他把中国文学中自然观的发展分成三个阶段，而这种自然观的发展又与贵族的生成密切相关。他在书中旁征博引，见解精辟。让我惊奇的是，一个老外居然能把中国的家底理得头头是道。《空山》这书名来自王维的五言绝句《鹿柴》：

　　空山不见人，但闻人语响。

　　返景入深林，复照青苔上。

　　刘小枫跟我聊起顾彬的《空山》，给予很高的评价。他们俩是好朋友：一个从西方走向东方，一个从东方走向西方。依我看是殊途同归，一个人往往要远离传统，才能获得某种批判能力。

　　一九九七年十二月我在巴黎开会，转道去波恩大学朗诵。顾彬带我到附近山坡上的墓地去散步。那天天色阴沉，含雨未落。穿过墓地的小路湿漉漉的，蜿蜒向前，引导我们这些迷途的生者。

　　墓地的阶级界限分明，对死亡的态度完全不同：有钱人到死都在炫耀财富，把坟墓盖得金碧辉煌，而那些作家艺术家的坟墓简朴自持。

　　我们的谈话断断续续。顾彬把哲学家、表现主义画家、被纳粹杀害的牧师一一介绍给我。我问起顾彬的信仰问题。他盯着他那双向前甩动的大皮鞋好一阵，抬头望了望炭笔画似的黑色枝条，慢吞吞地告诉我，他还应算个新教徒，礼拜天常去波恩大学的小教堂，听神学系教授的演讲。刘小枫说他自己是个基督徒，但不是基督教徒。我想顾彬也是如此，信仰与内心的痛苦有关，并不注重外在的形式。但我的疑问是：他真的是迷途知返了呢，还是继续向东方的"空山"逃遁？我没问，有些事儿是不能刨根问底的。

顾彬是个诗人，诗人有权利不解释他的作品。我读过他早年的诗，简短而节制，富于哲理。他的诗集今年年底就要出版了。他为我写过三首诗，但找不到合适的人翻译，至今留在我不能进入的德文之夜中。*Do not go gentle into the*

去年春天，顾彬在美国中西部的一所大学教书，其间带全家到我们这儿来做客。他们的俩儿子跟我女儿很合得来，楼上楼下疯跑。穗子不再劝我去当出租车司机或导游了，工作八字没一撇，眼看着该退休了。她还是对我的生活忧心忡忡，问这问那，东张西望，查看其中有没有什么裂缝。

我还是顺应穗子的美好祝愿，既当司机又当导游，带他们一家去旧金山。在某些方面，顾彬是个典型的德国人。比如，他事先买好德文的导游书，不仅仔细读过，而且坚信此书的权威性——你看，旧金山有三颗星，没错，我们就去那儿。还有一点，他对博物馆、植物园，甚至路边的每块牌子绝不放过，从头读到尾，贪婪得像美国胖子对所有炸锅里捞出来的东西一样。

我发现，自打我跟顾彬认识以来，我们经历的时间似乎不是直线的，年份与私人事件、媒体与孤独、友谊与暴力全都交织在一起，倒更接近东方式的循环。以致我有一种错觉，好像我们一直坐在一起，对已发生或未发生的一切保持沉默。

在他弟弟家的最后一夜，顾彬带我到丁克尔斯比尔市中心。每天晚上九点半，从教堂出发，一个古代装束的守夜人，扛戴披着牛角，带领浩浩荡荡的看客，在饭馆酒吧之间巡游。这是个古老的传统，保存到今天变成了旅游节目。他先吹响牛角，再扯起嗓子按古老曲调唱歌，歌词是即兴编的。侍者应声端来一杯葡萄酒，先由守夜人尝尝，再让大家分享。记得在等待守夜人出现以前，我跟顾彬坐在教堂边的石凳上，默默地观望灯火明灭的小镇。除了汽车电灯，这一景致几百年没多少变化，消失的是那些进进出出的人，也包括我们这些所谓的旁观者。

我忘了那小镇的名字，打电话问顾彬。第二天早上他发来传真。纸上除"丁克尔斯比尔"外，只有他的中文签名"顾"。那白纸好像空山，他就在其中。

我们

失魂落魄
提着灯笼追赶春天

伤疤发亮，杯子转动
光线被创造
看那迷人的时刻：
盗贼潜入邮局
信发出叫喊

钉子啊钉子
这歌词不可更改
木柴紧紧搂在一起
寻找听众

寻找冬天的心
河流尽头
船夫等待着茫茫暮色

必有人重写爱情

智利笔记

一

随机长预告，飞机开始降落。大地倾斜，安第斯山脉缓缓流动，仿佛再现亿万年前地壳的变迁。安第斯山纵贯南美洲，全长九千公里，是世界上最长的山脉。

圣地亚哥机场。与其他国家旅客不同，持美国护照的一律要缴一百美元的"买路钱"，我琢磨这是在为美国政府赎罪。

十月下旬是智利的春天，路边鲜花怒放。高楼大厦隐隐闪现在地平线上。在旅馆办登记手续时，有个戴红围脖的人一边跟我打招呼，一边用微型摄像机对准我。他自我介绍他叫哈罗德（Harold），哥伦比亚诗人，九十年代在北京当过外国专家。他的过度热情外加摄像机的围追堵截，让我无处躲藏，只好倒退着上楼梯。他大声说，在他办的文学网站上有我的诗，让我上网查查。

参加今年智利诗歌节的诗人来自二十多个国家，主要是西班牙语世界，美国日本中国各一，装点门面而已。第二天早上我们乘大轿车去聂鲁达故居。斯洛文尼亚诗人托马兹（Tomaz）和我同座，邻座是智利诗人萨吉欧（Sergio），我们以前在不同的时间地点见过。国际诗歌界是个大家庭小圈子，走亲串户，低头不见抬头见。

　　海的气息，让我想起小时候第一次看到海的激动。诗歌节主任何塞（Jose）突然站起来宣布："告诉大家个好消息，我们马上要路过帕拉的家，他在等着我们。"什么什么？我连忙问旁边的托马兹，是哪个帕拉。他说："当然是他，尼卡诺尔·帕拉（Nicanor Parra）只有一个。"可我明明记得，至少有三本国内出版的外国诗选，都提到帕拉于一九七三年政变后被关进集中营，并死在那里。编者还在帕拉的生卒年月一律标明"（一九一四年—？）"这问号深深印在我脑袋里。帕拉被公认为后现代主义的代表人物，他于一九五四年出版诗集《诗与反诗》轰动了拉美文坛，是继米斯特拉尔和聂鲁达后最重要的智利诗人。

　　大轿车在一栋石头房子前停下。帕拉身穿黄色旧棉衣，在门口跟大家一一握手。他个儿不高，帆布帽下的眼睛锐利如鹰；即使微笑，都有一种帝王的威严。掐指一算他今年九十一岁了，却如此健硕，真是生命的奇迹。轮到和我握手，他突然用中文说"北京饭店"。我知道他多年前去过中国，那年头老外别无选择，只能住北京饭店。

　　穿过客厅来到后花园。他的房子坐落在山坡上，临海，巨浪拍岸，溅起白色水雾。我和他合影时，他又蹦出几个中文词"茅台""干杯""周恩来"。这几个中文词，大概能拼出他在北京的生活场景：那准是七十年代初，所有活动都是官方安排的，范围仅限于北京饭店和人民大会堂宴会厅之间。转念一想，这其实就是他的诗学：把单蹦的词并置在一起，不需要什么连缀。

帕拉和聂鲁达是好朋友。他的《诗与反诗》首次朗读就是在聂鲁达圣地亚哥的住所，还有不少诗作是在聂鲁达的黑岛别墅写成的。他俩相差十岁。聂鲁达代表了南美现代主义抒情诗时代的高峰，而帕拉则是这一时代的终结者。这种背景复杂的友情，也许恰好证明了南美诗歌链条环环相扣的传承关系。在《新英格兰评论》一篇访谈中，问及怎么看聂鲁达，帕拉坦然回答："毫无疑问，聂鲁达是伟大的诗人，他的诗或许达到诗歌所能企及的高度。而他则是个十九世纪的人。"

帕拉的"反诗"多少与他的职业有关。他年轻时在布朗大学和牛津大学攻读物理，后来回智利教书。科学上的实事求是精神使他意识到诗歌应该和真问题，诸如文化、政治与宗教的现实打交道。他的诗歌原则是简洁，以俗语口语入诗，避免隐喻象征，反对欧化倾向。帕拉这样阐释他的"反诗"："反诗不过是超现实主义的活力强化的传统诗歌——即所谓本土的超现实主义——来自我们所属的国家及大陆的心理与社会的观点，作为真正的诗歌理想。它应是日与夜婚姻的孩子，反诗所庆祝的，并非黄昏的新形式，而是新型的诗歌黎明。"

告别时，我要给他在房前的花丛中拍照。两条狗围拢过来跟他亲昵，他抚摸它们。我发现在他家门上有歪歪斜斜的"反诗"（Antipoesia）字样的涂鸦，问他是谁写的。他耸耸肩说："那肯定永远是个谜。"

英文流利的克丽斯蒂娜（Kristina）是诗歌节的协调人之一，也是我们这些不懂西班牙语的瞎子领路人。她事后跟我说，帕拉和聂鲁达不同，平时深居简出，很少和外界打交道，这次能见到他真是幸运。

从帕拉家开车约半小时，来到聂鲁达的黑岛故居。聂鲁达有三处故居，一处在他出生的港口城市帕拉尔，一处在圣地亚哥，一处就是黑岛。黑岛非岛，原是一片荒凉的海滩。一九三九年底聂鲁达从欧洲回到智利，想找个安静的地方写作，于是从一个上校手里买下了这块约半公顷的地皮，连同一栋小石头房子。对面海中有个小岛呈黑色，聂鲁达就把他的领地称为"黑岛"，这一命名延续至今。

房子不够用，聂鲁达在一个泥瓦工的帮助下，边设计边施工，终于在海边建起这栋约三百平方米的两层小楼，周围种满各种花草。这是他最喜欢的住处，在此度过晚年。我想起他的一本诗集《大地上的居所》，多好的书名，既简朴又寓意深远。可这"居所"的奢侈程度还是让我吃了一惊。要说他外交官出身，怎么可能维持这样的生活？他是一个疯狂的收藏家，包括木雕、面具、工艺品、贝壳和酒具。客厅戳着个渔船上的守护女神，丰乳肥臀，目光如炬，面对着大海。聂鲁达是个旱鸭子，却自幼有个水手梦，不，是船长梦，他的一本诗集就叫《船长之歌》，是写给他第三任妻子马蒂尔德的。这房子就有如一艘搁浅的船，聂鲁达就是那梦想中远航的船长。

餐厅面对波涛汹涌的太平洋。想当年流水宴席，也有曲终人散的时候。餐厅有个只供男士使用的小厕所，门上贴满各式各样的春宫照片，他的老朋友洛尔迦的照片也在其中，大概由于他是同性恋，"内举不避亲"。

有一次记者问他，除了智利，是否想到出生在别的国家。聂鲁达断然回答："那我就拒绝出生。"他流亡多年，却一直是智利人民的宠儿。据说他当年在黑岛想吃什么鱼，只要用手旗给海上的渔船发个信号就行了。

他的书房很大，摆满各种稀有的海螺和贝壳，共计一万五千种，是从世界各地收集来的。他的书桌特别。据说，他一直想找一张和大海相关的书桌。一天黄昏，潮水卷来一块沉船的木板，他高叫道："这就是我的书桌！"书房中间有一水池。据讲解员说，他每天写作前后都要洗手。中国古人琴棋书画也讲究沐手焚香，那是种仪式，以示对创造的虔诚之心。

伦敦大学的威尔逊教授写道："我看到两个聂鲁达。一个是贫穷的、劳工阶级的聂鲁达，作为诗人的头三十年他是所有体制的叛逆者；另一个是浪漫主义者的聂鲁达，相信亲身经验。他在印尼、缅甸等远东国家待了五年，发展出一套十分个性化的写作风格。可是西班牙内战改变了一切。"一九四五年，聂鲁达加入智利共产党。在威尔逊教授看来，在南美洲，加入共产党就解决了所有的归属问题，也解决了感情问题。当苏联入侵匈牙利和捷克斯洛伐克后，很多左翼作家和知识分子都改变了立场，而聂鲁达却无动于衷，受到尖锐的批评。墨西哥诗人奥克塔维奥·帕斯认为，聂鲁达的斯大林主义僭越了政治与道德的准则。

就形体而言，也有两个聂鲁达。他年轻时很瘦，随着出名变得越来越胖，甚至还出版了一本自己编写的食谱。前一个聂鲁达矜持自负，后一个随和幽默，第二个比第一个快活得多。

聂鲁达一生风流韵事不断，结了三次婚。他四十五岁那年在墨西哥流亡，与智利歌手马蒂尔德重逢，瞒着比他大二十岁的阿根廷妻子，开始了长达六年的地下恋情。一九五二年，马蒂尔德陪伴他在意大利的小岛上流亡。意大利电影《邮差》（*Il Postino*）就是发生在这一时期的故事。马蒂尔德陪伴他走完生命的最后旅程。

黑岛故居后花园一侧是艘小船，旁边是圆木搭成的支架，挂着六个大大小小由于风吹雨淋变黑的铸钟。其中两组小钟平行对应，最大的居中，次大居上。这有如一曲沉默的交响乐，再大的风暴也无法把它们全都敲响。

白色的碎石小路伸向临海的山坡，把我们带到聂鲁达与马蒂尔德合葬的墓地。一块不规则的黑色大理石墓碑刻着他俩的名字和生卒年月，花草掩映。坡下即巨浪，阵阵涛声永远陪伴他们。聂鲁达在《漫歌集》中写道："同志们，请把我埋葬在黑岛面对着我熟识的海洋，每个狂暴的空间都有岩石和风浪，而这一切，我那遗失的双眼将永远不能再看见。"皮诺切特发动军事政变十二天后，聂鲁达死于癌症，在圣地亚哥被军人们草草埋葬。皮诺切特垮台后，新政府举行国葬，根据遗愿，把他的遗骸迁到黑岛，埋在这里。

诗歌、爱情与革命，是聂鲁达一生的三大主题。可以说，聂鲁达的诗首先源于爱情，然后是革命。而爱情与革命有相似之处，如火，热烈而转瞬即逝。革命往往与大众与权力有关，比爱情危险得多。爱情最多转变成婚姻，而革命则会转变成血腥的暴力或父权式专制。

我们在聂鲁达故居的餐厅共进午餐，烤肉佐以智利红酒。诗人多有酗酒倾向，不停地招呼侍者上酒。哈罗德端着杯酒，摇摇晃晃，跟我絮叨个没完，连他的赞美都有侵略性。我好歹搀扶着把他哄上车。

一九七三年九月十一日，黑岛，晴。聂鲁达起床，吃早餐，准备开始一天的工作，并接待来访的朋友。他打开收音机听新闻，从枪炮声中传来阿连德总统断断续续的声音，那是他致智利人民最后的讲话。当他从外国电台获悉阿连德遇难的消息，对妻子说："一切都完了。"玛蒂尔德安慰他："也许没那么严重。""不，非常严重，这是法西斯主义。"聂鲁达病情急剧恶化。他不顾医生劝告，一直守在收音机旁，并看了六次莫内达宫被攻占的电视画面。九月十九日，他被急救车送往圣地亚哥医院，一路上两次被勒令停车搜查。玛蒂尔德看见他泪流满面。

一个智利诗人告诉我，一九七三年军事政变发生后，墨西哥总统派专机到智利来接聂鲁达，但他谢绝了，他要死在自己的土地上。荷枪实弹的士兵在他家花园掘地三尺寻找武器。聂鲁达对他们说："你们在此地能找到的唯一武器，就是文字。"

二

　　在总统府莫内达宫前举行的诗歌爵士音乐会，拉开智利诗歌节的序幕。在电闪雷鸣的音乐间隙，诗人们轮流蹿上台念诗，如炮火中的蚊子。这多少反映了诗歌在今天的处境。被照亮的莫内达宫，在摇曳的喷水池中不断崩塌。暮色中，阿连德总统的雕像显得那么孤单。

　　一九七三年九月十一日凌晨六点二十分，阿连德被电话吵醒，得知海军在港口城市瓦尔帕莱索哗变。他打电话向国防部长查问，很快得到证实。而国防部长在前往国防部的途中被捕。七点三十分，阿连德在助手和卫队的陪同下抵莫内达宫后，挨个给将军们打电话。"无人回答，看来他们全都卷入了。"他说。于是他通过电台向人民通报了政变的可能，要大家保持冷静。八点十五分，阿连德接到政变集团的第一个电话，提出让他乘飞机离开智利的建议。他回答说："告诉凡·斯高文将军，智利总统决不坐飞机逃走。正如他知道一个士兵该做什么，我知道我将如何履行一个共和国总统的职责。"政变集团迅速控制了政府部门和广播电台。八点四十分，农业电台首次播放了政变声明。九点钟过后，尚未被军方控制的麦加伦省电台播放了阿连德的演说："这肯定是我最后一次向你们讲话。麦加伦电台将会沉寂，你们再也听不到我的声音。这没关系，你们会听到的。我永远和你们在一起。至少你们会记住，我忠实自己的祖国……我对智利的命运充满信心。人们总会超越叛国者强加给我们的这一悲苦的时刻……我相信我的牺牲不是徒劳的……它将给卑劣胆怯的叛国行径一个道德教训。"

和政变集团通电话谈判的助手告诉阿连德说，敌人要在两分钟内开始进攻。阿连德取出卡斯特罗送给他的半自动步枪，戴上钢盔，准备投入战斗。那钢盔显得太大，斜架在他的眼镜上。他身穿西服和花格毛衣，在卫兵的簇拥下朝上张望。这是阿连德最后一张照片。

莫内达宫内外对比悬殊。军方是坦克大炮直升飞机；阿连德手下百余人中多是文职官员和家属，只有五挺机关枪等轻型武器。十点四十分，在短暂的停火间隙，阿连德命令身边的内阁成员放下武器离开，他的两个女儿和大部分妇女也随后撤走。他还解除了卫队的职责，让他们自己选择，结果十七名卫兵全都留下来。十一点五十五分，军方出动两架猎鹰战斗机，发射了十八枚导弹，地崩山摇，莫内达宫一片火海。下午一点三十分，军队发起最后进攻，士兵冲入总统府。在二层楼的阿连德对最后几个人说："每个人都放下武器下楼，我是最后一个。"当别人执行命令时，他独自退入独立厅。据最后撤离的总统医生吉洪说："我看见总统坐在沙发上，用腿夹住半自动步枪扣动扳机。我亲眼所见，却没听见枪声，他身体抖动，头盖骨掀飞了。"下午两点二十分，士兵冲进独立厅。带队的帕拉索斯将军命令封锁现场，向聚集在国防部的政变首领报告："任务完成。占领莫内达宫。总统已死。"

几乎在同一时刻，远隔千山万水——在中国，在北京远郊东方红炼油厂的建筑工地上，一个满身汗碱的建筑工人正捏着皱巴巴的《参考消息》，注视着事态的发展。第二天中午，他蹲在食堂内舞台的大幕后吃午饭，急忙打开刚到的《参考消息》，头版就是阿连德总统战死的报道。读罢，他忍不住流泪了。那建筑工人就是我。要说那年头，一个中国苦力跟智利总统有啥关系？那就是我们那代人的国际主义情怀。记得当时正读海明威的《丧钟为谁而鸣》——那为阿连德总统敲响的丧钟也是为我，为一个中国愤青敲响的。"国际主义"与"全球化"是不同年代的时髦用语，乍听起来大同小异，实则有天壤之别。"国际主义"是全世界无产者联合起来，"全球化"是不明国籍的富人合伙坑蒙拐骗。

大型纪录片《萨尔瓦多·阿连德》正在智利上映。导演古斯曼在军事政变后流亡到巴黎，当时年仅二十九岁。在这部纪录片中，他以重返祖国的流亡者的个人化角度，通过对一系列见证人的采访，再现了军事政变那一幕的阿连德。

作为社会党创始人之一，阿连德于一九七〇年当选为智利总统。而新政府面临着巨大的经济困境：百分之三十的通货膨胀率和百分之二十的成年男性失业率，以及十五岁以下的儿童有一半营养不良。阿连德决定实行财产再分配，提高工资，控制物价，对铜矿和银行实行国有化（垄断铜矿业的是两家美国公司）。由于阿连德的试验操之过急，势必和商业利益发生冲突，造成社会震荡。智利经济在他上台的头一年攀升，接下来两年是灾难性的衰退。

基辛格后来承认，一九七〇年九月，尼克松总统命令他策划反阿连德政府的政变。一九七七年，尼克松首次承认美国卷入政变，他说："对于美国的安全来说，智利的右派独裁要强于左派民主。"自一九九九年起，克林顿总统下令先后公开大批解密文件，揭示了尼克松政府通过绑架、暗杀、收买和经济制裁等种种手段，策划并介入了"九一一"军事政变。就在政变发生后的第五天，尼克松总统对他的国家安全顾问基辛格说："在这次事件中我们的手没有露出来。"基辛格回答说："也就是说，我们没有干，是帮助他们……尽可能地创造条件。"这是尼克松与基辛格的一段电话录音。在公布这些解密文件的同时，白宫发表声明承认："美国政府在这一时期同意采取的行动加剧了（智利）国内政治的分化，从而影响了智利民主选举和法治的正常进行。"

政变成功后，军方实施戒严与宵禁，解散国会和左派政党，大规模捕杀反对派人士，二十五万人流亡到国外。到一九九〇年皮诺切特退位，军事独裁统治持续了十七年。二十五万人加十七年，那意味着智利一代精英被耗尽。然而在流亡者中产生了一批重要作家，为一个国家阴郁的背景留下了亮色。目前南美最著名的女作家之一伊莎贝尔·阿连德就是其中一个。她是阿连德总统的侄女。政变发生时她三十一岁，她的许多亲人被监禁，到处躲藏或逃往国外。十八个月后，她和丈夫及两个孩子流亡到委内瑞拉，随身带着把她家花园的泥土。她说："我生命第一阶段结束于一九七三年的那个九月十一日。"流亡期间，基于跟祖父的通信，她完成了长篇小说《幽灵之家》，展现一个智利大家族几代人的变迁。这部小说为她带来巨大的声誉。"我构建我的祖国的形象时就像人们玩智力拼图，只择取适合我设计的部分而忽略别的，我并不只属于一方水土，而是好几方。"她又说："写这部书是为了重新接近我失去的祖国，跟我四散的家人重新团聚，让死去的亲人形象复活，保存对他们的记忆，当时的流亡生活已开始侵害这些记忆。"她最近出版的回忆录《我所创造的国家》，寻找的也正是这种记忆。

伊莎贝尔满世界漂泊后，定居在加州。她在接受采访时说："我算明白了，我永远都成不了一个地道的加州人，但是我并不假装是其中一员。我所期望的不过是获得驾照，把英语学到能够看懂餐馆菜单的地步而已。"

参加诗歌节的智利诗人萨吉欧也属于那二十五万分之一。在去聂鲁达黑岛故居的路上，他对我说："我的生活一直都很混乱，某些碎片遗失了，显得残缺不齐。"要说淮南橘子挪到淮北都不能叫橘子了，可萨吉欧从南美移植到北欧仍叫萨吉欧。他有一双悲天悯人的眼睛。二十年的流亡生涯给他带来语言的财富：除了英语法语，他还会讲一口流利的瑞典语挪威语。

他追忆他的童年，追忆他的故乡瓦尔帕莱索。他自幼喜爱诗歌，聂鲁达和米斯特拉尔是他的偶像。军事政变就是从他的故乡开始的。那一天彻底改变了一个国家及其诗人的命运。二十六岁的萨吉欧，先被抓进海军监狱严刑拷打了十二天，随后又在大牢关了三个月，生死未卜之际，突然被驱逐到布宜诺斯艾利斯。刚适应了那儿的生活，一九七四年阿根廷右翼上台，迫害政治难民，在联合国难民总署的安排下，他又转到罗马尼亚。"为了经济和安全的原因，我不断更换地方寻找栖身之处。但对自己的土地和传统的记忆，超越了我的贱民处境。"他说。

最后萨吉欧辗转来到北欧，先住在挪威，后搬到斯德哥尔摩，在瑞典广播电台任文化记者。北欧成了第二故乡。"现在回过头来看，这些年，所有走过的路都把我引向诗歌，那些我认识的北欧作家，给了我评估世界的新向度。我开始在瑞典出版诗集，并获得认可。在北欧十七年的流亡生活，治愈了我受伤的灵魂。诗歌从大地的深渊拯救了我。"

一九九三年萨吉欧回到了祖国，发现物是人非，自己成了外人。他在一所大学找到教职，但与老板不和被炒了鱿鱼。说到此，他用食指在脑袋上画了个圈："在军事独裁统治下生活得太久了，智利人思维方式被改变了，跟军人差不多。你知道瑞典那种民主意识，再加上我的芬兰太太，唉，我在自己的国家感到格格不入。"

两天后的中午，我在旅馆大厅碰见萨吉欧。他西装革履，说要跟一个大学校长共进午餐，谈工作的可能性。看来他仍在挣扎着进入体制，他那条天蓝色领带代表了某种希望。

在当年二十五万流亡者中有个年轻姑娘，叫巴切莱特。她的父亲曾是空军司令，政变后由于拒绝合作，以"叛国罪"投入监狱，严刑拷打，因心脏病发作死在狱中。父亲死后，巴切莱特与母亲受到牵连，被关进专门迫害政治犯的秘密监狱，吃尽苦头。她们幸存下来，于一九七五年流亡到东欧。巴切莱特在东欧获得了医学学位，回到智利，后成为全国闻名的医学专家。在治病救人的同时，巴切莱特秘密从事人权工作。二〇〇〇年三月她被任命为卫生部部长，两年后担任国防部长，最近刚当选为智利总统，成为拉丁美洲国家历史上第一位女总统。这足以告慰阿连德的在天之灵：一粒被风暴卷走的种子，漂洋过海，又奇迹般回到自己的土地，长大成林。

诗歌节最后一夜。朗诵结束后，我们回到旅馆餐厅喝智利红酒，其中有萨吉欧和诗歌节主任何塞，还有日本女诗人白石嘉寿子。萨吉欧告诉我，在座的四个智利诗人中就有三个坐过牢，以何塞最甚，一生被关过五次。政变时他才十六岁，还是个孩子，就被军人用尽酷刑。通过萨吉欧翻译，我问及他坐牢的经历，何塞一时语塞，脸憋得通红，含着泪水。他终于开口，由于激动而断断续续："……你面前是一堵墙，但必须得穿过去，为了孩子和爱情，不能让它们永远留在黑暗中……绝望是必然的，那是我们世界的倒影……在历史危机时刻，诗人就是要靠自己的心来装载苦难……"

三

从聂鲁达黑岛故居回来的第二天中午，我在旅馆餐厅见到哥伦比亚诗人哈罗德，他似乎一下老了十岁，满脸病容，围着红围巾裹紧大衣缩在桌角。他说他昨天喝多了，旧病犯了，现在只能靠流食维生。我问他是不是胃病？他说他根本就没有胃了，只能靠大肠消化。我说那你正好像鸽子一样，可自由飞翔。

他住在哥伦比亚首都波哥大，曾是拉美现代文学的教授。九十年代初在北京的《今日中国》当了三年专家，回国时带了个叫雪梅的中国媳妇。雪梅在哥伦比亚生活了五年，由于内战的恐怖气氛和街头暴力，再加上外国人的种种困境，最终弃他而去投奔美国。"她是个好女人。"哈罗德感叹道。哈罗德一辈子结过五次婚，后两任都是中国人，看来他准有个中国情结。

我五年前去哥伦比亚麦德林参加诗歌节。那里处于内战状态，政府基本上只能控制大城市。据说一支左派游击队扬言，凡家产五千美元以上的均属绑架之列，不用说美国人，我看连中国白领差不多全都够格。而哥伦比亚人特别热爱诗歌。诗歌节开幕式是在体育场，听众有上万人。我走南闯北，也从未见过那阵势。哥伦比亚人还酷爱跳舞，街上到处搭着台子，只要音乐一响，行人就踩着点儿翩然起舞。对于常年被战乱困扰的人们，诗歌舞蹈恐怕像空气和水一样必要。

第二天凌晨五点我被电话叫醒。我们要到智利北方的重镇卡拉玛（Camala），那是诗歌节的一部分。我们一行包括半打诗人一个智利歌手一个口译，由诗歌节主任何塞领队。在机场喝了杯浓咖啡，生锈的英文系统终于像钟表走动起来，我开始跟同伴们搭话。这半打诗人来自不同的国家：爱尔兰、斯洛文尼亚、葡萄牙、巴西和智利，只有我身份不明。

在飞机上我睡着了。我的梦和飞机翅膀一起偏斜，梦醒，我们已降落在沙漠中。卡拉玛位于在阿塔卡马沙漠的中心，据说这是世界上最干旱的沙漠。连沙漠也分等级，那最干的应为上品吧。

相当于中国文化局一级的当地干部在机场迎候，语言不通，但他们粗糙的手显然与土地与劳动有关，让人感到温暖。到机场附近的旅馆安顿下来，紧接着是排得满满的时间表。

爱尔兰诗人保尔（Paul）和我是老熟人了。他出生在北爱尔兰乡下，大学毕业后在贝尔法斯特（Belfast）的BBC干了十多年，一九八七年搬到美国，进入颇具美国特色的"创作专业"体制，多年媳妇熬成婆，现在是普林斯顿大学的讲座教授，两年前获普利策诗歌奖。他是个好玩的家伙，机智幽默且急躁。每次汽车发动，他都模仿马的嘶鸣；一刹车，他又发出马的哀号。他得意扬扬对我说，他三岁就敢站在马背上。看来大学体制的鞭与轭，还是没驯服他。他会突然大叫大喊："嘿，来点儿摇滚乐。"然后在自己想象的舞台上哼哼唧唧，荒腔走板，重温当摇滚歌手的梦想。可想当年披头士，给多少爱尔兰的乡下穷孩子带来希望。

我们先去了两所私立学校。第一所叫"达·芬奇"。教室里，身穿校服的学生们表情严肃好奇。若没有四十年的距离，我应调换位置坐在他们中间。先由几个学生背诵聂鲁达的诗，然后轮到我们念诗回答问题。他们的问题都很有意思，比如一个女孩子问："诗人为什么不能又年轻又成熟？"让我们这帮既不年轻又不成熟的诗人瞠目结舌。保尔对我说："问得好，这都是最古老的问题。"如果我坐在他们中间，一定会问台上的我："那个东方诗歌大国真的存在过吗？"

担任口译的小伙子由于高原反应（海拔二千四百米）而虚脱，送回旅馆休息。我也检查了一下自己脑袋，除了慢没什么毛病。口译一撤，我们这些不懂西班牙语的像断了线的风筝，让何塞傻了眼，幸好有歌手马利奥（Mario）。他在纽约住过多年，英文流利，到另一所学校就由他来翻译。马利奥比我小几岁，平时挺温和，唱起歌来像狮子一般，让人惊悚。

何塞长得很帅，走路雄赳赳气昂昂，带动一头披肩发，好像在波浪中行进。他有点儿傲慢，我想这跟他完全不懂英文有关。每次朗诵前一分钟，他才跟我商量朗诵内容。平时照面，我们就像两个哑孩子，连比画带猜，实在急了就蹦出法文："Ça va？"（怎么样？）"Ça va bien."（挺好）。

下午我们去附近的丘基卡马塔铜矿参观。这是智利最大的露天铜矿。自一九一五年炼出第一根铜棒以来，智利大部分铜矿掌握在外国特别是美国资本手中。据统计，从三十年代到七十年代四十年间，美国从智利铜矿获取的利润高达三十七亿美元。一九六五年智利国会通过"铜矿智利化"法案。根据这项法案，智利政府通过购买股份得到美国铜矿公司的部分管理权和所有权。一九七〇年阿连德政府干脆将外国铜矿公司收归国有，为此付出巨大的代价。智利铜矿产量至今仍世界第一。最先使用青铜器的中国如今却缺铜，成为智利铜的主要进口国。

我们戴上安全帽，搭乘大轿车来到矿坑边。这矿坑长四点三公里，宽三公里，深近一公里。站在参观台上向下望去，一辆辆装满矿砂的卡车像玩具车缓缓爬行。而这些载重三百五十吨的矿车巨大无比。站在车前合影，我们还没有它辘轳高。

矿区小镇一排排简易房是统计数字以外的现实。那支劳动大军在繁衍中行进，世世代代，就像沙漠中的河流一样带有宿命的悲哀。可以想见，矿工儿子唯一的出路就是当矿工，他们很难娶上媳妇，只有更穷的农村才能填补这空白。晚上在卡拉玛市中心的小广场朗诵。随何塞的声声召唤，我们跃上一个西班牙式的六角形亭子。扩音器吱吱嘎嘎尖叫着。街灯摇曳，人影聚散，词语迷失在夜空中。有时候我觉得朗诵并非为了让声音留下痕迹，而是为了消失，特别是消失在异地他乡，归于虚无。那是一种能量的释放。

我们被带到一家画廊，有红酒点心有官员致辞有本地诗人朗诵。小地方的钟表慢，眼见着这庆典奔向午夜。保尔不耐烦了，嘶嘶地跟我抱怨，满嘴脏话。我试图安慰他，让他从美国东部的精确时间中解放出来。我坐在几个本地诗人之中，其中有个六十开外的男人会讲一点儿英文。他把刚刚出版的诗集送给我，磕磕巴巴说着什么。他是个美术设计师，住在另一个小镇，昨天才开始参加文化中心诗歌组的活动。这让我想起中国某个偏远小镇的诗人聚会。看来只要有人烟的地方，诗歌这古老的手艺就不会失传。

第二天上午驱车去一个名叫圣比得阿塔卡马（San Pedro de Atacama）小村镇，途中在一个印加人的要塞遗址停留。山坡上到处是残垣断壁，层层叠叠。印加人是南美印第安人，印加帝国的版图曾一度覆盖整个南美洲，四百多年前葬于西班牙人手中。由于没有明确的继承法规，印加帝国爆发了内战。一五三一年，弗朗西斯科带领不到两百个士兵从西班牙港口出发，乘虚而入。得知印加国王同意接见，弗朗西斯科在一个废弃的小镇摆下"鸿门宴"。令他们惊喜的是，印加国王不仅接受了邀请，还声称他的随从不带武器。席间，一个牧师劝他信奉基督教。这是进攻的信号。不到半个小时，三千印加人全部被杀。一个帝国就这样终结了。

圣比得阿塔卡马这个六千人口的小村镇是沙漠中的绿洲，一直可追溯到远古时代。村里仍保留着原始形态，全都是干打垒的房子院墙，门窗用图案装饰，色彩艳丽。条条土路通向一座土坯盖的白色小教堂，那是村镇的中心。我们就在教堂前的小广场上朗诵。这是慵懒宁静的星期六中午。听众散坐，有本地居民也有外国游客。四五个孩子就近趴在一棵大树下，窃窃私语。当保尔用浓重的爱尔兰口音朗诵时，一只小黑狗突然激动不已，狂吠着穿过广场，大家忍不住笑了。事后我跟保尔开玩笑说："看来那只狗是你最忠实的听众。"

回到圣地亚哥已很晚了。我的中国胃开始跟我过不去，非逼我去寻碗汤面。出旅馆百余步，进"龙辉酒家"。侍者智利人，又无中英文菜单。绝望中，一个中国人从柜台后步出，儒雅谦和。他就是老板。我说我只要汤面一碗，别无他求。他问我来路，自报家门，他居然知道我，亲自下厨给我做了一大碗汤面。他告诉我，圣地亚哥中餐馆都是做智利人生意的，久而久之，连厨师也不会做地道的中国菜了。他不仅分文不取，还约我第二天共进午餐，说有个哥儿们是天津的特级厨师。我有心推脱，但我的胃激动不已。第二天我欣然赴宴，老板正接待客人，天津厨师忙着炒菜，由厨师的夫人和一位从景德镇来的陶瓷商作陪。菜上齐了，厨师现身。他是典型的北方汉子，曾在天津开了两家馆子，生意一度很火。他们两口子来智利，是为了陪在圣地亚哥足球俱乐部踢球的儿子。从长计议，他们正要盘下家餐馆，翘首仰望一颗上升的明星。看来中国足球有指望了。而大部分中国人到此都是为了寻找商机，一旦获得永久居留权就投奔美国。

当晚是诗歌节闭幕式。我们在圣地亚哥作家协会朗诵。舞台左侧挂着米斯特拉尔的肖像，右侧是聂鲁达。听众们鼓掌热烈。朗诵似乎是一种集体猜谜活动，听众鼓掌，则表示他们全都猜中。

第二天吃早饭碰见哈罗德。他依然围着红围巾，但明显见好。他送给我一张名片，上面是个沉睡少年的照片。哈罗德说这是他的养子。一九九三年，他和雪梅一起从北京回哥伦比亚定居。为博得郁郁寡欢的雪梅的欢心，他在波哥大附近置地盖房养马牛鸡犬。而这种田园生活在哥伦比亚是不真实的，雪梅还是走了。哈罗德病了，体重急增到一百八十公斤，家人把他送到疗养胜地开刀治疗。在那儿认识了个叫艾迪生的乡下孩子，他家境贫寒，没受过什么教育，但聪明能干。哈罗德无后，认养子，把他带回波哥大。艾迪生为他开车，照料土地家畜。二〇〇三年夏天，游击队开始争夺这块地盘。他们把哈罗德八十一岁的叔叔抓去，在地牢关了五个月，直到缴足了罚金才释放。今年六月，游击队登堂入室，当着他的面折磨艾迪生，然后把哈罗德抓走，直到他同意放弃家产才罢休。他哀求他们保全艾迪生的性命。他们先答应了，最终食言。

安第斯山脉在脚下越变越小，像孩子在海滩堆成的沙丘。拉丁美洲大陆伸向我的童年——是啊，我曾为地球另一角想入非非。其实说来他乡和故土并不远，只不过我当时年纪尚小，对人类的苦难与欢乐一无所知。

零度以上的风景

是鹞鹰教会歌声游泳
是歌声追溯那最初的风

我们交换欢乐的碎片
从不同的方向进入家庭

是父亲确认了黑暗
是黑暗通向经典的闪电

哭泣之门砰然关闭
回声在追赶它的叫喊

是笔在绝望中开花
是花反抗着必然的旅程

是爱的光线醒来
照亮零度以上的风景

他乡的天空

一

　　头一回见到 D 是五年前。我和一位美国女诗人在我们小镇的书店朗诵，由 D 主持。按惯例，朗诵会后大家一起到附近酒吧喝一杯。D 坐我斜对面。我们岁数差不多，而他像个青少年，正做牙齿矫正，满嘴钢箍，笑起来难免有些狰狞。人跟人相识往往靠机缘，有时只是一个词，像暗号对上了。D 提到他家新铺石板上的鱼化石，我很好奇，于是他请我到他家做客。

　　由于鱼化石，我被卷入他的生活。每周二晚上，我跟他到加州首府萨克瑞门托（Sacramento）的一个老年中心，参加由他主持的诗歌工作坊。那都是些身处社会边缘的散兵游勇，因为热爱诗歌走到一起来了。由 D 掌控时间流程，严如法官。每个人轮流读自己新作，读罢由大家评点，任人宰割，最后才轮到作者说话。有人忍不住提前辩解，只见 D 口中一亮，喝住。散了会，大家到附近一家名叫卡柔斯（Carrow's）

的美国餐馆，其饭菜可怕，无论点什么都得后悔。有人提议换家馆子，但由于价格距离和惯性的左右，使我们依然忠实于卡柔斯。那儿的最大好处是空旷，以及因空旷带来的自由轻松的气氛。我们聊天写联诗，直到夜深。那多少像个秘密团体，准备语言的暴动。大概由于远离中心，加上老弱病残，恐怕连 FBI 都懒得记录在案。

他父亲是银行家，十多年前病故。他不少诗是写给他父亲的，有一首诗写的是生死临界处的父子情。他告诉我，二战期间，他父亲在美军潜水艇服役，常躺在鱼雷发射管里睡觉。若战友使坏，一按电钮，他就会从梦中射向大海。奇怪的是，那幽闭恐惧症竟会遗传，跟潜水艇一起深入 D 的潜意识，再呈现在他的诗中。人的经验是不可重复的，但却会通过别人的体验得以延伸。我猜想，D 的梦境多半在深海，而他的情人就是潜望镜中的敌舰。

在他看似光滑的生活中，死亡是个巨大的阴影。他家哥儿五个，他居中。俩哥哥一个弟弟都因病先后去世。最近的死亡是他大弟弟，住圣地亚哥，去年感恩节还开车来看他，回去后就不行了。对 D 来说，死亡好像是个谜语，而谜底是现成的。

D 是上高三因失恋开始写诗的。他在被迫选修的数学课上写诗，被老师发现。他跟老师讨价还价，最后达成协议：老师容许他在课堂上写诗，但不给学分。他年轻时生活混乱，大学没毕业，更换工作也更换女友。里尔克在《秋日》中写道：

谁没房子，就不要建造房子。

　　谁孤独，就永远孤独……

　　D 反其道而行之，没房子就非得建造房子，最后还成了建筑商；孤独却偏不甘孤独，近四十岁和 B 结婚。B 在州政府工作，专管捕鱼和狩猎。她是那种有定力的女人，像锚，把他这只船留在港湾。

　　他是个现在进行时的美国建筑商，我是个过去时的中国建筑工人。建筑是男人的行业，语言粗鲁直率，但挺有人情味。若要盖栋房子，他先把小算盘拨拉一遍，再把活分派给各种小公司承包，既得懂专业又得懂人情。有时候跟他到工地转转，他跟师傅打招呼，仅三言两语，什么都在其中了。待一天的活安排妥了，他溜回家，关起门来写诗打瞌睡。

　　他是我认识的唯一一个写诗的共和党人。两年前，我们到旧金山度周末，在外面先喝了一圈，街道和路灯开始摇晃起来。我俩像难兄难弟，互相搀扶，回到旅馆的酒吧接着喝。他趁醉慷慨解囊，请坐吧台的每个人喝一杯。电视正在播放总统大选的进展。我问 D 支持谁。他一下酒醒了，嘴一歪，露出亮闪闪的钢箍。他嘶嘶地警告我说，别在这儿问，周围的人会杀了我。原来旧金山是民主党的大本营。

　　今年 D 五十岁。生日那天，我们到一家意大利餐馆吃晚饭。D 的牙箍终于摘掉，露出整齐雪白的牙齿。他告诉我，他弟弟病危，活不了几天了。他强作欢颜，笑容是一寸寸展开的。他眼角有一滴泪，不易察觉。

二

一个城市对于一个人，往往就是中心，不在于其大小地理位置重要与否。这就好比每个国家出版的世界地图都把自己置于中心，好在地球是圆的，用不着为这打架。北加州的小镇戴维斯（Davis），对我来说就是世界的中心。这道理也简单，无论我飞到哪儿，最后都得回来——我家在这儿。

如果戴维斯是中心的话，那么我的活动半径就是本文所涵盖的范围。依我看，在这个汽车时代，人的活动半径应在一百二十公里左右，开车往返应在三个小时以内，这意味着对上班族来说每天可以回家。按速度比例，当年在北京骑车，活动半径是二十公里——我最远骑到香山的工地上班。旧金山正好在我的活动半径内，可算作戴维斯的卫星城之一。

像大多数美国人一样，我是为工作而搬到戴维斯来的；不同的是，我并没有因失去工作而搬走。从九五年秋天起，我在加州大学戴维斯分校教了两年书。最后老板找我谈话，她神色凝重，鼻子上有一道深深的横纹。我竟对她产生同情，好像被解雇的是她而不是我。我琢磨，她在说这番话前，内心得经受多大的折磨。

由于家庭变故，我在外晃荡了一年多，女儿回北京读书，我们把房子租了出去。在此期间，有一次我到湾区出差，从机场租车开回戴维斯。下八十号公路转一一三公路，再沿拉索大道（Rusell Blvd）出口。一进入戴维斯，暮色苍茫，华灯初上。突然一股致命的乡愁袭来，我强忍泪水。戴维斯于我意味着什么？这个普普通通的美国小镇，就是我的家，一个人在大地上的住所。对于漂泊者来说，它是安定与温暖的承诺；对于我来说，它是历史之外的避难所；对于父亲来说，它是守望女儿的麦田。

当年我师傅常对我说："哪儿的黄土不埋人？"这话虽有穷人的无奈，但也包含了一种绝对真理。说实话离开故乡久了，家的概念变得混乱。有时我在他乡的天空下开车，会突然感到纳闷：我在哪儿？这就是我家吗？

我家，在不同的路标之间。

戴维斯坐落在加州首府萨克瑞门托以西十二英里处。一八六八年，当铁路穿过一望无际的麦田，在这里停留，连车站带小镇得名于本地农民兼财主戴维斯。命名的过程至今是个谜。当一个人成了一个城市，这城市必然会塞进那人的性格。我仔细研究了有关戴维斯本人和这小镇的记载，发现有不少共同点。比如，这小镇正如戴维斯其人，重农轻商。这儿有全美最好的农学院，但市中心一点儿也不繁华，我女儿常抱怨没商店可逛。还有，由于继承农民戴维斯日出而耕日落而息的传统，除了外来的大学生，几乎全体居民都得了嗜睡症，一到晚上九点，家家户户都闭门熄灯。

我家住在戴维斯西边的帝国大道（Imperial Avenue）。但愿这街名别给人非分之想，这和纽约那些大道毫无共同之处。本街的居民，多是些对世界漠不关心而过分礼貌的帝国主义者，大家准是被嘘寒问暖这一套礼仪折磨得疲倦不堪，尽量缩在家里，毫无向外扩张的野心。这是条相当僻静的小街，一眼就能望到头；草坪像绿色补丁错落有致，缝补着灰色的道路；我家和邻居的猫窜来窜去，互相串门。七年前我们搬进来时，这里还处于城镇边缘，后院面对另一种历史——风吹草低见牛羊。

我去信箱取信，邻居家的两条狗像往常那样狂吠。我站在帝国大道上，望着冬天苍白的太阳，叹了口气。

三

开车去旧金山。过海湾大桥，阳光明媚，无风也无通常沿海湾涌来的浓雾。十二点整到 F 家。通过内线电话，女主人请我们在楼下稍候，他们马上下来。见面时难免拥抱握手，由于男女有别内外有别，局面一时有些混乱。若男人抱拳，女子道万福，则会免去不少麻烦。这方面最烦琐的是法国人，见面分手都得左右贴三次腮帮子才肯罢休，助长了流行性感冒的气焰。

我推坐轮椅的 F 到附近的餐馆。F 是加州大学柏克莱分校的教授，是中国历史的权威，曾担任过美国历史学会会长和美国社会科学院院长。他夫人 H 是上海人，意大利文学博士。她心直口快，凡事爱刨根问底。

进德兰西（Delancey）餐馆，坐定。H 告诉我们，这家餐馆是由监狱办的，从侍者到厨师都是服刑犯人。这真是个好主意，为他人服务改造自己，表现好的减刑，让他们最终融入社会。F 提到上次陪他父亲进餐，一时找不到大衣，问侍者，答曰被偷了。这种犯人的自嘲倒应该广为提倡，尤其在知识圈，他们犯了罪却不自知。

F的表情像孩子，眼睛湿润，时不时闪着调皮的光。他话并不多，而突然爆发的大笑能震碎杯子。H对丈夫情意绵绵，那是令人心动的爱情。她说起在一次聚会上，朋友们让F交代他俩的恋爱史。没想到见过大世面的F，拿着麦克风突然哭起来……

我们点菜时，F打开我送给他们的诗集，翻到头一首诗《岁末》。"白金尺"，他念叨着，像调音师在寻找绝对的辨音力。他是那种很特别的智者。他一生坎坷，涉猎极广。其实知识也是一种权力结构。F既在这权力结构的顶层，又同时置身其外。汉学只不过是为他的人生提供了一种向度，并未覆盖一切。依我看，不少汉学家毁就毁在这儿：汉学既是饭碗，又反过来主宰其精神世界。这种互相占有的结果，使他们失去了"白金尺"。

说到真实（truth），引起一番争论。说来真实是由交叉小径组成的花园。一个人的真实，只在某一点和他人的真实交叉。

F讲起他在哈佛读书时，也写过诗办过诗刊。有一天，诗友戴维（David）拉他去拜访佛罗斯特（Robert Frost）。他们找到他家，敲门。佛罗斯特出来了，他七十多岁，身体硬朗。戴维壮胆说："我们也是诗人，特地来看望您。"佛罗斯特摇着食指说："你们不能管自己叫诗人。"他俩愣住了，转身撒腿就跑。

午后时光慢下来，甚至停顿了，杯中的残酒即证明。H提议我们换一家咖啡馆坐坐。起身出门，时间又继续流动了。

我们穿过一片相当豪华的住宅区，全都属于劳改局，犯人就住在里面。这可是旧金山寸土寸金的地段，连一般中产阶级都负担不起。咖啡馆和那家餐厅一样，都属于劳改局。里面很大，兼卖书。桌椅大小高低不齐，有沙发纵横，可立可坐可卧可打盹儿做梦。我们点咖啡和红茶，F要了杯白葡萄酒。H告诉我们，在这服务的犯人是属于戒毒中心的。我不禁犯嘀咕，他们自己戒毒倒不要紧，可别顺手给我们下点儿蒙汗药什么的。

说起前两天哥伦比亚太空穿梭机的爆炸，H告诉我们，F这两天为此很难过；而他的中国学生认为，那是典型的美国式思维，是人类无限度自我扩张的结果。

我说，若生不平等的话，在死亡面前是人人平等的。那七位宇航员至少是自愿去死的，而炸弹下的阿富汗农民和饥饿中的非洲儿童则没有选择的余地。F又提到白金尺。他说，人的很多努力是非实用的，但有意义。他的话有道理。但我接着说，这种死亡是被美国媒体无限夸大了，成为民族国家神话的一部分。这样做，起码是不尊重死者应享有的宁静。

F又要了一杯白葡萄酒。时间不早了，我们还要到唐人街办事。H提议再坐一会儿。在F上厕所的时候，她突然哭了，她为她丈夫的身体担忧。

回家的路上，我记起我那首诗的结尾：

这是并不重要的一年

铁锤闲着，而我

向以后的日子借光

瞥见一把白金尺

在铁砧上

四

戴维斯人民公社成立于若干年前，这和合作开荒发展农业或以推翻资产阶级政权的集体谋反都没关系，而是一些住在戴维斯的中国人为了巩固友谊消磨时光而凑成的松散团体，自诩为"人民公社"。主要活动是吃中国饭喝白干嗑瓜子闲聊熬夜打牌钻桌子。X是画家兼美术设计，憨厚正直，助人为乐。他们两口子好客，加上房子大，顺理成章成了公社的据点。每到周末大家事先不打电话，破门而入。满屋欢声笑语，通宵达旦。

B是一家复印店的老板，可算本地侨领了。他为人和善，笑容可掬，说话有时吞吞吐吐，故得"保密"的雅号。他身为老板，克勤克俭，尽买些二手复印机自己翻修。拆装擦洗中，总会多出些零件来，他顺脚踢到一边，只要复印机运转就行了。要是人的生活在拆装擦洗后能还原就好了，而那多出的零件正是感情中未知的部分，闲置时有潜在的危险。B表面上满不在乎，内心必有疯狂之处，要不怎么无端端信了"天功"，还成了本地骨干。他自以为有了魔法，可呼风唤雨，让外星人调节室内光线，但每回表演都以失败告终。

L 曾一度领导戴维斯中国女性时装的新潮流，后来搬到硅谷，眼见着这里女社员花一般全都蔫了。逢年过节，她回娘家似的风风火火赶回戴维斯，一身时髦打扮，照亮了我们黯淡的生活。她是那种天生不发愁的人，永远乐呵呵的。有人说过，幸福是一种能力。果然如此。她原来那份工作让我羡慕不已——在实验室砸核桃，既轻松又不费神，还能顺手吃俩补补脑子，外加各种福利保险。可人家一甩袖子把那活儿辞掉，转身生孩子去了。

J 来自北京军区大院，可一点儿也没染上那颐指气使的傲劲。五年前她来戴维斯考察美国生活，想顺便找个如意郎君。于是公社作为一项重大任务布置下去——纲举目张。当时领导潮流的 L 正在善于保密的 B 的复印店打工，引起中国小伙儿 H 的注意。可 L 名花有主，于是提到待字闺中的 J。这一网就捞了条小尾巴鱼。他俩虽住同一小镇，可先通了三天三夜的电话，昏天黑地订了终身，然后再见面约会。说来也巧，这位在美国长大的 H 用英文写诗，报考加大戴维斯分校是冲我来的，可还没等学生到老师已被解雇了。他边读书边打工铺地板，花钱如流水，欠了一屁股债，满脑子乌托邦梦想。有一回，我们一起去海边野营，他边喝啤酒边开车。他对我说，他要建一座城，把我和别的艺术家养起来……

一石激起千层浪。几年前，从北京来了个跟我们沾亲带故的女人，先住我们家，后搬出去自立门户。她耐不住这小镇的寂寞，于是开始勾引公社的男社员，一度几乎让主妇们人人自危。要说她人并不起眼，打哪儿来的魅力？后来才明白，她在公社分配浪漫梦想。用诸如温莎公爵的故事和巴黎温柔之夜的承诺，拉拢腐蚀"革命"干部。等大家猛醒把她扫地出门，才意识到，我们这儿缺的就是梦。

去年感恩节，公社社员从美国各地匆匆赶来，男女老少共二三十口子，只能打地铺。这回除了多年的"革命"传统外，还增加了新节目，由X为女社员拍艺术照。只见个个浓妆艳抹，风情万种。X忙乎了三个星期，用电脑修版配背景，那些玉照最终制成挂历，或卖或送，为新的年景增色，一时传为佳话。

五

常有一些不速之客敲我们家的门。首先是上帝的黑衣使者，多半在周末，随门铃叮当一响显身。他们彬彬有礼，诚恳耐心。久了才知道他们来自不同门派，有天主教、福音新教、摩门教、基督见证人，还有些边缘化的神秘邪教。

他们不仅带来各种语言的宣传材料，而且有联合国才具备的众多翻译人才。有一天是刘伯伯开的门，他被黑衣使者说蒙了。我赶来解围，说他不懂英文，只会中文和俄文。那人伸出食指，哪种语言更好？我顺口说俄文。本以为糊弄了事，没想到下个周末人家真带来个俄文流利的教友。我估摸，若说只懂斯瓦希里语，他们也准能从非洲派个黑人牧师飞过来。

一般来说，跟他们谈话无趣，让我想起"文革"期间的思想宣传队。其中大都温文尔雅，只是规劝我跟他们一起上天堂。也有极少数狰狞的，嘶嘶地用世界末日吓唬我，可哪儿知道我就是从世界末日那边来的。我这人心软，从不敢让他们进门，否则每个周末我非得跟他们跪下来一起祷告不可。而东方宗教就没有这样的侵略性——信不信由你。

再就是比世界末日更可怕的推销员。五花八门，卖什么的都有：从杂志到厨刀，从游艇到杀虫剂。他们说得天花乱坠，一不小心就得中圈套。有一回，我被一个模样和善的小伙儿说动了，花七十美元买了一本优待券（coupon book）。光是其中一张就把我乐坏了：终生免费洗车。

我第二天一早兴致勃勃开车到那家车铺，一头钻进机械旋涡中，但还没等烘干，指示灯就把我赶了出来。我冲进办公室，要讨个人间公道。只见那胖子在优待券上啪地盖了个"一次性使用，作废"的图章，说他们从来没给任何人永久洗车的特权。这下把我气疯了，发誓不揪出阶级敌人绝不罢休。我按优待券上的电话号码打来打去，最终发现全都是空号。

去年春天，我贪小便宜，放进个推销吸尘器的壮小伙子，他说可以免费给我洗地毯。我家地毯脏极了，何乐而不为？他让我取来我家的吸尘器，和他带来的吸尘器肩并肩。他拿出一袋细沙，扬手撒尽，再用手拍进地毯。我暗自叫苦。他先用我的吸尘器来往数遍，然后再用他的一带而过，奇迹般，细沙都聚集到那玩意儿透明的肚子里。随后他像刽子手，把电线绕在我家吸尘器的把手上。他对我说，在西部牛仔时代，这样的笨蛋是该绞死的，还不趁早扔了。我虽羞愧万分，但想想这吸尘器是刚买的，真有点儿舍不得。

接下来他用他的吸尘器表演洗地毯。他边说边演示，前后折腾了两个多钟头，大汗淋漓，像刚从海里捞出来的水雷。我心悦诚服。当他开出价码来，吓了我一跳——两千四百五十美元，够买辆汽车的。在我犹豫之间，他痛心疾首，一减再减，似乎为了我的健康和幸福，他得瞒着老板，自己赔本赚吆喝。最后减到一千四。我真怕他因破产而跳楼，刚要开支票，我女儿冲过来，坚决反对。她说我要买，就一个礼拜都不跟我说话。这比什么都管用，我只好谢绝了。

那推销员像泄了气的皮球，闷坐在那儿喝可乐。我过意不去，跟他攀谈起来。他说到自己时为之一振。我俩角色开始调换，我不再是那个能承受昂贵消费品的有钱人了，而是他。他说，他从十四岁起就当推销员了。如今他开好车，穿名牌，吃香的喝辣的。再过几年他就是百万富翁了。我想起《推销员之死》，看来这出戏该改改了，得有个喜剧的结尾。

六

我家来了个房客。去年秋天，我要去威斯康星教书，只剩田田一个人在家，不放心，于是通过朋友介绍认识了P。初次见面印象还不坏。她四十出头，看起来挺文静，细皮嫩肉的。她在大学的生物实验室工作，每天跟细菌打交道。她丈夫另有新欢离弃了她，于是分家卖房。她临时转租了个小单元，居住条件差，空调不灵，每天晚上都一身大汗。我动了恻隐之心，让她马上搬过来，说好先不收她那个月房租。

待我教书回来，为感谢她对田田的照顾，我从巴黎给她带来手绘的丝绸围巾作礼物。她眉飞色舞，转眼和围巾一起飘然消失了。

她是踩着钟点生活的：下午五点半下班，晚九点半睡觉，早上七点半起床，差一刻九点骑车上班。我算了算，加上中午打盹儿，她每天睡十一个钟头，按她自己的说法是"昏吃闷睡"。周末她倒忙起来，把十岁的儿子接来住，围着他团团转。她儿子踢球，几乎每周末都有比赛，她场场必到，为儿子呐喊助威。

我们一起做晚饭。我掌勺她切菜洗碗，配合默契。我说话，她会像回声般应和，就是拖得长了点儿。"这菜挺新鲜"，我说。"可真新鲜，你说它怎么那么绿呀"，她说。"进来只苍蝇"，我说。"一只大苍蝇，它还会飞呢"，她说。"下雨了"，我说。"这雨下个没完，天上地上全都是水"，她说。

要说她可算好房客了：从没人来串门，她手脚麻利，爱干净。她轻如风，走路悄没声的，魂儿一般出没，有时怪吓人的。她关起自己房门，毫无动静，好像下决心从此消失了。我琢磨她要么打坐，要么坐在我书桌前向外张望。

她虽住在书房，可没见她读过一本书。有时我跟田田看录像，她会探头探脑，可一见暴力镜头，她就大呼小叫，落荒而逃。她更怕我们家的两只猫。一天早上，田田看见P带领儿子像两个蜘蛛人紧贴墙壁，蹑手蹑脚侧行，屏住呼吸，满脸恐惧，原来是哈库四脚八叉躺在过道呼呼大睡。

她有一天兴致勃勃喊道："北岛，你来看。"原来她从北京拍了一本艺术照。她灿若明星，令人刮目相看。她不停说："你看看，这多像我，跟别人的艺术照就是不一样。"

我问起她的爱好。她自豪地说："我嘛，最喜欢古典音乐和芭蕾舞。"可她既无录音机也无随身听，对我那几百张古典音乐唱盘不闻不问，来美国十好几年了，甚至连场音乐会都没去听过。"票太贵了，好几十，你说那玩意儿谁听得起呀？"她解释说，"赶明儿吧，我回北京去看芭蕾舞，那什么气派；再不，买唱盘回来好好享受享受……"

我发现有两个问题是碰不得的。一是嫁人。"美国人只知道 sex，好可怕呦！"她眼镜片愤怒地闪亮。我说那就回国找吧。她跳起来，脸憋得通红，缩着肩膀，脖子往前伸，斗鸡般怒斥道："没门儿，那些人动机不良，利用我来美国，休想！"再就是房子。因地价攀升，我劝她早点儿买房子。她嘴角倒钩下来反驳我，好像我在跟房地产商串通起来给她下套。

若田田不在家，晚饭变得越来越安静，能听见厨房挂钟嘀嗒走动和那只总也打不死的苍蝇嗡嗡盘旋。我对她产生某种同情。她的世界又小又封闭：没有朋友，除了儿子就是住在北京的父母，外加那离弃她的丈夫。"不管怎么样，"她对我说，"我认为他永远都是我丈夫。"

今年年初，P 从北京探亲回来，因房租问题变得暴躁。

她整个变了个人，头上顶雷脚下带火，动辄拍案而起，嗓门儿大，跳着脚跟我们嚷嚷。最后不欢而散，她搬走了。我回到我的书房，会见那些久违的中英文书籍。我坐在书桌前，忽然想到 P 和她的寂寞。从这儿望去，绿树红瓦在闭合的百叶窗后隐隐闪烁。

七

C 和夫人女儿一起来我家做客。他夫人漂亮高雅，有四分之一中国血统，还有墨西哥和白人血统，是混血中成功的例子。C 在波士顿的西风（Zephyr）出版社工作，出过我的散文集《蓝房子》英译本和《今天》的英文选集。其实这家出版社就他这么一位专职编辑。Zehpyr 是从希腊文来的，意思是西风。这西风从俄国诗歌刮向中国文学，于是 C 从编书进入我的生活。

午饭后，我们开车去萨克瑞门托。老城沿萨克瑞门托河散开，码头与火车站相连，当年忙于向外输送黄金和小麦。那昔日的繁荣，折射在西部电影中常见的老朽的木头房子和艳俗的旅游纪念品上，显得有点儿凄凉。

我们直奔老城边上的加州铁路博物馆。这是我保留节目之一，但来的次数太多，以至于到了痛恨的地步。

十九世纪的高科技无疑是火车，它彻底改变了人类地理和文化的概念，使东岸的美国人开始往西眺望了。那时从东岸到加州，乘船要五个月，乘马车日夜兼程也要好几个礼拜，且路不好，非颠得半死不可。

一八五四年，当朱达（Theodore Dehone Judah）收到信，请他去设计加州第一条客运铁路线时，他年仅二十七岁。他有个梦想，有一天成为贯通第一条州际铁路的工程师。同年五月，他和他夫人安娜（Anna）长途跋涉抵达萨克瑞门托，一到马上开始投入工作。第一段铁路从萨克瑞门托向东，铺到内华达山脉脚下。而内华达山脉是铁路通向内地的主要屏障，下一步可就难了。

一八五九年，朱达前往华盛顿寻求支持。他和妻子在国会山布置了一间展览厅，展示各种图表草案和调查报告，向议员和官僚们解释太平洋铁路的重要性。但他的提案最终搁浅。一年后他无功而返，回到加州。

朱达进山勘测。当地居民都认为在山里修铁路根本不可能，只有他的好朋友，住在荷兰平台（Dutch Flat）小镇的药材商支持他。他们俩一起翻山越岭，实地考察。有一天，他们和风雪搏斗，从山上扛着设备回到荷兰平台，疲惫而兴奋，他们终于确定了铁路过山的路线。

带着勘测报告，朱达开始到旧金山和萨克瑞门托寻找投资，但他的游说往往被痴笑。甚至有人说，朱达发疯的巨大铁路计划将会消失在内华达山脉的云端。他一再碰壁，终于出现转机。在一次小规模的演讲会上，他以最快的回报及最小的风险，说服了在场的萨克瑞门托的商人，六人同意组成加州中太平洋铁路公司，其中四位实力雄厚，被称为"四大亨"（Big Four），包括两年后当上加州州长的斯坦福（Leland

Stanford），斯坦福大学就是他用铁路赚的钱建的。

一八六一年十月，朱达再次到华盛顿的国会山游说。《太平洋铁路法案》终于通过了，由林肯总统签字生效。州际铁路贯通的庆祝典礼在萨克瑞门托河边的泥泞的岸边举行，很多市民都来参加，朱达也在其中。他准是在暗自微笑——在奋斗了七年后，他的梦想终于要实现了。

但在修建过程中，朱达看不惯资本家的贪婪做法，据理力争，最后他和他的支持者被公司辞退，他只拿到十万美元的股份。一八六三年十月，他和安娜乘船离开。四天后，中太平洋公司第一辆火车头"斯坦福州长号"卸在萨克瑞门托的码头。经过巴拿马运河时，朱达染上黄热病，几周后死于纽约。当他下葬时，铁轨正沿他设计的路线深入内华达山脉。

进博物馆不远，有三个留辫子的华人在峭壁上运送一桶炸药的泥塑，他们正准备炸开内华达山坚硬的花岗岩，为火车开道。因劳动力短缺，当时主管建筑的老板打算用失业的中国矿工来填补，遭到他助手的反对，理由是他们没有开山凿石的经验。老板反问道："他们建造过长城，对吧？"事实证明华工吃苦耐劳，出勤率高，工资待遇低。那时他们的月薪只有三十到三十五美元，还不管吃住。华工曾一度占修筑铁路劳力的百分之八十以上，干的是最苦最危险的活儿。据统计，自一八五四年到一八八二年，有三十万华工在美国修铁路。在铁路带来的美国的繁荣后面，有多少辛酸的故事？如今只剩下一些数字，还有这三尊泥塑——无名无姓。

八

田田的笑那么清纯自然，会让人惊奇。不，我是说让我惊奇。

她十八岁了，生日正赶上周末。星期五晚上，她要请朋友来聚会，望我回避。当天中午，我请芥末帮忙做寿司，买来酒水鲜花气球。布置停当，老父告辞了，到一个美国朋友家过夜。我每半个钟头给她打电话，以确保无酗酒吸毒火灾之意外。当聚会顺利进行，有一刻田田躲进自己房间。"真无聊"，她在电话里叹了口气，对我说。

田田从我这儿继承的是流浪的命运。她三岁就随我们到英国住了一年，并去了欧洲八国。过海关时她总是昏睡不醒，对国界基本没概念。八九年后，她三次到欧洲来看我，跟我周游列国。九五年全家团聚，她从北京搬到美国。她那年十岁，英文一窍不通，在学校的喧嚣中沉默了一年半才开口，没想到初中毕业她竟拿到总统奖。紧接着家庭破裂，她随母亲回北京，上了两年国际学校，去年夏天再搬到美国，和我在一起。

去年夏末，我从机场接她回家，她坐在厨房炉灶旁吧嗒吧嗒掉眼泪，想念北京和那儿的同学朋友。两天后她和朋友到柏克莱过夜，喝得酩酊大醉。我正要去中西部教两个月的书，不禁忧心忡忡。每次打电话回家，她都安慰我："我挺好的，你就放心吧。"待教书归来，果然云开雾散，她笑盈盈围着我团团转。她已有不少新朋友，功课也跟上了。

她很久不弹钢琴了，这回从北京带来一首电影主题歌《星语心愿》的琴谱，有空就反复练习，只弹这一首。乍听起来这是首挺欢快的曲子。她弹得遍数多了，我都能背下那旋律。

我乐观得太早了。我们聊天时，她对人生意义提出怀疑。我想起我们年轻时，外在压力大，反而缓解了内心焦虑。我给田田讲我们时代的故事，似乎离她的现实太远。在她看来，毛泽东得算古代人物了。有一天，她坐桌前望着窗外发呆。树影摇曳，午后的阳光闪烁。我摸摸她的额头，她凄然一笑，指指电脑上的一首英文诗。写的是季节转换与生死，红叶与青春血液，风与虚无。我问谁写的，她不好意思地点点头："我。"

我琢磨是田田的天性救了她。我正读星相学的书。说到田田，那位隐身的星相学家忍不住赞叹："世界上没有比 O 型双鱼座更好的人了。""双鱼座女性拥有流水般柔软且纯朴的性格……适应力好到令人吃惊的地步。"我信。

田田的朋友圈几乎清一色亚洲人。问她怎么回事，她说在北京的朋友倒有不少欧洲白人，但就是受不了美国人。这不是种族歧视吗？在她看来，除了在国外住过的，美国人脑袋总体出了毛病。美国病的主要症状是感情肤浅表面化，视野狭窄，极度自我中心。她说她自己就得过美国病，不自知，两年前回北京被朋友一通修理才治好。最近在学校讨论课上，大多数美国同学都支持打伊拉克。"美国就是要当超级大国！""为了石油流点儿血也是值得的。"田田真想大喝一声：要是把你们都送上战场就不会这么说了。

友情可替代家庭的温暖。田田的朋友遍天下，但在戴维斯，她的友情尺度不得不重新调整。L是个皮肤黝黑的日裔女孩子，她生活中最大变化是从四十英里外的城市搬到这儿。她俩一起开车上学吃饭逛商店，形影不离，但几乎天天吵架，都是为些鸡毛蒜皮的小事。她至今还没有男朋友，理由是他们又丑又没意思。我跟她开玩笑说："你这辈子可别嫁不出去了。"

自田田出生到现在，我们分开的时间加起来有八年，今年秋天她就要上大学了。心中难免戚戚然。我开车送她上学给她做饭熨衣服。有朋友说："女孩子就是要惯的。"此话有理，当然也不能过头。最近我开始教她烧菜，逼她学开车，把我写的东西念给她听。我们成了无话不谈的好朋友。

在美国报考大学可谓人生大关，其程序之复杂表格之烦琐，让人发疯，更何况对一个生活巨变中的孩子。我硬着头皮读那些城砖般的参考书，跟她一起彻夜填表，请懂行的美国朋友做参谋……我自幼不喜欢上学，跟高等教育更是绝缘，可传统正召唤我带女儿回到人间正道上来。

我刚摆好饭菜，田田突然跳到我跟前，用她的小哑嗓朝我高唱《星语心愿》："……怪自己没勇气／心痛得无法呼吸／找不到你留下的痕迹／眼睁睁的看着你／却无能为力／任你消失在世界的尽头／找不到坚强的理由／再也感觉不到你的温柔／告诉我星空在哪头／那里是否有尽头／就向流星许个心愿／让你知道我爱你。"

九

O马上要搬回上海了，临走前我下厨掌勺为他饯行，另请了几位朋友作陪。席间我打开瓶"五粮液"，他滴酒不沾，今晚破例，让我斟上小半杯。他抿了一口，叹息人生短促，老之将至。说到此，在那风吹日晒的黝黑脸膛闪过一丝无奈的自嘲。

他原是上海造船厂的工程师。九六年搬到萨克瑞门托，和表妹表妹夫合开了一家生物切片公司，但生意不好，他们只好各干各的，凑钱纳足美国的苛捐杂税，以营造公司正常运转的假象，为了合法居留，盼着有一天能拿到绿卡。表妹夫无一技之长，去餐馆打工；表妹学过中医，在一家中国人的诊所扎针灸；O则是能工巧匠，又身强力壮，从铺草地粉刷墙到修汽车跑单帮，从上房揭瓦刨地三尺到自动化发明精密仪器设计，他无所不能。

我们是通过朋友介绍认识的。在美国买房子置家产负债累累且不说，维护它比治国还难。单安装椅子就把我治了，那说明书看似简单，越琢磨越糊涂，颠来倒去，不是螺丝拧歪了，就是腿装反了……O成了我们家的上帝，几乎所有比安装椅子更复杂的活儿全都包了，只见他挥手之间，万物各就其位。

可每回结账都闹得面红耳赤：讨价还价是反向的——我坚持多付他非得少要。三年前，他买房子时有两个月无住处，我正好出门，请他和表妹来看家。此后收费就更难了，有时只好自己动手，对付对付算了。

他虽脑力劳动出身，却是那种毫不惜力的人：早出晚归，一年三百六十五天从不休息。九年来他只歇了三天，在朋友裹挟下去了趟迪士尼乐园。我估摸，那疯狂过山车让他对美国的印象更加晕眩。留在国内的妻子女儿都以为他在公司上班，衣冠楚楚，哪儿想到他整天日晒雨淋苦力地干活。他和家人分开了九年，这离愁别绪会平添多少白发。幸好这世上有电话且美国电话费便宜，他们彼此越洋呼叫，甚至连女儿做算术题都要由他指点。

女儿是我俩生活的共同主题之一：我跟我女儿分开了六年，他跟他女儿分开了九年。每回他笑谈起他女儿，我的心都会紧缩。他表面上是个乐观的人，总笑呵呵的，恐怕内心苦不堪言。他说他现在什么都信，无论何方神圣。

劳累之余，他纵身投入股票市场，把钱压在电子股上。在股市上扬的好年景，他日进斗金，每天出门干活前打开电脑，暗喜。谁知道其凶险深不可测，转眼间美国泡沫经济衰微，首先始于电子股，只见他买的股票直线下跌。其中一家让他热血沸腾的公司，从六十多美元一股的高峰先跌了一半，喘了口气，再一路下滑到每股五十美分的谷底，最后索性倒闭，血本无归。那阵子他每回上网都两眼发黑，一身冷汗。有时一天损失五千美元，干活挣得那点儿钱连零头都够不上。碰到抠门压价的，他干脆说今天义务劳动，分文不取，让人家目瞪口呆摸不着头脑。后来他不敢轻易上网了，偶尔为之，要先服镇定剂，打坐运气祈祷，免得犯心脏病。

再就是美国移民局和律师的"合谋"。移民局明知道这类小公司的困境，却照收苛捐杂税。他为了办绿卡，不得不请号称成功率百分之百的名律师，但费用昂贵，每小时二百五十，连打电话咨询都掐着表。终于熬到和移民官员面谈那一天，律师坐商务舱住高级宾馆好吃好喝好招待，费用计算精确，连打喷嚏在内，那一趟总共花了近万美元。最后移民官员摇摇头，让他回家等信。这一等就是半年多，税照缴不误，律师费一分不少。最后律师出主意，让他再花五千美元向最高法院上诉，讨个公道。三个月后被驳回，他只好卷铺盖回家。

那天在一家日本餐馆吃午饭，我们相对无言，像两台旧蒸汽机对着叹气。美国是许愿的土地，但对多数受苦受难的人来说却不肯兑现。当马丁·路德·金说"我有一个梦想"时，他内心充满了绝望。O也有一个梦想，就是在美国合法留下来。我想所谓命运，都是一种对失败者结局的合法化解释，其中包含强权的意志。O是个真正的发明家。由他设计的家庭自动音乐喷泉很受欢迎，完全应申请专利；他边干活边通过电话指点在美国造船厂的上海老同事，帮他解决难题……关键是他没有合法身份，只能处于地下状态。他告诉我，这些年他在美国损失了五十万美元，那都是按钟点挣来的血汗钱，如今两手空空，无颜面对父老乡亲。

酒酣耳热，他说临走前会把我家草地的喷水系统修好，另外他有个聚宝瓶传给我，叮嘱我多扔些硬币进去会带来财运。临近启程的日子，我多次打电话，只有他怪声怪调的英文录音：“这是某某生物切片公司，我暂时不在……”

那天我回家，一个聚宝瓶立在我家门口。

<h1 style="text-align:center">十</h1>

戴维斯的历史有很多疑点。比如，一八五〇年，当J.C.戴维斯娶了 J.B. 查尔斯上校的小女儿玛丽（Mary），有多大成分是政治与经济的联姻。从照片上看，玛丽可以说相当丑。来自俄亥俄州的戴维斯，仅十来年的工夫已成了本地首富之一。除了上万公顷的农场，他开了本县第一家乳酪厂，又和查尔斯上校等人经营过河的缆绳摆渡，仅此一项，他每个月所得近万美元。缆绳摆渡使他跨越了阶级界限，成了查尔斯上校的座上客，转而娶了比他小十二岁的玛丽。但不幸接踵而至。他们的独生女三岁早夭；连年的干旱和病虫害，加上内战后的高税收，逼他陆续把地卖掉，搬到萨克瑞门托，晚年当了个小芝麻官，郁郁而终。

戴维斯有一种农民的纯朴和狡猾，这两者在某些关键时刻相得益彰。但可悲的是，他即使爬到他家后院那棵最高的树上，也无法看见地平线以外——干旱病虫害南北内战，还有老年的孤寂。

我在市中心溜达，琢磨一个人和一个城镇的关系。自J.C.戴维斯在这儿定居已有一百五十多年了。由于铁路，戴维斯从一个人成为村落；二十世纪初，由于教育（加州大学柏克莱分校的农场变成农学院），戴维斯从村落成为小镇；

从五十年代至今，由于美国战后经济的繁荣，戴维斯从小镇成为城市。而戴维斯本人早就被遗忘，在人口急速而盲目的流动中，历史正被消解。

写到这儿，我上网打开邮箱，有一封来自阿姆斯特丹的姆伯基（Mbeki）先生的电子邮件，标明为商业机密。最近我交了财运。电子邮箱尽是非洲来信，有前总统的侄子，流亡将军的寡妇，被迫害的民主斗士的女儿。在悲惨故事的结局都有笔巨款，要通过我过户转到美国来，提成比例高达四分之一。晕眩之余，我也有些含糊。眼前这位发信人是津巴布韦黑人农民的长子。由于慕加贝（Robert Mugabe）总统推行的土改政策，很多富裕农民被杀害，他父亲也在其列。不知怎么回事，姆伯基先生现在跑到荷兰政治避难。他告诉我，死前父亲带他去约翰内斯堡，在一家私人保安公司存入毕生的血汗钱，折合为两百三十万美元，这笔钱将用来在瑞士购置农场。看来只要我点头配合，就能发笔横财。

这封信就这样进入我的写作——一个被谋杀的黑人农民试图取代我的 J.C. 戴维斯。而连接两者的是历史的虚构性：一个是美国西部开发时代的老掉牙的传说，一个是非洲动荡政局外加金钱诱惑的电子版演义。若戴维斯当年收到这封来自非洲同行的信的话，他肯定会上当受骗的。有意思的是，电脑这个虚拟空间让 J.C. 戴维斯和我，外加个身份不明的国际骗子聚首，而戴维斯的版图也因而扩展到非洲和欧洲，而政治避难国际资金流动正改变土地这传统话题。

我因分神而苦恼，也为某种共时性的幻觉而激动。可能的话，我想给戴维斯本人写信，问问他娶查尔斯上校的小女儿的动机。

<h1 style="text-align:center">十一</h1>

加里·斯奈德在我们小镇的索嘎斯（Soga's）餐馆门口等我们。他刚从日本开会回来，坐了十几个钟头的飞机，却毫无倦意。待坐定，女招待旋来转去，展示她那美好的身材。加里先声明今晚由他请客，他在日本挣了一大笔日元。他知道，中国人会为争抢付账恨不得打起来。我说了声"好吧"。

当年在北京的旅馆房间头一次见到他和金斯堡，屈指一算快二十年了。记得他们行色匆匆，一个小时后要去机场。谈话是通过我的英译者杜博妮进行的。翻译是过滤，使对话变得像纯净水般单调乏味。他和艾伦有一种互补关系：艾伦好奇多动，像水银；加里沉静自持，像水银容器。

没想到自九五年起，我竟和加里成了同事——在同一所大学教书。我们可算得君子之交，打电话写信寄书致意，偶尔见见面。当我九七年夏天丢了饭碗，他拍案而起，联合其他英文系的教授上书给校长，未果。

他多次约我到他家做客，却一直未能如愿。首先是山高路远我没方向感不认地图；再就是我们俩都是世界旅行者，很难找到重合的时间；接着他夫人得重病，不便打扰。这七年前发出的邀请至今有效。

加里从这次的日本之行讲到《论语》，说到他最近重读时的感受。他说他年轻时就迷上了《论语》，其影响甚至超过了佛教道教。"那是一部伟大的书"，他感叹说。他是在西雅图祖父的奶牛场长大的，每天除了挤奶，就是面对单调的风景线。他对东方宗教感兴趣完全是偶然事件。十二岁那年，由他亲自喂养的小母牛生病死了，他悲痛欲绝。去教堂问牧师，小母牛能不能上天堂？牧师摇头说，动物是不能上天堂的。他很生气，既然小母牛不能上天堂，他也不想去了。而听说佛教强调众生平等，于是他转向东方。他自幼喜欢爬山。当看到几幅中国古代山水画时，他大为震惊：中国人画的山水才是最真实的——大概是由于西雅图的山和中国的山相似。

他大学毕业后，到加州大学柏克莱分校读人类学和日文。在那儿结识了艾伦。一九五六年春，他在"垮掉一代"运动趋向高潮时急流勇退，告别了女友，东渡日本，在京都削发为僧，一待就是十二年。他本想去中国，但中国当时不开放，后听说日本仍有辩经的传统，这一点深深吸引了他。杰克·凯鲁亚克以他为原型写了本小说《佛法游荡者》(*The Dharma Bums*)。

女招待出现了，问是否可以收走盘子。她面无表情，涂红的嘴唇像冰雕一般。若她读过《佛法游荡者》不知会有何感想。

说起那些穷欢乐的日子，他眯缝的眼睛亮了。去日本前不久，他和艾伦一路搭车从柏克莱向北。到了西雅图，他们走进华盛顿大学英文系，向在场的教授说，"我们是诗人，想为你们免费朗诵。"幸好那教授听说过他。朗诵会来了三百多人，艾伦朗诵了他的《嚎叫》。那时候除了年轻，他们什么都没有——身无分文。朗诵全都是免费的，好歹学校管饭，有热心人安排住处。第二年春天，他和艾伦又去印度朝圣。他从日本乘客船，艾伦从埃及搭汽艇，在庞贝汇合后他们一起前往尼泊尔等地……

问他为什么不再当和尚。他神秘一笑，说："我太喜欢女人了。"他在京都和一个日本女人结婚还俗，师傅为他取名"听风居士"。搬回美国，他们在内华达山上自己盖房子建禅堂，生活多年后离异。前妻和他的好友结为连理，就住附近，一直还有来往。他和一个美国女人的婚姻没维持多久。在禅堂打坐时他认识了卡柔（Carole）——在美国出生的日本女人，终成眷属。卡柔不仅信佛，且喜欢爬山，可谓志同道合。他俩经常打背包上山数日，餐风饮露，听八面来风。

问起他是否有出世入世的困惑。他摇头否认说："这是中国文人的问题。"看来远来的和尚好念经这话是有道理的，他不会受限于经文与社会传统之间纠葛不清的互文关系。他是本地反砍伐林木运动的倡导者，经常开会演讲谈判，把那些私人木材商送上法庭；同时他也是国际环保组织的发言人之一。在他看来，环保是个全球性的问题。"全球化不仅破坏每个角落的生态平衡，也在消灭所有的区域性文化和弱势文化。"他警告说。他从日本给我带来礼物，是一块长方形的布，上面印满带鸟字部首的汉字。"天空鸟飞绝"，我想其中很多鸟已绝种了，这是篇悼文。

女招待闪现出来，问要不要甜点。这回她极力推销，好像她是那冰冷世界派来的代表。我们选了块巧克力蛋糕一起分享。

说到中东危机，他认为："只有时间可以溶解（dissolve）仇恨，只有通过一代代人的共存才能达到和解。而现任的美国政府是愚蠢到家了，他们只相信武力。"

最后说起他的青年时代——革命、性和毒品。我讲到自己抽大麻写诗的经验，当时觉得挺棒，醒后发现什么都不是。加里笑着说："大麻狡猾狡猾的。看来你是个好诗人，没上当；而大多数抽大麻写诗的人醒后照样自以为了不起。"

餐厅空了，只剩下我们和几个坐在旁边叽叽喳喳聊天的女招待。门外，灯光与夜交融。我说好这个星期天上山到他家做客，以践七年之约。

十二

我跟 S 是在汉娜（Hannah）家认识的，那是九六年夏。女诗人汉娜曾做过钢琴老师。由她召集的诗歌小组，平均一两个月在她家聚一次。后来不知打哪儿来的加速度，大家都越来越忙，很难凑上合适的时间，只好散伙了。

S 是那种一见难忘的人。她眼神坚定，面部线条明确生动；她说话快，似乎为证明语言的局限。她的诗中混合着女人温情和伤痛。

诗歌小组解散后，我和 S 的联系如虚线般断断续续，但却有所指向——我们在互相辨认中老去。她长我两岁,转眼已满头花白。去年春天我参加代表团去看望围困中的巴勒斯坦作家,随后她代表一个国际诗歌网站采访了我。我女儿报考大学遇到危机,绝望中我想到S,她做过私立学校的学生顾问。头一次她跟田田谈话,仅三言两语,就解除了孩子心理上的紧张状态。我和田田都被美国大学的表格吓坏了,在S的引导下,我们终于走出了迷宫。

那天下午我们说完田田的事,S讲到家世,让我想到她那些让人心疼的诗句。秋天阳光没有穿透力,停留在我家白纱窗帘上,随风飘荡。

她父母相遇在旧金山,婚后第二年S出生了。父亲刚从欧洲战场回来,因战争创伤开始酗酒。S出生后不久全家搬到夏威夷,和一些画家住在一起。自然风光与画的互相投射,加上家庭危机的阴影,构成了她早年幻觉的来源。"那儿甚至有个茶楼(Tea House)",她突兀地说,显然那是她童年生活的高光点。她后来成了画家,无疑与这一经历有关。

他们搬到南加州。因经济犯罪,父亲带全家逃往俄克拉荷马,那年S仅八岁。警察找上门来,押送父亲回加州服刑。保释出狱后,他在一家电台工作。母亲改嫁,弟弟跟父亲住在一起。父亲酒后越来越狂暴,追打虐待弟弟。当时刚上大学的S赶去,坚持要把弟弟带走。父亲威胁说,如果把弟弟带走,他就会死。S还是把弟弟带走了。一个月后,父亲因心脏病去世,年仅四十九岁。

说起父亲,S的脸被痛苦与骄傲的双重光芒照亮。"不喝酒时，他是个了不起的人，聪明能干。他没受多少教育，却创办了北加州第一个脱口秀。"她转而感叹道："我们家有那么多灾难和噩梦。"她父母双方都有家族神经病史，那是个巨大的阴影。

也许是自强不息的个性拯救了她。由于家庭动荡，从小学到中学她转了十三次学。六五年高中毕业后，她先上社区学院，再转入大学，半工半读，直到七七年才大学毕业。又花了十年工夫，当她拿到英文与创作的硕士学位时，已四十岁了。她成了她的家族头一个受过高等教育的人。

经历了一次失败的婚姻后，S在一家书店打工时结识了楼下开餐馆的D，他们很快就结合了。他们家庭和睦美满，一儿一女，已长大成人。"可就在结婚两周后，我年轻的丈夫患心肌梗塞，做了搭桥手术。"S补充道。

他们住在萨克瑞门托市中心一个安静的地段。那是个美国普通人的住所，陈设简单舒适。让客厅生辉的是S的画和雕塑。她画的是那种稚拙画，多为人物肖像，由明亮的平涂色块构成。这或许是再现童年经验的努力——重返半个世纪前的夏威夷，让那个在茶楼观景看画的小姑娘沉湎于奇妙的幻觉中；或许是她内在的光明，使她最终能过滤苦难的重重阴影。

D人高马大，慈眉善目。我们喝加冰的苏格兰威士忌，佐以饭前开胃小菜。D是一家厨具公司的经理。他总是笑呵呵的，能看得出他对S的百般呵护和由衷欣赏。他说他是"艺术的守护人"，这话是三十年前结婚时跟S说的。由于对艺术女神的爱，这三十年前的诺言至今有效。在他的支持下，S辞去了私立学校的工作，致力于写作画画，并照顾母亲。五年前她母亲中风，住进老人特护中心。S是我见过最孝顺的美国人，她每天早晚两次去医院陪母亲。

S为女为妻为母，养家写诗画画攻读硕士，其性格坚韧可想而知。我想是她从父母的悲剧中认知，必须保护自己的孩子不重蹈覆辙。那是历尽苦难的女人的心——宽厚坚强而无私。

"我有个秘密，不想带到坟墓里去。"她突然压低声音对我说，"孩子不知道我的第一次婚姻。今年圣诞节他们回来度假，我打算告诉他们。"她显得有点紧张。我劝她说，孩子会理解的。

今年除夕，我请S夫妇及其他朋友在中餐馆吃饭。我悄悄问她是否透露了那秘密。她眼睛一亮，徐徐舒了口气。"他们真伟大，一点儿也没责怪我。"

十三

一八二六年秋天，在瑞士一个小镇举办一场静悄悄的婚礼。这婚礼是必要的，因为孩子第二天就要出生了。孩子他爹叫约翰·萨特（Johann August Sutter），儿子跟他同名同姓。老萨特那时只有二十三岁。他曾在出版社学过徒，热爱书籍华服和各种娱乐。后来做干果布匹生意，都失败了，因债台高筑而面临牢狱之灾。一八三四年五月十三日，他越过边境进入法国，再乘船到美国，留下债务、老婆和五个孩子。

他在新大陆到处闯荡，寻找机会。伪造了个军衔，他转身成了"萨特上尉"。一八三九年六月他乘船抵达现在的旧金山，那时还只是个小村子。墨西哥总督会见他时，被其殖民梦说服了，把方圆几十英里未开发的土地许给他。同年八月中旬，他和手下人乘帆船沿萨克瑞门托河（Sacramento River）逆流而上，在与美国河（American River）的交汇处落脚。接着他用土地为信贷，买下一家快要倒闭的俄国皮毛公司，连同牛马枪炮一起运到定居点。为防范持敌意的印第安人，他决定建造要塞，并用拉丁文命名他的王国为新瑞士（New Helvctia）。

我们一行三人来到萨特要塞（Sutter's Fort）。四年前德国的顾彬教授一家来做客，他的德文导游书把我们引到这儿。顾彬把解说词咀嚼一番，长叹了口气。顾彬叹气是常事，但那回特别。我琢磨，准是老萨特的非理性精神和虚荣心让他恼火。说来这要塞甚至比不上一个中国的地主宅院。土坏围墙约莫十五六英尺，其中包括面包炉铁匠铺木工房酒窖马棚。午后的阳光让人困倦。我们最后进入位于要塞中心的三层楼房，这里是制高点。

老萨特坐在他的办公室。他是个殖民时代的梦想家，其梦想是辽阔的疆土。在鼎盛时期，他占地近五万公顷，有牛马羊无数。他慷慨大方，为那些新移民免费提供食宿，派人上山营救困在风雪中长途跋涉的队伍。而瑞士的老婆孩子却挣扎在贫困线上，没任何资助。他感到内疚，以长子的名义要求扩充地盘。战乱爆发了，他为墨西哥出钱卖命，从冒牌上尉摇身一变成了民兵将领，总督赏给他更多的土地。墨西哥战败。一八五五年，美国联邦土地局起诉他，没收了三分之二的土地。

一八四八年一月二十四日下午，老萨特午睡后正在写信，只见他派去建锯厂的马索尔（James Marshall）匆匆赶来，神色怪异。他把一包金矿石放在桌上，说是在挖漕沟时发现的。老萨特叮嘱他千万保密。但这消息不胫而走，于是浩浩荡荡的淘金大军从四面八方涌来。

那黄金照亮的瞬间，成了老萨特一生的转折点。这种稀有矿石，本来能让他成为加州首富，最后却毁了他。转眼间，刚建立的帝国秩序土崩瓦解。他手下人纷纷辞职去淘金，外来者任意侵占他的土地；要塞成了输送矿工的中转站和各种交易的集市，人们顺手牵羊偷走他的财产。

同年九月小萨特抵达，目睹了席卷大地的淘金热。在被遗弃了十四年的儿子面前，老萨特感情复杂，让他羞愧的是其王国的衰败。他债台高筑，当年向俄国皮毛公司借的钱一拖再拖，对方要求以土地抵偿。他不得不把其财产转给小萨特。一八四九年年底，要塞以七千美元的低价卖掉。不久他妻子和另外四个孩子从瑞士来，全家团聚。老萨特决定退休，和家人住在他的豪克农场（Hock Farm），直到一八六五年夏天他们的房子被大火吞噬。

由于淘金热，萨克瑞门托河的码头附近日趋繁华。小萨特接手父亲的产业后不久，动了修建城市的念头。他出售土地，开始着手城市规划，大兴土木。他本想命名为萨特市（Sutter Ville），遭到另一地产商的反对后随即放弃。一八四八年年底，这未来的加州首府正式得名萨克瑞门托市。

消息传来，退隐农场的老萨特气坏了，他朝思暮想的王国——萨特市，因为这个不争气的儿子而灰飞烟灭。他试图从中作梗，但为时已晚。为此他一直不肯原谅小萨特。

小萨特不断出售土地以还清债务。他和父亲一样毫无商业头脑，不知道梦想与现实的界限。他的律师和地产商合伙坑骗他。病困交加中，他离开萨克瑞门托，在墨西哥一个港口城市定居。一八五五年，他回到加州，通过律师提交了一份完整的陈述，说明他和父亲是怎么上当受骗的。它六十年后得以发表，描述了淘金热中那些肮脏的交易，成为重要的历史文献。

老萨特去华盛顿告状，他想索回被剥夺的土地，并试图得到因当年帮助移民的某种补偿。这位殖民主义的冒险家，离开加州时一文不名。他和家人定居在华盛顿附近的小镇。这场官司旷日持久。一八八〇年六月十六日，国会休会，并未通过萨特法案。两天后，他死在国会山附近的小旅馆里。六个月后他的妻子病故，和他安葬在一起。

一九一五年夏天，小萨特的遗孀带女儿来到萨克瑞门托。小萨特的女儿写道：我和母亲作为墨西哥革命的难民回到萨克瑞门托，这实际上由我父亲创建并得益于他捐赠公园的城市，不仅没有对我们的某种认可，甚至可以说对我们关上大门。

十四

去年春天，艾略特从纽约来柏克莱开会，我们一起去旧金山看望他的老朋友 G。他住在离金门公园不远的住宅区，相当僻静。G 长我一两岁，小个儿，蓄着胡子，说话快，多少有点儿神经质。他夫人 D 是尼加拉瓜诗人，雍容大方，有一种难捉摸的美。那是两室一厅的单元，陈设简单，有一种匆忙的痕迹。原来他们刚搬家，书还没来得及拆包。聊了一会儿，我们去附近一家上海馆子吃午饭。G 送给我他刚出版的诗集，以及他翻译的 D 的诗集。

一个多月后，我接到 G 的电话，他们夫妇要来戴维斯朗诵，约好一起吃晚饭。我们在"芥末籽"（Mustard Seed）意大利饭馆见面。由大学请客，连主宾带学生外加我们跟着蹭饭的，满满一长桌。一个尼加拉瓜女学生坐我身边，对 D 充满景仰，说是她心目中的女英雄。席散兴未尽，我请他们夫妇到我家再喝一杯。杯光斛影中，只见他俩眉目传情，心有灵犀，要说岁数可不小了，竟有年轻人一般的恋情。那一晚，从美国底层生活到诗歌，从越战到拉丁美洲的革命，词语跳跃闪烁，在昏暗中拉开一幅历史的长卷。

G 出生在匹茨堡一个工人家庭。爷爷是钢铁工人，因工伤失去了两条腿，却未得到赔偿。父亲是运送冰块的卡车司机，自幼他就常跟着父亲干活。他是个梦想家，常去博物馆图书馆闲逛。有一天，他从图书馆书架上抽出一本绿色封皮的书，装帧精美，让他叹为观止。这是十九世纪出版的惠特曼的《草叶集》。就这样，一个大诗人和一个穷孩子相遇，前者把后者照亮。就在那一瞬间，他决定以后做个诗人。

由于跟父亲关系不好，他十二岁离开家。头两年还时不时回家看望母亲，以后就慢慢断了联系。他露宿街头，靠干各种苦活为生，但一直坚持上学。他常常泡在图书馆。在惠特曼的指引下，他开始写诗。十八岁那年他决定去当兵，这是继续受教育改变命运的唯一出路。

作为医务护理员，G 先在利比亚的美军基地待了一年半。一九六九年三月，他被转到越南的野战医院。刚一到他就对那场血腥的战争充满厌恶，在每天的死亡面前，国家的谎言是多么苍白无力。这厌恶很转变成行动：从秘密张贴反战标语开始，到拒绝每天早上的出操。一九七〇年年初，他被送上军事法庭。

"自一八九八年美国出兵跨过自己国界，这战争从来就没停止过，从媒体到政治家谋略，模式相似，但规模越来越大，越来越残酷。"G 感叹道。

他在军事法庭上赢了。退伍后，他回美国上大学，最终拿到文学硕士学位，他搬到旧金山。他热爱东方文化，从中国古诗词到日本俳句，又从日本俳句转向武术。一九七八年，他去日本京都拜师习武一年，靠教英文为生。后来日本一家基金会请他去做访问学者，又是一年。

除了写诗教书办文学刊物，他还从事一项庞大的计划，即把诗歌贴在全美十六个城市的十四万辆公共汽车上。我就参与过这种集体阅读活动。由于车厢拥挤，一旦你被卡在某个角度，那非读不可。

六年前，G 在一个诗歌活动上遇见 D，堕入情网，使两个传奇故事连在一起。

D 出生在马那瓜（Managua）的一个文化世家，其家族成员几乎个个对尼加拉瓜的政治文化都有影响。她是在天主教学校那保守刻板的气氛中长大的，十七岁刚上大学她就卷入政治旋涡。在反对索摩查（Somoza）独裁统治的革命期间，作为民族解放阵线的战士，她一直从事地下斗争，最后成为流亡的山第诺电台（Radio Sandino）的播音员。革命胜利后，她进入尼加拉瓜新政府，做了文化部副部长。"那时我们的内阁成员大都二十多岁，每次出国开会都让人眼睛一亮。"她骄傲地对我说。

她在任期间，和当时的文化部长著名诗人卡丹泰尔（Ernesto Cardental）密切合作。她主要负责的是拯救尼加拉瓜艺术，开展全国性的识字运动。他们组织各种诗歌工作坊，甚至连拳击手都在学写诗。这一传统持续至今。

他们告辞了，平行的车灯在黑暗中摸索。此后都忙，除了寄书写信发电子邮件，一直无缘见面，直到前不久，我们在爱尔兰的诗歌节上重逢。我朗诵时，由 G 介绍我并读我的诗的英文翻译。我们一起泡酒吧，在喧嚣中干杯。

我路上正好带着 D 的英译本诗集《凶猛的泡沫》（The Violent Foam），这书是他俩合译的。G 在序言中这样写道："D 和我在本书互相转换，几乎可以说融化在一起，以至于她的童年成了我的童年，她的家庭成了我的家庭，反之亦然，在我们相遇之前，我们已有交融艺术理想的特殊经验。当我们相遇，诗歌成为我们双方生命的基础与动力……"

十五

去年春天，我在加州大学柏克莱分校教了一个学期的课，用中文教中国当代诗歌。三十来个学生多是华人子女，仅四五个美国人，都是学中文的研究生。据说柏克莱分校亚裔已超过一半，而华人又占亚裔中的大多数。我这些年一直在英文的旋涡中挣扎；这回改用母语教书，踏实多了，像在浴缸泡澡。

我每周开车去柏克莱两趟，课集中在周二周四。去时顺，回来因高峰时间堵车。倦意袭来，我掐大腿拧耳朵都无济于事，只好高唱革命歌曲。

柏克莱校园西门总是热闹非凡。一路排开各种摊位，从环保宣传到反战呼吁，从学生会竞选到同性恋团体摇旗呐喊。大门外临街处，每天都有个瘦小枯干的中国人，像个北京七十年代的上访者。他站在凳子上，搂着个糊满莫名其妙的中文字的木头支架，声嘶力竭地用英文重复叫喊："Happy O Happy!"细听下去，让他如此幸福的是中国加入联合国主办奥运会，故柏克莱理应多用中文授课。常有个美国流浪汉跟着凑热闹，指鼻子破口大骂。但"上访者"骂不还口，继续为幸福呼喊。要说这类怪人多了，都集中在那一带，以上岁数的白人为主，或演讲或唱歌或自说自话。在我们办公楼前的草坪上，几乎每天有两个老头，用类似智力游戏的圈套把旁观者卷进去，乐此不疲。我估摸，这是六十年代造反的后果，那些在新时代找不着北的人无所适从，最后疯了。

美国政治主流总体来说是温和保守的，但也另有一种激进的传统，六十年代柏克莱的学生运动即证明。六十年代是美国历史的重要转折。美国随着战后国家秩序的重建而进一步体制化，使年轻人在物化世界的压力下寻找内心资源。而大学生的成分也发生了变化。五十年代末，来自中产阶级家庭的孩子取代了免费上学的二战老兵，他们有更多的精力与时间从事课外活动，关注社会与政治，内心骚动开始向外寻找出路。矛头最先指向的是工作歧视，示威者冲击旧金山的大百货公司，和警方发生冲突。一场波及全美国的人权运动开始了。

一九六四年秋，不顾校方严禁政治结社的规定，一个名叫言论自由运动的组织（SFM）在柏克莱分校成立了。十月一日，一个原柏克莱学生杰克·温伯格（Jack Weinberg），拒绝从学校行政大楼前的一张桌子上离开，被校警逮捕。于是上百名学生包围了警车，双方僵持到第二天晚上，温伯格被困在警车里长达三十二个小时。最后校方和 SFM 的谈判代表达成了协议，主修哲学的学生马瑞奥·萨维欧（Mario Savio）作为 SFM 的发言人，站在警车顶上让示威者"平静地站起来，有尊严地回家"。

不久，由于校方勒令 SFM 的领袖停课而导致新的冲突。十二月二日，在 SFM 的号召下，上千名学生涌进行政大楼静坐。第二天下午加州州长命令清场，六百名警察把学生一一抬出来。接着 SFM 号召罢课。十二月七日，校长在全校和解大会的讲话后，学生领袖萨维欧冲向讲台要求发言时被校警拦住并架走。第二天，校方放弃了严禁集会结社的禁令，SFM 赢了这一仗。

造反运动开始从校园转向社会。作为电视时代的第一代人，他们懂得如何用这种媒体。比如他们的集会通过电视台的晚间新闻深入人心，而杰克·温伯格的那句名言"绝不信任三十岁以上的人"（Never trust anyone over thirty），也是通过电视广播而家喻户晓的。

一九六五年，约翰逊总统决定出兵越南。反战把柏克莱的学生运动推向高潮。示威者涌向奥克兰（Oakland）军事基地，要给那些即将上前线的官兵上课。与此同时，黑人运动从南方农村向全国大城市蔓延。一九六六年，"黑豹党"（Black Panther Party）在柏克莱附近成立，提出暴力革命的主张。

与政治对抗相伴随的是文化及生活方式的反叛。有些年轻人提出用"性、大麻和摇滚乐"代替革命，由此形成的嬉皮运动一直持续到七十年代。这无疑与诗歌的影响有关。自五十年代起，旧金山就成了"垮掉一代"的大本营，包括金斯堡、斯奈德、邓肯（Robert Duncan）和凯鲁亚克等人。金斯堡和斯奈德还是在柏克莱相识的，那时加里·斯奈德是柏克莱东亚系日本文学研究生。

由学生积极分子、露宿街头的嬉皮士和黑豹党成员共享的领地中，最著名的是人民公园。这块属于加州大学的空地，临时用作停车场。一九六九年春，一份当地最有影响的学生报纸，号召把它建成西方世界的文化政治的另类中心。五月十五日凌晨，人民公园四周被拦了起来。响应学生领袖号召，大家出发去占领公园。冲突中，一个围观者被警察开枪打死，上百人受伤。当时的州长列根宣布在柏克莱戒严。五月三十日，大约两万五千人参加了盛大的和平集会。那更像狂欢节，大家唱歌跳舞抽大麻，把鲜花插在士兵的枪口上。我在一部纪录片中，看见蓄着大胡子的金斯堡在那游行队伍中。

那年夏天，一些理想主义者创建了一系列免费服务项目，造福于社区。其中最重要的是免费诊所（Free Clinic），一直持续至今。人民公园一案多年悬而未决，如今成了流浪汉的栖息之地。

进入七十年代，造反运动开始退潮。大多数学生积极分子毕业后成家立业，重新加入美国中产阶级行列。"性、大麻和摇滚乐"所代表的是一种在资产阶级内部的波西米亚式的反抗，对整个西方世界的影响是深远的，其后的西方主流文化都不得不做出相应的调整，包括多元文化等。以至于今天新一代的资产阶级形象，都带有六十年代经历的痕迹，融合了波西米亚人生活的风格与品味。这种只有六十年代形式而缺乏六十年代精神的整合，骨子里是相当保守的。当钟摆朝激进一方摆动时，它将会成为未来反叛的目标。

十六

早九点我和 D 开车出发，沿八十号州际公路转四十九号公路，过幽巴河（Yuba River）穿内华达城（Nevada City），在山里绕来绕去再上土路。按他事先传来的手绘地图和指示，还是迷了路。里程表显示为一百零五英里，即使刨去弯路，也超出了本来原定的范围。但加里·斯奈德是例外，他生活在常人的想象以外。

加里身穿牛仔裤棉坎肩，正在扫地。他夫人出远门看女儿去了。这是栋木结构的日本式房子，周围是附属性建筑，诸如劈柴棚工具间洗衣房和厕所。近有池塘，远有谷仓改建的书房。他说他有一百顷林地。"那么谁来照管呢？"我不禁问。"自然本身，"他说，再用中文重复："自——然——"

他把我们让进屋，以茶待客。老式火炉烧着木柴，噼啪作响。室内高大宽敞，房顶呈圆形，是用红松圆木搭建而成的，光从天窗漏进来。D 是建筑商，对其结构叹为观止。这房子是一九七〇年夏天他和几个朋友亲手建的，当时他们住帐篷生篝火做饭。五年前这房子翻修扩建，加出两间卧室和现代化浴室厕所。加里领我们参观。卡柔患癌症多年，她的书桌上悬挂着各种颜色的纸鹤，共一千只，是她的亲戚叠的，祝愿她早日康复。几幅唐卡十分醒目，主卧室挂的是药师王。他对唐卡中的每个人物及细节都了如指掌。

出门，细雨润无声。一种石兰科灌木含苞欲放，是春天最早的信号。穿过树林，我们来到一栋日本式的禅堂。脱鞋入内，宽敞明亮，可容百余人打坐。多是本地人，也有远道来的。这禅堂二十年前由大家义务劳动建成。

加里走到香案前，燃香，双手合十，盘坐，击磬摇铃敲龟壳，念念有词。他用日文背诵《摩诃般若波罗蜜多心经》。完毕起身，再用英文解释：

> 色即是空空即是色受想行识亦复如是……
>
> Form is exactly emptiness
>
> emptiness exactly form
>
> sensation,thought,impulse,consciousness are also like
>
> this...

我们来到由谷仓改建的书房，摆满书架。他的书桌井然有序，中间是笔记本电脑。加里有五本书的计划，把我吓了一跳。他说每本书几乎都是靠长期不间断地写笔记完成的，前两年出版的长诗《无尽的山河》（*Mountains and Rivers Without End*）先后花了四十年工夫。

我们参观了金斯堡当年盖的房子。和加里的相比，简直像个小土地庙。八十年代初，这小庙刚盖好后艾伦还常来小住。后来他从师于一位喇嘛，每年夏天改去科罗拉多州博尔德（Boulder）修行，于是连房子带地转卖给加里。现在由他儿子住。D问起他为什么当年会选中这块地方。一九六六年春，他、金斯堡和另一朋友开车上山，到这里转了一个钟头，当场决定由他们三个人共同买下这块地，每公顷仅二百五十美元。

回到家中他准备午饭。我们围坐在火炉旁，吃火腿三明治外加朝鲜辣白菜，喝我带来的德国啤酒。说到即将来临的战争，他那饱经风霜的脸蒙上层阴影。他写了反战的诗，参加了东京的反战游行。但显得多少有些无奈，这毕竟不是六十年代了。我提到我女儿对美国病的诊断，他完全赞同。

谈到美国诗歌，他认为有两个传统，即理性的幻想（rational fancy）和诗意的想象（poetical imagination）。前者倾向于智力游戏，较抽象，使用文雅的书面语，从 T.S. 艾略特到纽约诗派；后者往往处于边缘，时不时卷入政治，挑战正统与权威，使用活生生的口语，从布莱克（William Blake）、庞德到邓肯，也包括垮掉的一代。说到时髦的语言派（Language School），加里认为他们先写理论再写诗，其理论比诗有意思。

他刚退休不久，我问起他的教书经验。他告诉我说，即使他在学院里教书，仍是旁观者，英文系至少有一半以上的教授不理他，他倒也无所谓。他上创作课先告诉学生，别把写作当成职业，那最多只是张打猎许可证而已。

加里说到东岸人和西岸人的区别，首先是地理位置。由于离欧洲近，东岸知识分子和艺术家受欧洲特别是英国的影响大，尤其在新英格兰，以中产阶级的白人为主，教育程度高，注重书本。而西岸和墨西哥接壤，与亚洲隔岸相望，受西班牙和东方的影响大。移民多，再加上印第安人，带来文化风俗上的多样化。再就是由于空间广大地势起伏，耕种采矿伐木等各样的体力活，使西岸人更注重和土地的关系。

他走到一张大幅的加州地形图前，从腰间抽出把折叠刀，用刀尖引导我们从地处平原的戴维斯出发，最终深入到他那隐藏在大地褶皱中的家。内华达山脉像人脑的沟回般展开。那刀尖又往重重高峰上移动。他和卡柔经常打背包爬山，到人烟绝迹的地方去。

临走，他送给我和 D 各一本他的选集。他先认真试笔再签名，字体苍劲有力。他说当年做守林员独自在瞭望台时，自己研墨，苦练中国书法。翻开这本厚厚的选集，扉页的英文题记来自《论语》："子曰：学而时习之，不亦说乎？有朋自远方来，不亦乐乎？"

拉姆安拉

在拉姆安拉
古人在星空对弈
残局忽明忽暗
那被钟关住的鸟
跳出来报时

在拉姆安拉
太阳像老头翻墙
穿过露天市场
在生锈的铜盘上
照亮了自己

在拉姆安拉
诸神从瓦罐饮水
弓向独弦问路
一个少年到天边
去继承大海

在拉姆安拉

死亡沿正午播种

在我窗前开花

抗拒之树呈飓风

那狂暴原形

午夜之门

关于死亡的知识是钥匙，

用它才能打开午夜之门。

——题记

三月二十四日下午三点半，法航 1992 次班机在特拉维夫国际机场的停机坪停稳。我们搭乘交通车到边检入口处，排队的黑压压一片。无望中冒出个以色列外交部的官员，把我们的护照敛齐，消失又出现，我们鱼贯而行，尾随着他从特别出口溜出来。我刚松了口气，就被个精干的小伙子拦住，显然是便衣警察。他说出于安全原因，我必须如实回答问题。此行的目的？我含糊了一下，说我是国际作家议会代表团成员。他把代表团（delegation）听成审问（interrogation）。什么？国际作家审问？他耳朵警惕地支起来。不，不是审问，我连忙摆手，叫来我们的秘书长萨尔蒙。可他只会法文，三个人越说越糊涂，闹不清到底是谁审问谁。幸好来接我们的法国驻以色列总领事馆的代表及时出现，总算解了围。便衣警察用两个指头碰碰太阳穴，用法文说了声再见。

国际作家议会代表团八名成员，来自四大洲八个国家，包括国际作家议会主席美国小说家罗素·班克斯（Russell Banks）、南非诗人布莱顿·布莱顿巴赫（Breyten Breytenbach）、意大利小说家文森佐·康索罗（Vincenzo Consolo）、西班牙小说家胡安·高伊蒂索罗（Juan Goytisolo）、国际作家议会秘书长克里斯蒂安·萨尔蒙（Christian Salmon）、葡萄牙小说家何塞·萨拉马戈（José Saramago）和尼日利亚诗人剧作家沃里·索因卡（Wole Soyinka），还有我。昨天下午六时，我们在巴黎书展大厅的法兰西广播电台专柜举行新闻发布会，公布了"巴勒斯坦和平呼吁书"，来自三十多个国家的五百多个作家，包括好几个以色列作家在上面签了名。

我们一行外加十来个随行记者，登上机场门外法国总领事馆的专车，于四点四十分出发。公路向腹地延伸，景色越来越荒凉。这基本是块不毛之地，砂石堆积成丘成山成阴郁之海，灌木野草杂陈，让人想起戈壁滩。

一九九○年春，我和多多参加耶路撒冷国际诗歌节。其间被大轿车拉来拉去，那时从语言到时空全转向。只记得多多下死海游泳，爬出来后悔莫及——下死海可不是闹着玩的。以色列是个准军事化的国家，到处是这样的景象：小伙子一手握枪，一手搂着女朋友，满不在乎地逛街。和以色列作家谈起中东危机，他们既对右翼政客不满，但又无能为力。说到未来，几乎个个目光游移，满脸沮丧。我们去过以色列和叙利亚边境，那儿的屯垦区让我想起六七十年代中苏边境上的建设兵团。

一晃十二年，整一轮了。这回我要到边境另一边去。

进入九十年代，和平本来是有指望的。一九九三年九月十三日，拉宾和阿拉法特第一次握手，签署了自治协议。一九九五年九月二十八日，他们又签署了第二个自治协议，紧接着以色列从西岸撤军。同年两人共获诺贝尔和平奖。阿拉法特结束了二十七年的流亡生涯，回到自己的故土。而一九九五年十一月四日，拉宾被极右翼学生刺杀，为和平进程蒙上阴影。历史往往被偶然事件所左右。若刺客未能得手，时间箭头或许会指往另一个方向。也正是这偶然之手从芸芸众生中拎出布什和沙龙，让他们粉墨登场，给世界带来多少变数。二十一世纪正是在这样的变数中开始的。

白日孤悬，紧贴着我们脑后，像无声的枪口。一只鹰翻飞，似乎想在大地上打开自己折叠的影子。哨卡出现了，大兵端着枪，检查车牌和通行证，附近的碉堡的沙袋上架着机枪。反方向的道路堵满车辆。向导告诉我，这条公路根本不许巴勒斯坦人的车辆通行。而这边的道路之所以畅通，说来很简单，我们的目的地是拉马拉（Ramallah），即阿拉法特在其中坐镇的围城。

天色渐渐暗下来，风景变了。先是一个紧挨着阴森森的兵营的哨卡，旁边停着坦克，前方是炮楼，射击孔像空洞的眼窝。车门吱地打开，总领事馆的代表拿着以色列国防部的特别许可证，跟大兵交涉。摄影师扛着摄像机跟过去，聚光灯刺眼。只见那个大兵又叫来他的上司，估计是个排级干部。他用步话机向上级请示。他先索去我们的护照，又上车一一查对。他很年轻，眼睛既疲倦又冷漠，面部无表情也是一种表情，好像在说：你们这帮家伙吃饱了撑的，来这儿找死？他又用步话机联络，等了好一阵，总算挥挥手放行。车没开多远，又是一个哨卡，这回耽搁的时间较短。继续向前，一个穿蓝色迷彩服的巴勒斯坦警察出现，他一招手，停在路边的警车启动，闪着蓝色顶灯在前面开道。我们终于进入拉马拉。

拉马拉在阿拉伯语的意思是"神的高地"。其实它没多高，海拔不到九百米，坐落在耶路撒冷以北十六公里处，比那儿高出六十米，居高临下。它周围是山，泉源充足，是约旦河西岸的避暑胜地。拉马拉是拉马拉和比拉两城市的合称。拉马拉建于十二世纪十字军占领时期，而比拉城的历史可追溯到公元前三千五百年前的迦南时代。《圣经》中曾七十六次提到比拉城，传说圣母玛利亚曾多次在此停留。拉马拉以前的居民主要是天主教徒，一九四八年战争后，巴勒斯坦难民大量涌入并定居。五〇年拉马拉归属约旦，而六七年"六日战争"中落入以色列手中，八八年约旦把主权归还给西岸的巴勒斯坦人，但实际上仍由以色列统治。直到九六年以色列撤军，拉马拉成为巴勒斯坦在西岸的首府。

夜色中的拉马拉像座死城。街上无人，车少，建筑物大都黑灯瞎火。到达花园大酒店（Grand Park Hotel）差一刻七点。主人在旅馆门口迎候。领头的是达维什（Mahmoud Darwish），巴勒斯坦当代最优秀的诗人。我们是应他的邀请而来的。在记者问及我们巴勒斯坦之行的目的时，索因卡答得好："这很简单，我是应被围困的同事巴勒斯坦作家达维什之邀。大家两度盼着他去领取美国大学的一个重要奖金，并和其他作家交流。这相聚因'九一一'事件推迟，然后被取消了。依我看，他失去这次翻越边境的机会是大遗憾。由于达维什不能来，我们应该去找他，就这么简单。"

花园大酒店相当豪华，大理石光可鉴人，侍者彬彬有礼，在围城拉马拉多少带有某种超现实意味。达维什围了块白丝巾。他是那种很难判断年龄的人。我想苦难多半加速衰老，但有时也会抹去岁月的痕迹。他有个乐观的鼻子，看起来总是笑眯眯的。他生于一九四一年。七岁那年，他们村受到犹太复国主义者的袭击。达维什逃到了黎巴嫩时和家人失散，一年后他回到故乡，那儿已被夷为废墟，以色列人建起他们的定居点。他在小学开始写诗，由于"政审"不合格，不能上中学。他蹲过班房，并多次被软禁在家中。

稍事休息，我们一起步行去参加巴勒斯坦文化部的晚宴。出门略有凉意，明月升起来，满地清辉。远处是灯火通明的耶路撒冷。这三大宗教的圣城，历史上招来多少灾难，且都是以神的名义。说来宗教作为一种想象活动，恐怕源于对死亡和未知世界的恐惧。与诗歌不同，那是源于集体的想象，势必与权力发生关系，从而被权威化制度化甚至军事化，一旦和另一种集体想象遭遇，非闹得兵戎相见，血流成河不可。在中国历史上几乎从不为宗教打仗，大概因佛教道教重个人体验，"道不同不相为谋"，不行干脆就"立地成佛"。再说，想象需要空间，这空间在中东特别是在圣城极有限。而想象的传播和反馈往往导致更复杂的局面。比如八次十字军东征中的头一次，如闹剧。那想象首先和企图统一天主教和东正教的罗马教皇的野心挂钩，又把一个在法国修道院打瞌睡的隐士唤醒。他煽风于地下，点火于基层，在莱茵河畔纠集起八万贫农，向东进发。那盲目的仇恨和升天的承诺是动力，可他们连圣城在哪儿都闹不清，又没补给，沿途打家劫舍，最后惨败于突厥人手下，幸存者不到三千……

晚宴是自助式的。巴勒斯坦人流亡多年，其饭菜显然带有兼容性，丰富味重且细腻。让我吃惊的是，上好的葡萄酒竟是本地产的。我端着酒杯，在落地窗前看拉马拉夜景。一位优雅的中年妇女走过来，她叫塔妮娅（Tania）。她说她是女高音，是业余的；我说我是诗人，也是业余的。她笑了。她讲到她母亲，讲到围困中的日常生活。她指指山上那带围墙的建筑物，告诉我那就是以色列的定居点，它不断扩张，常无缘无故向这边开枪，伤亡了不少孩子。就在一个礼拜前，这儿满街都是坦克。达维什插话说，在拉马拉总共有一百四十辆坦克。塔妮娅在坦克的轰鸣中练声。不知为什么，这个意象一直纠缠着我。

早上醒来，不知身在何处。一缕阳光从窗帘后溜进来。记得我去旧金山以色列领事馆办签证时，一个犹太小伙儿在门口盘查我。我说我去巴勒斯坦。他说没有巴勒斯坦，那口气平静自然不容置疑。他一看就是那种受过良好教育心地善良的人，而他根本意识不到这种否认的悲剧性。

吃早饭时遇见西班牙的胡安和意大利的文森佐，还有一位巴勒斯坦教授。胡安问我要不要跟他们到市中心转转。胡安住在摩洛哥，会讲一点儿阿拉伯语。他写的是那种实验性小说，同时热衷于社会活动，是那种典型的"公共知识分子"（public intellectual）。这在欧洲相当普遍的角色在美国几乎绝了种。胡安常去世界各地旅行，在西班牙的大报上发表抨击时弊的文章，影响舆论趋向。他以前带电视摄制组来过巴勒斯坦，这教授就是他当年的向导。

我们坐出租车来到拉马拉市中心。这和新疆或南非的某个偏远小镇没什么区别，贫困但朝气蓬勃。路口竖着可口可乐和摩托罗拉的广告牌。露天集市摆满新鲜的蔬菜瓜果，小贩在吆喝。教授满街打招呼，他捏捏瓜果，尝尝药材，问价搭话谈天气。胡安在报亭买了份英文的《国际先驱论坛报》。这儿居然摆满各种美国的流行杂志，诸如《生活》《时装》《阁楼》《十七岁》。我纳闷，到底谁是这类杂志的买主？

教授指给我们看那些以色列炮火毁坏的商店住宅，大部分已经修复，但斑驳可辨。墙上到处张贴着一组组肖像照片，像我们当年的劳动模范光荣榜。在众多小伙子中有个秀美的姑娘。一问，原来这就是那些引爆自己的"烈士"。教授告诉我，那姑娘一个多月前死的，仅二十八岁，是第一个"女烈士"。

我们步行到文化中心。这中心是以巴勒斯坦诗人、教育家、社会活动家萨卡基尼（Khalil Sakakini）命名的。他的一生充满了传奇色彩，在一次大战期间还因庇护波兰犹太人而坐牢。这是个典型的巴勒斯坦传统建筑，建于一九二七年，是以前拉马拉市长的住宅。穿过精心规划的花园，进拱形门廊。一层正举办画展，二楼是办公室，包括达维什主编的文学刊物的编辑部。楼梯把我们引向三楼的会议厅。

巴勒斯坦作家和我们相对而坐。由巴勒斯坦驻法国的总代表雷拉（Leila）介绍代表团成员。她是乐观的胖女人，喜欢开玩笑。介绍意大利小说家文森佐·康索罗（Vincenzo Consolo）时，念他的名字重音先在前，那意思是电视支架或仪表盘，相当物质化；她又把重音往后移，意思就变了——安慰，那倒是精神性的。对，安慰先生。

首先由达维什讲话，他先提到"这个血腥的春天"（this bloody spring）。他说，你们勇敢的来访就是一种突围。你们让我们感到不再孤立。"我们意识到有太长历史和太多先知，我们懂得多元环抱的空间而不是牢房，没有人可以独霸土地或神或记忆。我们也知道历史既不公平也不优雅。而我们的任务是，作为人，我们既是人类历史的牺牲又是它的创造。"最后他说，"而我们患的不治之症是：希望……希望将让这儿恢复其原意：爱与和平的土地。感谢你们和我们一起背负这希望的包袱。"

希望的确是个包袱。三天后，以色列军队再次占领拉马拉和西岸大部分地区。这个文化中心也未能幸免，美术作品和办公设备全部被捣毁，连电脑的硬盘也被拆走。

接着是在巴勒斯坦传媒中心举行的新闻发布会。萨尔马戈成为焦点。从巴黎出发前他就一语惊人，把以色列当局和纳粹相比，使用了奥斯维辛（Auschwitz）和"大屠杀"（Holocaust）这样的词。代表团的多数成员感到不安，生怕其激烈言论会影响此行的目的。我倒觉得萨尔马戈没有什么不对。我们又不是政客，用不着那些外交辞令。一个作家有权使用隐喻，若能警世，正好说明语言的效用。再说，他的话如预言，被随后发生在杰宁（Jenin）等地的屠杀证实了。以色列并不拥有奥斯维辛和大屠杀这些词的专利权。过去的受害者也可能成为今天的暴君。这是人性的黑暗，冤冤相报的黑暗，让人沉溺其中的仇恨的黑暗。而作家正是穿过这黑暗的旅行者。

在发布会上，我提到除了种种围困，还有另一种围困，即仇恨话语的围困。散场时，坐在我旁边的胡安说，他完全同意我的说法，可能因为西班牙和中国有过相似背景，语言问题就变得更为重要。

我们应比尔泽特（Birzeit）大学校长的邀请，和教授一起共进午餐。比尔泽特大学在拉马拉西北郊。我们乘坐的大轿车突然停下来，前面被水泥路障拦住。所有人必须步行穿过大约五百米的土路，然后到路的另一头再搭车。我问塔妮娅为什么。我刚知道，她就是校长夫人。她耸耸肩说："他们就是让我们生活不方便。"她告诉我哨卡原来是设在路边的，后来撤到山坡上去了。她指指山坡上的碉堡，那些以色列狙击手可射杀任何他们看不顺眼的人。我哆嗦了一下，这无形的威胁更让人瘆得慌。

路的另一端挤满了人和出租车。大学及三十多个村庄与拉马拉隔开，诸多不便，倒是给出租车和小贩带来了生意。尘土飞扬，人们大叫大喊，脾气暴躁。有个小贩背着个一人多高的铜壶，壶嘴拐八道弯。像个高深莫测的乐器。只见他一拱肩膀一扭腰，饮料就音乐般流出来。他免费送给我们头头罗素一杯。我也跟着尝了口，像冰镇酸梅汤，心定了许多。

我们下了出租车，穿过校园。这和世界上别的大学没什么两样。学生三五成群在聊天，享受午后的阳光。女学生似乎很开放，都不戴蒙面纱巾。比尔泽特大学是巴勒斯坦第一所高等院校。初建于一九二四年，那时只不过是个小学，逐渐升级，直到七十年代中期才成为正规大学。这些年来，有十五个大学生在游行示威中被杀害。以色列当局经常强行关闭大学，自七九年到八二年，百分之六十一的时间是被关闭的。最后一次是八八年一月，关闭了长达十五个月之久。在此期间，校方秘密在校外组织临时学习小组。即使如此，很多学生要花十年工夫才能完成四年的学业。

可惜没邀请学生代表参加，午餐会有些沉闷。校长致欢迎词。罗素谈到校际之间，比如与他任教的普林斯顿大学合作的可能。一位教授告诉我，因为围困，很多学生晚上就睡在教室。

我溜出来在楼里转悠。大厅陈列着学生的雕塑。其中一件作品让我震惊：一个鸟蛋放在由锈铁钉组成的巢中。这想象让人心疼，只能来自受过战争创伤的年轻人。

我们从大学乘车去拉马拉的一所难民营。所谓难民营，其实就是为被逐出家园的人所建的临时住处，说临时，好几代过去了，拥挤不堪。我们先来到难民营的文体娱乐中心。迎面是被坦克撞破的门，满地纸片碎玻璃，电脑乐器健身器材等所有设备无一幸免。中心的负责人抱歉说，没有一把好椅子能让我们坐坐。他摊开双手问我们：你们说说，这就是恐怖基地吗？

几乎每堵墙上都有个大洞，贯穿家家户户。这是以色列新发明的爆破武器，嫌破门而入麻烦，索性穿墙越壁。看来，这种新技术带来新的串门方式，正在改变人类的礼仪传统。我们来到难民营小巷深处的一家住户。"客人"串门时，不仅毁了电视机，还伤了主人。我不懂阿拉伯语，而他们手势表情中的那种绝望与恨，一看就明白。

晚六点，阿拉法特要接见我们。这并没写在时间表上，但大家似乎都心知肚明。陪我们的雷拉说，会见只有半小时，随后阿拉法特要召开内阁会议。由警车开道，到阿拉法特官邸时，天已擦黑。大轿车进入大门穿过空场，停在一栋外表普通的楼房门口，有荷枪实弹的警卫把守。雷拉带我们上楼时，多数记者被拦住。我们被带到一个休息室，大家聊天开玩笑，自由散漫惯了，不习惯这种正式场合的压力。大约十分钟后，我们被带到对面房间，阿拉法特站在门口，由雷拉介绍，和代表团成员一一握手。阿拉法特带着他那著名的微笑，和照片中的没有什么区别，只是他个子比想象的还矮小。小个子自有他们对付大世界的办法，一般来说，他们更自信更顽强更务实更富于挑战精神。以色列当局的那些战略或心理专家大概没想到这一点。

这显然是阿拉法特的办公室兼会客厅。一头是办公桌，旁边立着巴勒斯坦国旗；另一头是一圈沙发，茶几上放着一盆娇气的睡莲。阿拉法特和我们头头罗素坐中间。按事先说定的，这次会见不对外公开，故所有记者都被赶了出去。罗素首先代表国际作家议会说了几句话，表示对巴勒斯坦独立和自由的支持。他特别强调说我们是来看望达维什的。阿拉法特指着达维什开玩笑说："他是我们老板。"每个成员都说了几句话，由雷拉翻译，但阿拉法特时不时用英文回答。索因卡说，他希望不要把仇恨和冲突写进教科书去。阿拉法特做了个坚决的手势，说："绝不会的。我们甚至相反，太不关注对历史的描述了。"说到仇恨，他感叹道，小时候他家就在哭墙附近，他整天和犹太孩子们一起玩。如今这几乎是不可能了。最后轮到我。我说，自童年起你就是我心目中的英雄。我想知道经历了如此漫长的岁月和重重困难，你是否还保持着当年的理想？阿拉法特激动地跳起来，指着他身后的圣殿山（Mount of Temple）的巨幅照片，特别是那醒目的镀金圆顶（Dome of the Rock）和旁边的犹太教寺院。圣殿山不仅是伊斯兰教，也是天主教和犹太教圣地。基督曾在这儿布道，希伯来人的祖先亚伯拉罕的第一个祭坛也在这儿。阿拉法特用指头画了个大圆圈，意思是在一起和平共处，那就是他的理想。他也是个会用隐喻的人，那是一种能力，观察和解释世界的另一种方法另一个向度。很难想象他的对手沙龙使用隐喻，沙龙的语言倒是直截了当，那就是坦克。三天后，他的坦克冲进阿拉法特官邸。

会见大约一小时，超过了原定的时间，内阁会议不得不推迟了。阿拉法特和大家一一合影。他又跑来跑去，拿来二〇〇〇年伯利恒（Bethlehem）巴勒斯坦发展计划的画册和纪念章分送给每个人。布莱顿请他在画册上签名。临走，调皮的布莱顿走近阿拉法特的办公桌，卫队长想拦住他，他闪身偷走了桌上的一块巧克力，放进嘴里。

晚八点，我们在拉马拉阿尔–卡萨巴（Al-Kasaba）剧院和巴勒斯坦诗人一起举办朗诵会，下面挤满了听众。有人告诉我，由于围困，好久都没有搞这样的文化活动了。首先由达维什朗诵。从台下会心的赞叹声中，能感到他是巴勒斯坦人的骄傲。他的诗让我想起已故的以色列诗人阿米亥（Yehuda Amichai），十二年前我在耶路撒冷诗歌节上见到过他。他们俩的诗中居然有某种相似的音调：在词语中的孤寂状态，与现实的无奈和疏离，对大众喧嚣的畏惧，试图以自嘲维护的一点点最后的尊严。我不知道他俩是否见过面，也许这也并不重要，重要的是若两个民族都能真正倾听他们的诗人就好了。就像帕斯所说的，诗歌是宗教和革命以外的第三种声音。这声音，并不能真正消除仇恨，或许多少能起到某种缓解作用。

就在今夜，诗歌在突破仇恨话语的围困。

第二天一早，我们要离开拉马拉，去加沙走廊（Gaza Strip）。我醒得早，打开电视。CNN 六点钟新闻，头一条就是阿拉法特接见我们的镜头，接着巴勒斯坦发言人宣布：阿拉法特决定不去参加正在贝鲁特召开的阿拉伯高峰会议。我不明白这两件事的关联，但这决定显然就是在内阁会议上做出的。两个意象的叠加会让人有非分之想。是国际作家的支持让他坚定了斗争到底的决心？

从昨夜起，每层楼都派了两三个武装警察，持枪守卫。听说是由于萨尔马戈的激烈言论惊动了葡萄牙总统，他亲自打电话给阿拉法特，希望能确保他的安全。

达维什等人来旅馆送行。塔妮娅送给我她在巴黎演唱会的录音带和她编的书。她最后说："和加沙相比，这儿就得算天堂了。"

从拉马拉到加沙的路并不远，但走走停停，开了近三个小时。进入加沙前，我们在边境检查站换了联合国的专车，由联合国驻加沙援助总署的负责人陪同。行李要特别检查，和人分开，乘别的车辆过关。我们的护照被收走，足足等了一个多钟头，才出来个以色列官员验明正身。雷拉告诉我，我们的运气好，若没有联合国帮助，很难进入加沙。而加沙的巴勒斯坦人若无特殊许可，则永远不能离开那里。

进入加沙比预定时间晚了俩钟头。一过边境，车就被焦急等待的当地记者团团围住。但时间紧迫，说好暂不接受任何采访。雷拉打开车门，先解释，转而大发雷霆，记者只好悻悻离去。她双手叉着腰对我们说："他们以前都很乖，说一不二。如今就是被美元闹的，打破脑袋往里钻。哼！"

这时上来一个中年男人，他叫罗基（Raji），巴勒斯坦人权中心的主任。他开始秃顶，脑门沁出汗珠。他英文流利，但有一种明显的焦躁，词像弹壳般弹跳。他律师出身，从事人权活动多年，被以色列当局监禁过。车在行进，他站在车门口向我们介绍加沙的情况。

加沙走廊是块沿地中海展开长四十六公里宽六至十公里的狭长地带，约三百六十平方公里。在加沙，一百二十万巴勒斯坦人占百分之六十的土地，是世界上人口最密集的地区。以色列控制了百分之四十的土地，包括定居点军事基地及隔离区，而以色列犹太移民仅六千人，占加沙总人口的百分之五。四分之三的加沙人是一九四八年被以色列逐出家园的难民及后代。

横贯加沙的唯一一条主要公路由以色列控制，专供以色列军车和犹太移民使用。而巴勒斯坦人只能挤在土路上，连这土路还被两道哨卡切割，下午五点以后禁止通行。每到高峰时间简直是灾难，哨卡前面排着长龙。路窄，常出事故。就在我们眼前，一辆卡车翻在路边。坐我旁边的联合国驻加沙的副代表卡伦（Karen）是个美国女人。她告诉我，以色列怕自杀式的汽车爆炸，规定在加沙每辆车必须坐两人以上才能通行。她说连她开带有联合国标志的汽车，还是尽量让她儿子坐旁边，以防不测。

车转弯，沿海边道路行进。蓝天白浪绿树，总算让人喘口气。罗基告诉我们，前不久一个西班牙代表团来访，被他们地中海邻居的赤贫吓坏了。以色列掌有制海权，巴勒斯坦渔民只能在六公里以内的海面打鱼。经过一片草莓地。罗基说，很多欧洲人吃的是加沙的草莓，但他们根本不知道。因为加沙的草莓得先运到以色列，在那儿包装并贴上他们的商标再出口。更甚的是，连加沙的地下水也被以色列人抽走，再用管道输送回来，卖给加沙的巴勒斯坦人。这种剥削倒是赤裸裸的，不用藏掖，准让全世界的资本家眼馋。

我们来到海边一个以色列定居点附近。这儿就像刚打过仗。道路坑洼，周围建筑大都被摧毁，废墟上弹痕累累。高墙围住的定居点有炮楼守望。这是加沙十九个定居点之一。罗基告诉我们，仅在这个路口，就有八十多人在抗议示威时死在枪口下，多是青少年。

加沙与西岸不同，被以色列铁丝网团团围住。依我看，除了经济上压榨，就是让巴勒斯坦人自生自灭。他们不仅没有出入加沙的自由，甚至连在自己土地上旅行也受到严格限制。如果说加沙是大监狱，那么这些定居点就是小监狱，是监狱中的监狱，被仇恨团团围住。犹太移民根本不可能和本地人接触，出入都靠军车护驾。到底什么人愿意搬到这儿来住？卡伦指指脑袋。"怎么，是神经有毛病的？"卡伦笑着说："不，他们是被广告骗来的——风景好，房价便宜。多半是美国的犹太老人。"

我问布莱顿，这与当年南非的种族隔离是否有一比。他感叹说，以色列当局的高效率恐怕谁比也不是个儿。这一切似乎是用计算机精心策划的：怎么才能剥削得最多，怎么才能带来生活上最大的困难。

我们继续向前，来到加沙尽头与埃及比邻的拉法（Rafah）省。下车前雷拉警告说，这是极危险的地区，以色列大兵随时可能开枪，大家要尽量集中，别走散。在一帮孩子的簇拥下，沿破败的街道向前，尽头是一大片废墟，堆满残砖碎瓦玻璃碴。边境墙就在五十米开外，以色列的炮楼和坦克虎视眈眈。

罗基告诉我们，为了在边境建隔离区，以色列军队在这一带先后摧毁了近四百栋难民的房屋。仅在今年一月十日，五十九栋民房被推倒，两天后又毁掉四十栋，一千七百个难民无家可归。轻则给四十分钟的时间，让难民取走随身物品，重则根本不事先警告。这时人们让开条路，走过来个中年妇女（看起来像老太婆），通过雷拉翻译，她讲述了当时的可怕情景。那天凌晨两点，没有任何事先警告，以色列的推土机隆隆开过来，大人叫孩子哭。她连滚带爬，好不容易才把她十三个孩子救出来，而全部家当都埋在砖瓦下。接着是一个老汉的控诉。他听说罗素是美国人，便声嘶力竭地喊："为什么你们美国给以色列飞机坦克？谁是恐怖分子？沙龙才是真正的恐怖分子……"

我愤怒到极度虚弱的地步，一个人往回溜达。路上遇见索因卡和胡安，我们一起默默走着。前面不远，高音喇叭播放音乐和口号。胡同口的横幅上有张肖像照片，估摸是个新"烈士"。屋里人影晃动，大吃大喝，沿墙坐着几位老人在抽烟。这像我们中国北方农村办丧事，喜气洋洋的。一个小伙子拦住我们，往里请，看我们不懂阿拉伯文，又叫个人来用英文说"欢迎"。索因卡指指手表说："多谢，可我们马上得离开。"他们有些扫兴。

回到汽车旁，雷拉大叫大喊："你们这些家伙，让我好找。我们必须四点半以前赶到哨卡，否则就过不去了。"一个六七岁的男孩拉拉我的手，让我给他照相，他蹲在汽车旁，做了个 V 字手势。

途经拉法省民警交通局，稍停。这儿紧挨联合国驻地，不久前被以色列武装直升机的导弹击中，房子掀了顶，门窗残缺。省长闻风赶来，但我们要赶路，只好匆匆握手告辞。

赶到哨卡，联合国专车走特殊通道，也还是得排队。而另一边通道挤得满满的，一眼望不到头。罗基擦了擦脑门上的汗，说："我活了四十八年，从来没这么绝望过。人倒不怕穷，怕的是侮辱。你想想每天过哨卡就是一种侮辱。"

布莱顿指着窗外一个在罗基手下工作的小伙子，说他准是中国人。一问，果然不错。他叫李之怡，是出生在美国的中国人，父母来自台湾。他已经不太会说中文了。小伙子高挑个儿，长得挺帅，聪明伶俐。他在哈佛读社会学时，到印度做过义工。去年大学毕业后他来这儿实习，原计划三个月，一拖再拖，打算过了夏天再回哈佛读硕士。他说，他父母都是搞科技的，不太能理解他，整天担惊受怕的。我答应他回美国给他父母打个电话，让他们放心。他一边跟我聊天，一边跟几个巴勒斯坦小伙子说笑，他的阿拉伯语似乎很流利。我为他骄傲，没多少海外华人的孩子能像他那样脱离主流文化，走出物质生活的边界。

说起自杀爆炸。他说五十起事件都是住在西岸的人干的，因为加沙人根本出不去。而在这里很难接近定居点。当然也还是有玩命的。他认识个巴勒斯坦小伙子，刚结婚不久就这么结束了。

我们到海滨的一家旅馆歇脚。我和布莱顿明天一早要坐飞机离开，今晚必须赶到特拉维夫，在那儿的旅馆过夜。雷拉说好，晚上十点半找人开车把我们送过去。代表团的其他成员还要在以色列待两天，和当地作家及反战组织的人见面。

我和布莱顿都累了，相约到楼下酒吧喝一杯。酒吧空荡荡的。问侍者，他说不卖酒，因为 Intifada。我不懂。布莱顿告诉我这词专指巴勒斯坦人的反抗运动。没辙，我们去敲罗素的门，他还剩半瓶上好的苏格兰威士忌。他房间的窗户面对地中海。天色阴沉，海水呈灰黑色，卷起层层白浪。

二十分钟后，我们在楼下集合，步行到附近的巴勒斯坦人权中心办公室，举行新闻发布会。萨尔马戈再次成为采访的焦点。他用法文说，有人不喜欢我使用这样或那样的词，但无论如何我们得承认，这是反人类的罪行。

随后是加沙的巴勒斯坦作家座谈。大概苏格兰威士忌起作用了，罗素一反他的审慎，激动地说："我大半辈子都是在错误的地点和时间中度过的，但这回我是选对了地点和时间……"

巴勒斯坦作家几乎个个讲得精彩。一个年轻的本地作家说，他刚从朋友那儿得到一本萨尔马戈的长篇小说，正在读。他住得远，为了赶来参加这个活动，今晚他回不了家了，因为道路已关闭。他把这本译成阿拉伯文的书送给萨尔马戈。

晚八点，在一家古色古香的阿拉伯风格的旅馆举行招待会。拱形大厅，回廊环绕，到处烛火摇曳。因为 Intifada，没有酒。我在柱子之间绕来绕去，碰见法国文化电台的马德兰（Madeleine），卢旺达人。除了她，全家都在种族仇杀中死去。一九九四年国际作家议会在里斯本开会时，作为目击者，她陈述了屠杀后的可怕景象。说起在加沙的感受，她觉得这比当年卢旺达更可怕。和大屠杀相比，这是一种日常性的精神和肉体的折磨，更无助更痛苦。

出发时间快到了，我到处找布莱顿，有人说看见他在楼上，我转了一圈连影儿都没有，于是回旅馆取行李。联合国的吉普车已停在门口，我请开车的芬兰小伙子稍等，再返回去找布莱顿。他终于出现在门口，步子有点儿不稳。我问他是不是喝酒了？他把食指贴在嘴唇上：Intifada。

一出加沙就是以色列的边防检查站。按大兵指示，司机把车停在专门检查汽车的水泥沟槽上。一个年轻女兵正跟两个大兵调情。我们拖着行李进入房间。一个戴眼镜的小伙子挺面善，但一点儿没耽误人家执行任务，把我们翻个遍。

月朗星稀，公路上几乎没有车辆。我一路打盹，到特拉维夫的旅馆已经十二点半了。雅艾尔（Yael）在柜台等我们，她大约四十岁，犹太人，自己开一家小出版社，自愿帮国际作家议会安排在这边的活动。我和布莱顿早上五点半就得起床，雅艾尔坚持陪我们去机场。我请他们俩去喝一杯。先到旅馆的酒吧，有爵士乐队演奏，太吵，于是到我的房间打电话订了瓶红酒。雅艾尔告诉我们，萨尔马戈的言论引起轩然大波。他在以色列很红，一本小说卖到六万册，在以色列可算得畅销了。

我问雅艾尔怎么看自杀爆炸。她耸耸肩膀，眼镜片在灯光中一闪。"我喜欢红酒，喜欢书，"她停顿了一下，接着说，"如果有一天我被炸死，算我活该。"她用的英文词 deserve 比"活该"重，有罪有应得的意思。她愿为他们民族的选择承担后果。

我只睡了俩钟头，就爬起来，和布莱顿在大厅会合。雅艾尔姗姗来迟，把布莱顿急得团团转。幸亏有雅艾尔，用希伯来语跟机场的安全检查人员打了招呼，对我们算客气多了。盘问我的是个其貌不扬的姑娘。因为护照上敲了图章，我不能否认去过拉马拉和加沙。她或直截了当，或旁敲侧击，问题虽复杂但概括起来倒也简单：你是谁？从哪儿来？到哪儿去？可把我问傻了，这是连我自己永远也闹不清答不上来的。事后我跟布莱顿串供。幸好他没把阿拉法特招出来，否则我们吃不了兜着走。

大地在脚下一动。我们乘的是英航飞往伦敦的班机。我打开当地的英文报纸《耶路撒冷邮报》(The Jerusalem Post)，上面有阿拉法特接见我们的报道和以色列驻葡萄牙前大使致萨尔马戈的公开信。其中这样写道："你选择使用一个我们不能接受的隐喻，而更难以让我们接受的是一个知道词语权力的人……"

二十四小时后，以色列军队大规模入侵西岸，围攻阿拉法特官邸。

致敬

——给 G. 艾基

大雪剪纸中的细节

火光深处的城市——

绕过垂钓梦者的星星

行船至急转弯处

你用词语压舱

母亲的歌传遍四方

水壶中的风暴尖叫——

家园正驶离站台

打开你的窗户

此刻带领以往的日子

如大雁南飞

田野，你的悲伤

你排队买煤油

和人们跃入黑暗

带喉音的时代在呼喊：

也许是命运也许是

小号的孤独

哦嘹亮的时刻

俄罗斯母亲

是你笔下奔流的长夜

覆盖墓地的大雪

那等待砍伐的森林

有斧子的忧郁

艾基在柏罗依特

近些年，我几乎每年都到柏罗依特学院（Beloit College）教书，不长不短，七周，从仲夏到深秋，直到满地金红色的落叶飘零。柏罗依特是个约三万人口的小镇，位于伊利诺伊州与威斯康星州交界处，曾以生产造纸设备为主，后因工厂纷纷倒闭而衰败，失业率与犯罪率交叉上升，成了中西部毒品交易的集散地之一。市中心异常萧条，如无人地带；教堂林立，钟声应和时更显得空旷；只有那些大型连锁店毒蘑般在郊区迅猛生长。

在家收拾行李时，偶然翻出柏罗依特诗歌节的照片，其中有我和艾基（Gennady Aygi）的合影。诗歌节就是在他朗诵的高潮中闭幕的，诗人上台合影留念。快门抓住那一瞬间：他咧嘴笑着，有一种孩子般的惊喜。

我是一九九二年初夏在荷兰鹿特丹国际诗歌节见到艾基的。诗歌节有个翻译工作坊，每年选一位诗人，由与会者把其诗作译成各种语言。往年选中的多是荷兰诗人，那年是艾基，可见他在欧洲诗歌界如日中天。宋琳和荷兰汉学家贺麦晓合作，每天上午去翻译工作坊，中午带回译稿。艾基那独特的风格让我们震惊。

一九三四年八月，艾基生于楚瓦什自治共和国南部的村庄，楚瓦什语是他的母语。他父亲是俄文教师，一九四二年死于前线，留下孤儿寡母。中学毕业后，艾基在本地师范学院读书，由一位楚瓦什著名诗人举荐，他到莫斯科高尔基文学院学习。五十年代后期，他住在莫斯科郊区彼列捷尔金诺作家村，与帕斯捷尔纳克为邻，成了忘年之交。在帕斯捷尔纳克的鼓励下，他改用俄文写作。一九五八年十月，帕斯捷尔纳克获诺贝尔奖，受到官方围攻。由于和帕斯捷尔纳克的友情，艾基被高尔基文学院扫地出门。

他当时既没身份证也没钱，常在火车站过夜。幸运的是，他在莫斯科结识了一批地下艺术家。他主要靠翻译为生，坚持写作。他的诗作先在东欧然后在西欧出版，直到八十年代末才在俄国得到认可。

同年夏天，即鹿特丹国际诗歌节后不久，我又在哥本哈根见到艾基。那时，我在丹麦奥胡斯大学教书。应丹麦诗人兼评论家鲍尔·博鲁姆（Poul Borum）的邀请，艾基和我到他创办的作家学校讲课。博鲁姆像尊弥勒佛，笑眯眯地坐在我和艾基之间。他慈眉善目，却有一种威严。艾基谈到他在高尔基文学院学习的经验。他说，直到一九五九年被开除为止，他所学到的全部只是知道什么不该写。而这对于一个作家来说也许是个重要开端。

晚餐后，我跟艾基及夫人戈林娜（Galina），还有我的丹麦文译者安娜（Anna）到一个酒吧继续喝酒。我们之间语言重合的部分很少。好在有酒，跨越了所有的语言障碍。艾基酒量很大。他谈童年，谈故乡，谈莫斯科的地下文学。最后安娜先走一步，留下我和艾基夫妇，聊得更欢了，估计连中文他们全都听懂了。

一九九四年春，我在美国收到一封来历不明的信。查字典才知道来自楚瓦什共和国。原来一直被认为是"世界主义颓废派"的艾基，突然被封为国家诗人，各国诗人被请去参加他六十岁寿辰的庆祝活动。我最终未能成行。后来听说艾基在寿宴上喝多了，住进了医院，大病一场。

三年前，当我和我的同事约翰·若森沃特教授（John Rossenwald）策划诗歌节时，我头一个就想到他。他在美国知名度不高，我好歹说服了约翰。除了我认为美国人民有必要结识这位抒情大师外，还有一个奇怪的念头作祟，就像格什温（George Gershwin）的名曲《一个美国人在巴黎》的曲目所提示的，我希望，艾基与柏罗依特，一个楚瓦什人与一个美国中西部小镇，会像两个毫不相关的词激活一个意象。

我开车到芝加哥机场去接艾基夫妇和英译者皮特·佛朗斯（Peter France）。皮特先到，他是从伦敦飞来的。我们在机场酒吧边喝啤酒边聊天，等待来自莫斯科的艾基夫妇。皮特精明强干，是爱丁堡大学的退休教授。我问他怎么开始翻译艾基的诗。他说是因为他先翻译帕斯捷尔纳克，为了解其生平去采访艾基，因而喜欢上了他的诗。你怎么开始学俄文的？我刨根问底。他笑了笑，说："你知道，由于冷战，英国培养了很多窃听专家。我由于喜欢俄国诗歌，后来转了向。"真没想到，西方的间谍机构和东方的地下文学竟这样挂上了钩。

艾基夫妇终于出现在门口。他见老了，花白的头发像将熄的火焰不屈不挠；他发福了，在人群中显得矮墩墩的。相比之下，戈林娜比他高出半头。我们紧紧拥抱。艾基的拥抱是俄国式的，热情有力，他的胡子硬扎扎戳在我腮帮上。

开车回柏罗依特的路上，"你看，那片树林！你看，那块坡地！你看……"他们一路惊呼。"这多么像俄国"，最后艾基感叹说。这真让我纳闷，好像他们匆匆赶到美国，就是为了医治怀乡病。看来这个世界上显然是差异先于认同，而认同往往是对差异的矫饰而已。

我终于把他们带进完全不像俄国的旅馆套间。这儿有种后现代的夸张：收费闭路电视，因特网接口加电脑键盘，烧煤气的假壁炉，外加卧室床边那巨大的旋水浴盆。戈琳娜在这个人工漩涡前完全呆了，既兴奋又束手无策。"我从来没有见过这样的浴盆！"她说。艾基背着手呵呵笑着，一副见怪不怪的样子，似乎在说，没什么，这是所谓文明的一种病态的幻觉。从窗口望去，废弃厂房的墙上是当年工人干活的巨幅照片，那倒与现实有关，提醒着本镇兴衰的关键所在。

由于经费有限，柏罗依特诗歌节规模很小，除了艾基外，还有日本的吉冈正造、墨西哥女诗人卡柔·布拉乔（Coral

Bracho）、美国的迈克·帕尔玛（Michael Palmer）和土耳其女诗人白江·马突尔（Bejan Matur），外加我。规模小的好处是，诗人之间有很多私下接触的机会。

第二天我请艾基和皮特到我教的班上去，我正好在教艾基的诗。和我同住一个小镇的美国朋友丹（Dan）携夫人专程为诗歌节赶来，他特别喜欢艾基的诗，也跟着旁听。艾基朗诵了几首诗，然后回答学生们的问题，由皮特翻译。他谈到苏联地下诗歌时，丹插嘴问："那处境是不是很危险？"艾基突然生气了，脸憋得通红，喃喃说："多讨厌。"我估摸俄文脏字在翻译时过滤掉了。他终于镇定下来，舒了气说："危险？那是可描述的吗？"显然是被美国人对苦难的好奇心触怒了。

一个女学生问他为什么把很多诗都献给某某，那是些什么人。艾基回答说，主要是朋友，大多是普通人。既然普希金把诗献给王公贵族，他怎么就不能献给普通人呢？他开始谈到俄罗斯诗歌传统，谈到马雅可夫斯基、曼德尔施塔姆和帕斯捷尔纳克，谈到官方话语和韵律系统的关系，以及如何打破这无形的禁锢。

柏罗依特国际诗歌节进行顺利。上午我们陪艾基夫妇和其他诗人去参观学院的人类学博物馆。戈林娜告诉我，他们刚报销了机票，加上可观的酬金，简直快成了富翁。临来前，他们连垫付两张机票的钱都没有，还是跟朋友借的。戈林娜告诉我，他们生活很简单，她教德文，艾基有一点儿版税；再说，农贸市场的菜很便宜。由于他们还要去旧金山和纽约参加其他活动，我警告他们一定要把钱带好，否则倾家荡产。

在关于今日世界诗歌的意义的讨论会后，艾基专门为听众介绍了楚瓦什民歌。他先用唱盘播放民间音乐，然后自己吟咏，抑扬顿挫，如泣如诉。让我想起内蒙古草原上牧民的歌声。我相信，这种回溯到人类源头的古老形式，将会世代延续下去，直到地老天荒。

下午和诗人们一起去附近的树林散步。艾基夫妇就像两个孩子，在几乎所有花草前驻步不前，随手摘颗果子放到嘴里，要不就采个蘑菇尝尝，彼此嘀嘀咕咕。俄国诗人和土地及一草一木的关系，让我感到羞惭：中国诗歌早就远离大地母亲，因无根而贫乏，无源而虚妄。

我们来到一片林间空地，四周有台阶式的斜坡，有点儿像小型的古罗马露天剧场。我和戈林娜一起唱起俄国民歌和革命歌曲，戈林娜极为惊讶。我告诉她我们是唱着这些歌长大的，这也是为什么对俄罗斯有一种特殊的感情。我们边走边唱，甚至踏着节奏跳起舞来。艾基眼中闪着光，跟着瞎哼哼。戈林娜感叹道："真没想到在美国居然会唱这么多老歌。""这就是怀旧"，我说。她一下沉下脸来："我一点儿都不怀念那个时代。"

晚上校方请客，我们夫妇和艾基夫妇坐在一起。艾基酒喝得很少，据说六十岁大寿差点儿喝死，医生禁止他喝酒。我问起艾基的女儿，他说她正在莫斯科大学读书。问他有几个孩子，戈林娜气哼哼地插话说："婚生的就有六个，其他的根本数都数不清。"艾基呵呵地笑，不置可否，接着又自言自语："这几天在美国，语言不通，整天被美女围着……好像在梦中……"

艾基似乎有意切断与外部世界的联系。按说他曾靠法文翻译为生，怎么可能在国外完全无法与人交流？或许在后现代喧嚣的背景中，他宁可采取拒绝的姿态，通过俄文和楚瓦什文退回到田野与白桦树林深处，保留一块净土。

我跟艾基谈到俄国诗歌。他告诉我俄国有两个诗歌传统，一个是以布洛克、帕斯捷尔纳克为代表的传统，以莫斯科为大本营；另一个是以彼得堡为基地受欧洲影响的传统，自曼德尔施塔姆始，后来布罗斯基等人都受到他的影响。

诗歌节闭幕式由艾基压轴。他走上台，朗诵的头一首是《雪》。他声音沙哑，真挚热情，其节奏是独一无二的，精确传达了他那立体式的语言结构，仿佛把无形的词一一置放在空中。《雪》是一首充满孩子气的诗。他朗诵起来也像个孩子，昂首挺胸，特别在某个转折处，他把嘴撮成圆形，噢噢长啸，如歌唱一般……

去年秋天听说艾基病了，后收到新方向出版社转来德国笔会的信，告知艾基的病情，鉴于保险费有限，呼吁各国作家为他捐款。我马上汇了笔钱，并给戈琳娜写信，希望夏天能专程去莫斯科看望他们。

二〇〇六年二月二十一日早上，我收到皮特·佛朗斯的电子邮件："亲爱的朋友们：我写此信与大家分担一个噩耗：艾基今天在莫斯科去世。他去年秋天查出患癌症，且已转移到肝部。据说他死得很平静。上个月我去陪了他几天，他虽虚弱，却活跃达观——一月中旬还在莫斯科举办了最后一次朗诵会。他的遗体本周将运回楚瓦什安葬……"

第二天，我收到土耳其女诗人白江的回信："昨夜收到你的电子邮件，深感震惊，夜不能寐，读他的诗如同哀歌……我永远记得那天我们在柏罗依特，在回市中心的路上，艾基让车停下，走进一片玉米地。我忘不了他张望田野的样子。我们当时都坐在车里。他微笑着回来，手里握着几片玉米叶。现在他走进云的田野，永不回来……"

时间的玫瑰

当守门人沉睡
你和风暴一起转身
拥抱中老去的是
时间的玫瑰

当鸟路界定天空
你回望那落日
消失中呈现的是
时间的玫瑰

当刀在水中折弯
你踏笛声过桥
密谋中哭喊的是
时间的玫瑰

当笔画出地平线
你被东方之锣惊醒
回声中开放的是

时间的玫瑰

镜中永远是此刻
此刻通向重生之门
那门开向大海
时间的玫瑰

洛尔迦

——橄榄树林的一阵悲风

一

一九一八年三月十七日晚上，在西班牙南部格拉纳达市文化中心，十九岁的大学生费特列戈·加西亚·洛尔迦，在朋友们面前朗诵了他即将出版的散文集《印象与风景》。这是他头一次在公众场合朗诵。他中等身材，黑发蓬乱，浓眉在脸上显得突兀。他对自己的处女作毫无把握，在序言中称其为"外省文学的可怜花园里又一枝花"。观众以热烈掌声打消他的疑惑。第二天两家本地报纸给予好评。

一九九二年底，我和多多的漂泊之路交叉，同住荷兰莱顿（Leiden）。被那儿阴冷潮湿的冬天吓坏了，我们像候鸟往南飞，去看望住在西班牙地中海边的杰曼。他是比利时人，在台湾做汽车生意发了财，八十年代末金盆洗手，在西班牙买房置地，专心写诗搞出版。他的庄园居高临下，俯视阳光灿烂的地中海。他家一窖好酒，令人动容。我和杰曼白天翻译赫尔南德兹（Miguel Hernandez）的诗，晚上开怀畅饮。

杰曼满脑袋关于诗的狂热念头，加上法国红酒助威，"新感觉主义"诗歌运动诞生了。"感觉主义"（sensationalism）来自葡萄牙诗人佩索阿，这正好与同时代的赫尔南德兹相呼应，后者写道："我憎恨那些只用大脑的诗歌游戏。我要的是血的表达，而不是以思想之冰的姿态摧毁一切的理由。"

翌日晨，我们开始了文学朝圣之旅，以便确认运动的大方向。由杰曼开车，我们先去赫尔南德兹的故居。他和洛尔迦、马查多（Antonio Machado）被公认为自西门涅斯（Juan Ramón Jiménez）以后西班牙三大现代主义诗人。马查多是"九八一代"的代表，洛尔迦是"二七一代"的核心，赫尔南德兹是衔接"二七一代"和"二七一代"后诗歌最重要的一环。环环相扣，西班牙诗歌的精神命脉得以延伸。赫尔南德兹一生贫困，只上过两年小学。内战开始后他加入共和军，后入狱，三年后因肺结核死在佛朗哥狱中，年仅三十二岁。从赫尔南德兹的家乡出发，一路向南，直奔洛尔迦的格拉纳达。"绿啊，我多么爱你这绿色。/ 绿的风，绿的树枝，/ 船在海上 / 马在山中……"

最初读到戴望舒译的《洛尔迦诗抄》是七十年代初。那伟大的禁书运动，加深了我们的精神饥渴。当时在北京地下文化圈有个流行词"跑书"，即为了找本好书你得满世界跑。为保持地下渠道的畅通，你还得拥有几本好书作交换资本。一本书的流通速度与价值高低或稀有程度有关。遇到紧急情况，大家非得泡病假开夜车，精确瓜分阅读时间。当《洛尔迦诗抄》气喘吁吁经过我们手中，引起一阵激动。洛尔迦的阴影曾一度笼罩北京地下诗坛。方含（孙康）的诗中响彻洛尔迦的回声；芒克失传的长诗《绿色中的绿》，题目显然得自《梦游人谣》；八十年代初，我把洛尔迦介绍给顾城，于是他的诗染上洛尔迦的颜色。

戴望舒的好友施蛰存在《洛尔迦诗抄》编后记中写道："已故诗人戴望舒曾于一九三三年从巴黎到西班牙去作过一次旅行，这次旅行的重要收获之一便是对西班牙人民诗人费·加·洛尔迦的认识。后来望舒回国和我谈起洛尔迦的抒情谣曲怎样在西班牙全国为广大的人民所传唱，曾经说：'广场上，小酒店里，村市上，到处都听得到美妙的歌曲，问问它们的作者，回答常常是：费特列戈，或者是：不知道。这不知道作者是谁的谣曲也往往是洛尔迦的作品。'他当时就在这样的感动之下，开始深深地爱上洛尔迦的作品并选择了一小部分抒情谣曲，附了一个简短的介绍，寄回祖国来发表在一个诗的刊物上，这是国内读者第一次读到中文的洛尔迦诗歌。一九三六年，洛尔迦被佛朗哥匪帮谋杀之后，在全世界劳动人民和文化工作者的哀悼与愤怒中，洛尔迦的声名传遍到每一个文化角落里，从那时候开始，戴望舒就决定要把洛尔迦的诗歌更广地更系统地介绍给我国的读者。"

这些戴望舒三十年代旅欧时的译作，于一九五六年才结集出版，到七十年代初的黑暗中够到我们，冥冥中似有命运的安排。时至今日，戴的译文依然光彩新鲜，使中文的洛尔迦得以昂首阔步。后看到其他译本，都无法相比。戴还先后少法国西班牙现代诗歌，都未达到这一高度。也许正是洛尔迦的诗激发了他，照亮了他。由于时代隔绝等原因，戴本人的诗对我们这代人影响甚小，倒是他通过翻译，使传统以曲折的方式得以衔接。

洛尔迦出生在格拉纳达十英里外的小村庄牛郎喷泉（Fuente Vaqueros）。他父亲拥有一百公顷地，合一千五百亩，按中国阶级划分必是大地主。在第一个妻子病故后第三年，他娶了个小学女教师。婚后九个月零九天，即一八九八年六月五日，洛尔迦来到这个世上。

就在洛尔迦出生后两个月，西班牙在和美国的战争中惨败，不得不在和平协议书上签字。战败导致由知识分子和作家推波助澜的一场文化复兴运动——"九八一代"的诞生。他们试图寻找西班牙精神的真髓。马查多是"九八一代"重要代表人物之一，后成为"二七一代"的精神导师。两代相隔近三十年，那正是洛尔迦从出生到成长的时间。

洛尔迦成年后，把童年美化成田园牧歌式的理想生活，要说不无道理：家庭富足和睦，父母重视教育，兄妹感情甚深。不过和弟弟相比，他从来不是好学生，尤其进大学后考试常不及格。很多年，这成了父母的心病。

对洛尔迦早年影响最大的是三位老师。头一位是钢琴老师梅萨（Antonio Segura Mesa），他是个谨小慎微的老先生，除了去洛尔迦家上课，极少出门。他终身侍奉音乐，作过曲写过歌剧，都不成功，歌剧首演时就被轰下了台。他常对洛尔迦说："我没够到云彩，但并不意味云彩不存在。"他们坐在钢琴前，由梅萨分析大师和自己的作品。是他让洛尔迦领悟到，艺术并非爱好，而是死亡的召唤。

有一天，当洛尔迦在艺术中心弹贝多芬奏鸣曲时，一位年轻的法学教授路过，为其才华吸引，他上前自我介绍。洛尔迦很快成了他家的座上客。这是第二位老师雷沃斯（Fernando de los Rios），后来成了西班牙第二共和国的司法部长和教育部长。他喜爱吉卜赛音乐和斗牛，精通好几门外语。他创建左翼政党，支持工运，与地方腐败的政治势力对着干。是他唤醒了洛尔迦的社会公正意识。

十七岁那年上艺术史课时，洛尔迦被后来成了他第三位老师的伯若达（Martin Dominguez Berrueta）迷住了。他是个倔强的小个子，谁若挑战他的想法，他会发脾气。他主张全面参与学生生活，甚至包括爱情私事。他意识到格拉纳达的局限，决定每年两次带六个出色的学生去西班牙各地远游，让他们"了解和热爱西班牙"。

在两年内，洛尔迦先后参加了四次文化之旅，不仅大长见识，还通过老师结识了一些重要人物，包括马查多。基于旅行见闻，他完成了随笔集《印象与风景》。他把此书献给钢琴老师梅萨。他把新书送到伯若达家，老师打开书扫了一眼，勃然大怒，令他马上离开，两周后把书退还给他。洛尔迦不服气。在他看来，伯若达是艺术评论家，而非艺术家，而他要追随的是钢琴老师那样真正的创造者。两年后伯若达病故。洛尔迦很难过，他公开表示歉疚之意，并私下对老师的儿子说："我永远不会原谅我自己。"

第一次旅行中，他们有幸结识了马查多。他为伯若达一行朗诵了自己和别人的诗作，洛尔迦弹了一段钢琴曲。那次见面让洛尔迦激动不已。马查多对他说，诗歌是一种忧郁的媒体，而诗人的使命是孤独的。洛尔迦从朋友那儿借来马查多的诗集，他用紫色铅笔在扉页上写了首诗，大意是，诗歌是不可能造就的可能，和音乐一样，它是看不见欲望的可见的记录，是灵魂的神秘造就的肉体，是一个艺术家所爱过的一切的悲哀遗物。

我们到格拉纳达已近黄昏，在阿拉汉伯拉宫（Alhambra）附近下榻。晚饭后沿围墙漫步，塔楼林立。格拉纳达是安达卢西亚首府。先由罗马人占领，八世纪摩尔人入侵，命名"格拉纳达"（意思是"伟大城堡"），直到一四九二年落入伊莎贝拉女王手中，阿拉伯人统治达八百年之久。阿拉汉伯拉宫建于十四世纪，是世界上最美丽的宫殿花园之一。当年洛尔迦逃学常来这儿闲荡。

第二天，我们前往牛郎喷泉，一个普通的村落。孩子们在小广场喷泉边嬉戏，老人坐在咖啡馆外抽烟。洛尔迦故居陈列着家书、明信片和几幅他的勾线画，还有老式留声机和旧唱片。墙上是与亲友的合影及当年的戏剧演出海报。

一九一八年六月五日，洛尔迦二十岁。生日后第三天，得知童年伙伴的死讯，他一夏天都被死亡的念头困扰。紧接着，"西班牙流感"夺去了全世界两千万人的性命。一九一九年初全国陷于混乱，到处在罢工游行。在格拉纳达，工人与雇主发生冲突，洛尔迦和朋友们加入维护工人权利的运动。雷沃斯老师收到匿名恐吓信。二月十一日，离洛尔迦家不远，宪警向大学生游行队伍开火，打死一个医学院学生和两个平民，当局宣布军管。虽有心支持工人运动，洛尔迦却被血腥的暴力吓坏了，他蜷缩在父母家，甚至不敢从阳台往街上看一眼。一个好朋友每天来到他家窗下，高声通报局势的进展。

一九一九年春，在马查多的劝告和朋友的怂恿下，他离开家乡，搬到首都马德里。在雷沃斯的推荐下，他被号称"西班牙牛津剑桥"的寄宿学院（Residencia）接纳。这里设备齐全，有人打扫卫生，提供膳食。洛尔迦很快成了这里沙龙的中心人物，他朗诵诗作，即兴弹奏钢琴曲。一个崇拜者回忆：他手指带电，似乎音乐从他体内流出来，那是其权力的源泉，魔术的秘密。

在寄宿学院有个叫伯奈尔（Luis Bunuel）的小伙子，喜欢体育、恶作剧、女人和爵士乐。他特别服洛尔迦，总跟他泡在一起，听他朗诵诗。"他让我知道另一个世界"，他回忆道。他们一起狂饮，在马德里寻欢作乐。伯奈尔后来成了西班牙最著名的电影导演。

洛尔迦的戏在一家小剧场彩排。这是关于一只蟑螂为寻找爱情而死去的故事。他写信给父母说，若蟑螂成功，他能赚一大笔钱。首场演出，他订了不少座位，请朋友们来助威。开幕没几分钟，一个男人从包厢大叫大嚷："这戏是给雅典娜神庙的！知识分子滚回去！"人们跺脚起哄，朋友们则用掌声回击。报纸反应平平。几周后，父亲勒令洛尔迦立即回大学学业，否则就来马德里把他带回去。洛尔迦写了四页长信："你不能改变我。我天生是诗人，就像那些天生的瘸子瞎子或美男子一样。"最后老父亲屈服了，答应让他待到夏天。

趁夜色，杰曼带多多和我混进格拉纳达一个社区俱乐部。舞台上载歌载舞，全体观众跟着用手掌的不同部位击出复杂多变的节奏。这就是弗拉明戈。是夜余兴未尽，我们来到郊外的一家小剧场，陈设简单但票价昂贵。当响板骤起，一男一女如旋风登场，动作粗野强劲又控制到位。

第二天下午，我们拜访了作曲家法亚（Falla）的故居，它坐落在阿拉汉伯拉宫西北边的山坡上。那是一栋白色小房子，庭院青翠。从这里可以看见格拉纳达及远方田野。法亚曾骄傲地说："我这儿有世界上最美的全景。"

一九二一年夏，洛尔迦厌倦了呆板的学校生活，常和朋友们到阿拉汉伯拉宫围墙内的一家小酒馆聚会。老板的儿子是吉他手，为大家演奏"深歌"（deep song），一种古老的安达卢西亚吉卜赛民歌，十九世纪被弗拉明戈取代。在重重古塔的包围中，他们倾听深歌的哭泣。参加聚会的有个秃顶小个子，他就是法亚，著名的西班牙作曲家。洛尔迦一伙嚷嚷着要搞个音乐咖啡馆，而法亚提议举办深歌艺术节。

两年前他俩曾见过面，直到深歌之夜才成为朋友。表面上，两个人相去甚远。中年的法亚胆小古怪：他连刷牙都害怕；睡在储藏室般小屋的窄床上，头上悬着十字架；每天早上工作前他都要做弥撒。他是个工作狂，认为自己的天才是上帝的礼物。在法亚看来，深歌才是正宗的。为寻找源头，他带洛尔迦去吉卜赛人的洞穴。

一九二一年除夕夜，洛尔迦雇来一个街头乐队，踮着脚尖来到法亚的窗户下，在洛尔迦的指挥下，突然演奏小夜曲。法亚笑得几乎开不了门。深夜，法亚请小乐队分四次演奏他们的乐曲，由他钢琴伴奏。

他和法亚忙于筹备深歌艺术节，为寻找比赛歌手而走遍大街小巷。与此同时他开始写作。一九二一年十一月初，他在十天内写了二十三首，月底前又成八首。这组诗命名为《深歌集》。

二

吉他

吉他的呜咽

开始了。

黎明的酒杯

碎了。

吉他的呜咽

开始了。

要止住它

没有用，

要止住它

不可能。

它单调地哭泣，

像水在哭泣，

像风在雪上

哭泣。

要止住它

不可能。

它哭泣，是为了

远方的东西。 好
　　　　　远处的人……

南方的热沙

渴望白色山茶花。

哭泣，没有鹄的箭，

没有早晨的夜晚，

于是第一只鸟

死在枝上。

啊，吉他！

心里插进

五柄利剑。

　　《吉他》来自洛尔迦《深歌集》（一九二一年）。我在戴
望舒的译稿上做了小小改动，主要是某些词显得过时，比
如"吉他琴""晨晓"。仅一句改动较大，戴译稿是"要求看
白茶花的／和暖的南方的沙。"我参照英译本，并请教懂西
班牙语的美国诗人，改动了语序，以求更接近原意："南方
的热沙／渴望白色山茶花。"一首诗中最难译的部分是音乐，

几乎是不可能的，除非译者在别的语言中再造另一种音乐。洛尔迦诗歌富于音乐性，大多数谣曲都用韵，戴望舒好就好在他不硬译，而是避开西班牙文的韵律系统，尽量在中文保持原作自然的节奏，那正是洛尔迦诗歌音乐性的精髓所在。

洛尔迦被吉卜赛人的深歌赤裸的热情所感动，他认为，那被置于短小形式中的所有生命的热情，"来自第一声哭泣和第一个吻"。他认为，深歌是他写作的源泉：爱，痛苦与死亡。他推崇其形式中异教的音调，直率的语言，泛神论，和多种文化的融合。他说自己《深歌集》中的诗，"请教了风、土地、大海、月亮，以及诸如紫罗兰、迷迭香和鸟那样简单的事物"。洛尔迦试图通过短句和单纯的词，以及主题的变奏重复，找到与深歌相对应的诗歌形式。

吉他的鸣咽 / 开始了。/ 黎明的酒杯 / 碎了。用黎明的酒杯与吉他的鸣咽并置，构成了互涉关系，使色泽与音调、情与景交融。碎了与开始了对应，呈不祥之兆。要止住它，先是没有用，继而进一步强调不可能。紧接着是五次哭泣。先是单调地哭泣，像水在哭泣，像风在雪上 / 哭泣，再次插入要止住它 / 不可能。再次否定后出现音调上的转换：它哭泣，是为了 / 远方的东西。

第二段音调的转换也带来意义的延展。远方的东西是什么？南方的热沙 / 渴望白色山茶花。然后又回到哭泣：没有鹊的箭，/ 没有早晨的夜晚。哭泣并非来自现实，很可能是青春的骚动，或本质上对生命的绝望。于是第一只鸟 / 死在枝上。死亡出场，以第一只黎明之鸟的名义。结尾与开始呼应，主角再次显现：啊，吉他！／心里插进／五柄利剑。结尾突兀，像琴声戛然而止。

此诗的妙处是既简单又丰富，多变而统一，意象透明但又闪烁不定，特别是回旋跌宕的效果，像音乐本身。记得纽约派的代表人物约翰·阿什伯里在一次采访中说过，对他来说，音乐是诗歌最理想的形式。

这里基本采用的是英美新批评派的细读方法。它的好处是通过形式上的阅读，通过词与词的关系，通过句式段落转折音调变换等，来把握一首诗难以捉摸的含义。说来几乎每一首现代诗都有语言密码，只有破译密码才可能进入。但由于标准混乱，也存在着大量的伪诗歌，乍看起来差不多，其实完全是乱码。在细读的检验下，一首伪诗根本经不起推敲，处处打架，捉襟见肘。故只有通过细读，才能去伪存真。但由于新批评派过分拘泥于形式分析，切断文本与外部世界的联系，最后趋于僵化而衰落，被结构主义取代。新批评派虽已过去，但留下了细读这份宝贵遗产。作为一种把握文本的基本方法，细读至今是必要的。

三

一九二二年六月七日，即二十四岁生日两天后，洛尔迦在格拉纳达一家旅馆朗诵了《深歌集》。一周后，深歌艺术节在阿拉汉伯拉宫拉开序幕，吸引了近四千穿传统服装参加比赛的歌手——登场，响板迭起，吉他悸动，人中传出阵阵哭声，他们跟着沉吟起舞，如醉如痴。次日晚大雨，人们把椅子顶在头上，比赛照常进行。洛尔迦对一个本地记者说："告诉你，亲爱的朋友，这深歌比赛是独一无二的。它是和月亮和雨比赛，正像太阳与阴影之于斗牛一样。"

一九二三年春，洛尔迦勉强通过大学毕业考试，一周后和弟弟去马德里。在寄宿学院，一个叫萨尔瓦多·达里（Salvador Dali）的青年画家进入他视野。他们随即形影不离：散步、逛博物馆、泡酒吧、听爵士乐。有一回，达里把一张二流作品卖给一对南非夫妇。兴奋之余，他们叫了两辆出租车回学院，自己坐头一辆，让另一辆空车跟着。此举被马德里富家子弟效法，流行一时。由于野心的互相投射，以及被对方才能的强烈吸引，他们的关系很快从友谊发展成爱情。

一九二五年复活节假期，洛尔迦应邀到达里家做客，他们住在地中海边一个风景秀丽的小镇里。达里的妹妹阿娜（Ana Maria），按洛尔迦的说法，是"那些美丽得让你发疯的姑娘之一"。他们仨沿海滨散步。达里察看光线、云和大海，洛尔迦背诵自己的新作。一天下午，他们围坐在餐桌旁，洛尔迦读了他新写的剧本，阿娜感动得哭了。达里的父亲声称，他是本世纪最伟大的诗人。

洛尔迦回到格拉纳达，他近乎绝望地怀念那段美好时光。达里在巴塞罗那附近服兵役。他们书信频繁，字里行间情意绵绵。洛尔迦写了首诗《萨尔瓦多·达里颂歌》，达里在信中称他为"我们时代唯一的天才"。洛尔迦深知同性恋的危险，特别是在一个天主教国度。他得学会伪装，避免来自社会习俗的惩罚。

一九二七年五月，洛尔迦来到巴塞罗那，参加他的新戏彩排。服兵役的达里一有空就溜回来，和他在一起。他们在街头漫步，迷失在关于艺术与美学的热烈讨论中。达里为他的新戏做舞台设计。六月十七日，达里和他妹妹来参加首演。演出获得巨大成功。

在西班牙文学史上，一九二七年无疑是重要的一年。为纪念西班牙诗人贡古拉（Luis de Gongora）逝世三百周年，洛尔迦和朋友们举办一系列活动，马查多、法拉、毕加索和达里等人都热烈响应。在马德里，年轻人焚烧了贡古拉当年的敌人的书；由于西班牙文学院对贡古拉的冷落，他们半夜在文学院围墙上撒尿。

高潮是在塞维利亚（Sevilla）举办三天的纪念活动，洛尔迦和其他几个年青诗人在邀请之列。他们一行六人登上火车，一路喧闹，深夜到塞维利亚。迎接他们的是退休的斗牛士梅亚斯（Ignacio Sanchez Mejias），他是个文学鉴赏的行家，几乎能背诵贡古拉所有诗篇。他是那种极有魅力的男人，身材矫健，脸上是斗牛留下的伤疤。他把客人带到自己在郊外的农场，给他们披上阿拉伯长袍，打开香槟酒。梅亚斯和一个吉卜赛朋友唱深歌，洛尔迦和朋友们朗诵诗。

三天正式的纪念活动，包括演讲朗诵和本地报纸的采访留影。此外是流水宴席，在塞维利亚朋友的陪伴下，他们每天都喝到天明。贡古拉三百年祭，促成西班牙诗歌"二七一代"的诞生。塞维利亚之行后，洛尔迦画了一张诗歌天体图。据说，他把自己画成被卫星环绕的最大行星。

从一九二八年春到夏初，洛尔迦忙于整理他的《吉卜赛谣曲集》。七月此书问世，获意想不到的成功，人们甚至能背诵吟咏。后获诺贝尔奖的阿莱克桑德雷（Vicente Aleixandre）在贺信中写道："我相信你那纯粹的无法模仿的诗歌。我相信你是卓越的。"其中，《梦游人谣》是洛尔迦的代表作之一。

四

梦游人谣 *

绿啊，我多么爱你这绿色。

绿的风，绿的树枝。

船在海上，

马在山中。

影子缠在腰间，

她在阳台上做梦。

绿的肌肤，绿的头发，

还有银子般清凉的眼睛。

绿啊，我多么爱你这绿色。

---

* 译文参考姚风《以最合适的方式走近洛尔迦——〈梦游人谣〉中译本对比评析》一文作了修订。姚文以西班牙文原诗为依据，评论中肯有识见，特此感谢。

在吉卜赛人的月亮下，

一切都望着她，

而她却看不见它们。

绿啊，我多么爱你这绿色，

霜花的繁星

和那打开黎明之路的

黑暗的鱼一起到来。

无花果用砂纸似的树枝

磨擦着风，

山，未驯服的猫

耸起激怒的龙舌兰。

可是谁将到来？从哪儿？

她徘徊在阳台上，

绿的肌肤，绿的头发，

梦见苦涩的大海。

——朋友，我想

用我的马换你的房子，

用我的马鞍换你的镜子，

把我的短刀换你的毛毯。

朋友，我从卡伯拉关口流血回来。

——要是我办得到，年轻人，

这交易一准成功。

可是我已不再是我。

我的房子也不再是我的。

——朋友，我要善终在

我自己的铁床上，

如果可能，

还得有细亚麻被单。

你没有看见我

从胸口到喉咙的伤口？

——你的白衬衫上

染了三百朵褐色玫瑰，

你的血还在腥臭地

沿着你腰带渗出。

但我已不再是我，

我的房子也不再是我的。

——至少让我爬上

这高高的阳台；

让我上来，让我

爬上那绿色阳台。

月亮的阳台，

那儿水在回响。

于是这两个伙伴

走向那高高的阳台。

留下一缕血迹。

留下一缕泪痕。

许多铁皮小灯笼

在屋顶上闪烁。

千百个水晶的手鼓,

在伤害黎明。

绿啊, 我多么爱你这绿色,

绿的风, 绿的树枝。

两个伙伴一起上去。

长风在品尝

苦胆薄荷和玉香草的

奇特味道。

朋友, 告诉我, 她在哪儿?

你那苦涩姑娘在哪儿?

她多少次等候你!

她多少次等候你,

冰冷的脸, 黑色的头发,

在这绿色阳台上!

那吉卜赛姑娘

在水池上摇曳。

绿的肌肤, 绿的头发,

还有银子般清凉的眼睛。

月光的冰柱

在水上扶住她。

夜亲密得

像一个小广场。

醉醺醺的宪警，

正在敲门。

绿啊，我多么爱你这绿色。

绿的风，绿的树枝。

船在海上，

马在山中。

在戴译稿上我做了某些改动。除了个别错误外，主要是替换生僻的词，调整带有翻译体痕迹的语序与句式。总的来说，戴的译文非常好。想想这是大半个世纪前的翻译，至今仍新鲜生动。特别是某些诗句，如"船在海上，马在山中"，真是神来之笔：忠实原文，自然顺畅，又带盈盈古意。

全诗共五段。首尾呼应，环环相扣，关于绿的主旋律不断出现，贯穿始终，成为推进整首诗的动力。一首好诗就像行驶的船，是需要动力来源的，要么是靠风力，要么是靠马达。而推动一首诗的动力来源是不同的，有时是一组意象，有时是音调或节奏。*

---

* 戴望舒译《梦游人谣》：绿啊，我多么爱你这绿色。／绿的风，绿的树枝。／船在海上，／马在山中。／影子裹住她的腰，／她在露台上做梦。绿的肌肉，绿的头发，／还有银子般沁凉的眼睛。／绿啊，我多么爱你这绿色。／在吉卜赛人的月亮下，／一切东西都看着她，／而她却看不见它们。

绿啊，我多么爱你这绿色，／繁星似的霜花／和那打开黎明之路的／黑暗的鱼一同来到。／无花果用砂皮似的树叶／磨擦着风，／山像野猫似的耸起了／它的激怒了的龙舌兰。／可是谁来了？从哪儿来的？／她徘徊在露台上，／绿的肌肉，绿的头发，／在梦见苦辛的大海。（接下页注）

开篇的名句绿啊，我多么爱你这绿色，是从吉卜赛人的歌谣转换而来的，令人警醒。绿的风，绿的树枝。/船在海上，/马在山中。如同切换中的电影镜头，把读者带入梦幻的境地。对吉卜赛姑娘的勾勒中注重的是颜色：绿的肌肤，绿的头发，/还有银子般清凉的眼睛。第二段再次以绿啊，我多么爱你这绿色引路，紧接着是一组奇特的意象：霜花的繁星/和那打开黎明之路的/黑暗的鱼一起到来。/无花果用砂纸似的树枝/磨擦着风，/山，未驯服的猫/耸起激怒的龙舌兰。这些意象把梦幻效果推到极致，与本诗的题目"梦游人谣"紧扣。

第三段是个转折。与其他四段的抒情风格不同，这是两个吉卜赛男人的对话，带有明显的叙事性，在吉卜赛人的传

（接上页注）——朋友，我想要/把我的马换你的屋子，/把我的鞍辔换你的镜子，/把我的短刀换你的毛毯。/朋友，我是从喀勃拉港口/流血回来的。/——要是我办得到，年轻人，/这交易一准成功。/可是我已经不再是我，/我的屋子也不再是我的。——朋友，我要善终在/我自己的铁床上，/如果可能，/还得有荷兰布的被单。/你没有看见我/从胸口直到喉咙的伤口？/——你的白衬衫上/染了三百朵黑玫瑰，/你的血还在腥气地/沿着你的腰带渗出。/但我已经不再是我，/我的屋子也不再是我的。——至少让我爬上/这高高的露台；允许我上来！允许我/爬上这绿色的露台。/月光照耀的露台，/那儿可以听到海水的回声。
于是这两个伴伴/走上那高高的露台。/留下了一缕血迹，/留下了一缕泪痕。/许多铅皮的小灯笼/在人家屋顶上闪烁。/千百个水晶的手鼓，/在伤害黎明。/绿啊，我多么爱你这绿色。/绿的风，绿的树枝。/两个伴伴一同上去。/长风留给他们嘴里/一种苦胆，薄荷和玉香草的/稀有的味道。/朋友，告诉我，她在哪里？/你那个苦辛的姑娘在哪里？/她等候过你多少次？/她还会等候你多少次？/冷的脸，黑的头发，/在这绿色的露台上！
那吉卜赛姑娘/在水池上摇曳着。/绿的肌肉，绿的头发，/还有银子般沁凉的眼睛。/一片冰雪似的月光/把她扶住在水上。/夜色亲密得/像一个小小的广场。/喝醉了的宪警/正在打门。
绿啊，我多么爱你这绿色。/绿的风，绿的树枝。/船在海上，/马在

奇故事中插入戏剧式对白。这段远离整体上抒情风格，造成某种间离效果。

第四段达到全诗的高潮。两个吉卜赛男人爬向想象的阳台时，先是视觉上：许多铁皮小灯笼／在屋顶上闪烁。／千百个水晶的手鼓，／在伤害黎明，在主旋律绿啊，我多么爱你这绿色，／绿的风，绿的树枝重现后，又转向嗅觉：长风在品尝／苦胆薄荷和玉香草的／奇特味道。这一句有如叹息，但又是多么奇妙的叹息！

在一次演讲中，洛尔迦认为，隐喻必须让位给"诗歌事件"（poetic event），即不可理解的非逻辑现象。接着他引用了《梦游人谣》的诗句为例。他说："如果你问我为什么我写'千百个水晶的手鼓，／在伤害黎明'，我会告诉你我看见它们，在天使的手中和树上，但我不会说得更多，用不着解释其含义。它就是那样。"

最后一段采用的是虚实对比的手法：那吉卜赛姑娘／在水池上摇曳。／绿的肌肤，绿的头发，／还有银子般清凉的眼睛。／月光的冰柱／在水上扶住她。接着，梦幻被突然打碎：夜亲密得／像一个小广场。／醉醺醺的宪警，／正在敲门。宪警在西班牙，特别在安达卢西亚是腐败政治势力的代表。洛尔迦专门写过一首诗《西班牙宪警谣》："他们随心所欲地走过，／头脑里藏着／一管无形手枪的／不测风云。"这两句有"僧敲月下门"的效果，但更触目惊心，把冷酷现实带入梦中。最后，一切又归于宁静，与全诗的开端呼应：绿啊，我多么爱你这绿色。／绿的风，绿的树枝。／船在海上，／马在山中。

《梦游人谣》如醉如痴，扑朔迷离，复杂多变又完整统一，意象奇特，音调转换自如，抒情与叙事兼容，传统要素与现代风格并存。值得一提的还是音乐性。现代抒情诗与音乐结合得如此完美，特别是叠句的使用出神入化，洛尔迦堪称一绝。

五

一九二八年春，洛尔迦有了新的男朋友，叫阿拉俊（Emilio Aladren），是马德里美术学校雕塑专业的学生。洛尔迦带他出入公开场合，下饭馆泡酒吧，为他付账。阿拉俊口无遮拦，把他和洛尔迦的隐私泄露出去，闹得满城风言风语。

达里显然听说了传闻，和洛尔迦的关系明显疏远了。一九二八年九月初，他写了一封七页长的信给洛尔迦，严厉批评他刚出版的《吉卜赛谣曲集》："你自以为某些意象挺诱人，或者觉得其中非理性的剂量增多了，但我可以告诉你，你比那类安分守法者的图解式陈词滥调强不了多少。"达里认为洛尔迦应该从现实中逃跑。信中的主要观点，出现在不久前发表的文章《现实与超现实》中。在这篇文章中，他进一步强调："超现实主义是逃避的另一层意思。"

当年的伙伴伯奈尔这时和达里结成新同盟。他专程去看望达里，他们开始合作一部超现实主义电影。在达里面前，伯奈尔大骂洛尔迦。他们用一周的时间完成电影脚本初稿。

他们创作的一条原则是，任何意象都不应得到理性的解释。伯奈尔给朋友写信说："达里和我从来没这么近过。"

阿拉俊原来是个双性恋，他突然有了女朋友，和洛尔迦分道扬镳。在寂寞中，洛尔迦开始寻找新朋友。他结识了智利外交官林奇（Carlos Morla Lynch）夫妇，很快成了他们家座上客。"他常来常往，留下吃午饭晚饭、打盹，坐在钢琴前，打开琴盖，唱歌，合上，为我们读诗，去了又来"，自幼写日记的林奇写道。

洛尔迦精神濒临崩溃，几乎到了自杀的地步。他需要生活上的改变。那年年初，有人为他安排去美国和古巴做演讲，这计划到四月初终于定下来。他将和他的老师雷沃斯同行。三十一岁生日那天，他收到护照。他们乘火车到巴黎，转道英国，再从那儿乘船去美国。"向前进！"他写道，"我也许微不足道，我相信我注定为人所爱。"

一九二九年六月二十六日，风和日丽。"S.S.奥林匹克"客轮绕过曼哈顿顶端，逆流而上，穿过华尔街灰色楼群，停泊在码头上。洛尔迦吃惊地打量着周围的一切。他写信告诉父母，巴黎和伦敦给人印象深刻，而纽约"一下把我打倒了"。他还写道："整个格拉纳达，也就能塞满这里两三座高楼。"抵达两天后，他半夜来到时代广场，为灯火辉煌的奇景而惊叹：纽约的一切是人造的，达里的机械时代的美学成为现实。

他对美国人的总体印象是：友好开放，像孩子。"他们难以置信的幼稚，非常乐于助人。"而美国政治系统让他失望。他告诉父母说：民主意味着"只有非常富的人才能雇女佣"。他生来头一回自己缝扣子。

在雷沃斯催促下，他很快就在哥伦比亚大学注册，并在学生宿舍住下来。他给父母的信中假装喜欢上学，实际上他在美国几乎一点儿英文都没学会，除了能怪声怪调地说"冰激凌"和"时代广场"，再就是去饭馆点火腿鸡蛋。他后来告诉别人，在纽约期间他吃的几乎全都是火腿鸡蛋。他在英语课上瞎混，模仿老师的手势和口音。他最喜欢说的英文是"我什么都不懂"。他担心，英文作为新的语言，会抢占自己母语的地盘。某些西班牙名流的来访给他当家作主的自信。他接待了梅亚斯，那个在塞维利亚认识的斗牛士。他把梅亚斯介绍给他在纽约的听众。

二十年代的哈莱姆是美国黑人的巴黎。洛尔迦迷上了哈莱姆与爵士乐，经常泡在那儿的爵士酒吧里。他时不时抬起头嘟囔："这节奏！这节奏！真棒！"他认为，爵士乐和深歌十分相近，都植根于非洲。只有通过音乐才能真正了解黑人文化；像吉卜赛人一样，黑人用音乐舞蹈来承受苦难，"美国除黑人艺术外一无所有，只有机械化和自动化"，他说。

到美国六周后，他开始写头一首诗——《哈莱姆之王》。他后来写道：纽约之行"丰富并改变了诗人的作品，自从他独自面对一个新世界"。夜深人静，他常常漫步到布鲁克林大桥上，眺望曼哈顿夜景，然后在黎明前的黑暗中，返回哥伦比亚的住所，记下自己的印象。

他跟同宿舍的美国邻居格格不入。他告诉父母说："这是地道的野蛮人，也许因为没有阶级的缘故。"他把自己关起来，要么写作，要么无所事事，整天躺在床上，拒绝访客，也不起来接电话。

一九二九年十月二十九日是历史上著名的"黑色星期二"，即纽约股市大崩盘。在此期间，洛尔迦和雷沃斯一起去华尔街股票市场，目睹了那场灾难。洛尔迦在那儿转悠了七个小时。事后他写信告诉父母："我简直不能离开。往哪儿看去，都是男人动物般尖叫争吵，还有女人的抽泣。一群犹太人在楼梯和角落里哭喊。"回家路上，他目睹了一个在曼哈顿中城旅馆的跳楼自杀者的尸体。他写道："这景象给了我美国文明的一个新版本，我发现这一切十分合乎逻辑。我不是说我喜欢它。而是我冷血看待这一切，我很高兴我是目击者。"

他对自己在纽约写的诗充满信心，他认为是他最出色的作品。他常为朋友们朗诵新作。"他的声音高至叫喊，然后降为低语，像大海用潮汐带走你"，一个朋友如是说。这些诗作后结集为《诗人在纽约》，直到一九四〇年才问世。

六

黎明

纽约的黎明

有四条烂泥柱子

和划动污水行进的

黑鸽子的风暴。

纽约的黎明
沿无尽楼梯叹息
在层层拱顶之间
寻找画出苦闷的甘松香。

黎明来了，无人迎入口中
没有早晨也毫无希望
硬币时而呼啸成群
穿透并吞噬弃儿们。

他们从骨子里最先懂得
既无天堂也无剥光树叶的恋情：
出路只是数字与法律的污泥，
无艺术的游戏，不结果的汗。

无根科学的无耻挑战中
光被链条与喧嚣埋葬。
而晃荡的郊区不眠者
好像刚从血中的船骸上得救。

在《洛尔迦诗抄》编者后记中，施蛰存先生写道："望
舒的遗稿中没有一篇《诗人在纽约》的作品。为了弥补这个

缺憾，我原想补译两首最重要的诗，即《给哈伦区之王的颂歌》及《惠特曼颂歌》。我借到了西班牙文原本，也有英法文译本做参考，但是每篇都无法译好，因此只得藏拙。但为了不让洛尔迦这一段的创作生活在我们这个集子里成为一个空白，我还是选译了一首短短的《黎明》聊以充数。这不能不说是这部诗抄的一大缺点。"寥寥数语，施先生重友尽责谦卑自持的为人之道尽在其中。说实话，《黎明》译稿错误较多，总体上也显拗口。我在改动中尽量保留原译作的风格。

此诗共五段。开篇奇，带有强烈的象征风格：纽约的黎明／有四条烂泥柱子／和划动污水行进的／黑鸽子的风暴。用四条烂泥柱子和黑鸽子的风暴来点出纽约的黎明，可谓触目惊心。这两组意象在静与动、支撑与动摇、人工与自然之间，既对立又呼应。

第二段，纽约的黎明是通过建筑透视展开的：无尽楼梯和层层拱顶之间。洛尔迦曾这样描述纽约："这城市有两个因素一下子俘虏旅行者：超人的建筑和疯狂的节奏。几何与苦闷。"几何是纽约建筑的象征，与之对应的是苦闷：寻找画出苦闷的甘松香。自然意象甘松香的引入，以及画这个动词所暗示的儿童行为，可以看作是一个西班牙乡下孩子对冷漠大都市的独特反应。

黎明来了，无人迎入口中，这个意象很精彩，甚至有某种宗教指向（"太初有言，上帝说要有光，于是有了光。"《旧约》）没有早晨也毫无希望。在这里出现早晨与黎明的对立，即黎明有可能是人造的，与自然进程中的早晨无关。硬币时而呼啸成群／穿透并吞噬弃儿们。作为纽约权力象征，硬币像金属蜂群充满侵略性。弃儿在这里，显然是指那些被社会遗弃的孩子们。

第四和第五段带有明显的论辩色彩，弃儿们懂得：既无天堂也无剥光树叶的恋情：／出路只是数字与法律的污泥，／无艺术的游戏，不结果的汗。最后，又回到了早晨与黎明的对立：光被链条与喧嚣埋葬。而晃荡的郊区不眠者／好像刚从血中的船骸上得救。作为黎明的基本色调，血似汪洋大海，那些建筑物如出事后的船骸，郊区不眠者正从黎明中生还。

这首诗从形式到主题，都和洛尔迦以前作品相去甚远。他开始转向都市化的意象，并与原有的自然意象间保持某种张力。他以惠特曼式的自由体长句取代过去讲究音韵的短句，显得更自由更开放。他所使用的每个词都是负面的，故整体色调沉郁顿挫。按洛尔迦自己的话来说，他写纽约的诗像交响乐，有着纽约的喧嚣与复杂。他进一步强调，那些诗代表了两个诗歌世界之间的相遇：他自己的世界与纽约。"我所作出的是我的抒情反应"，他说。他的观点并非来自游客，而是来自"一个男人，他在仰望那吊起火车的机械运转，并感到燃烧的煤星落进他眼中"。

如果说这首诗有什么不足之处，我以为，后半部分的理性色彩，明显削弱了最初以惊人意象开道的直觉效果。这是洛尔迦的新尝试，显然不像他早期作品中那样得心应手。但从诗人一生的长度来看，这一阶段的写作是举足轻重的，开阔了他对人性黑暗的视野，扩大了他的音域特别是在低音区，丰富了他的语言经验和意象光谱。这一点我们会在他后期作品中发现。

七

在纽约住了九个月后，洛尔迦于一九三〇年三月七日乘船抵达哈瓦那，一群古巴作家和记者在码头迎接他。回到自己的母语世界，他如鱼得水。在第一封家书中他描述古巴是"抚爱而流畅的，特别感官的"。和纽约相比，哈瓦那简直是天堂。铺鹅卵石的街头，雪茄和咖啡的香味混在一起，让人感到亲切。他的朗诵和演讲获得成功。几乎每夜都和朋友们一起泡酒吧、朗诵、弹钢琴，直到天明。

三个月后洛尔迦返回祖国。在格拉纳达街头，他碰见一个自大学时代就认识的牧师。牧师为他外表的变化大吃一惊，问纽约是否也改变了他的个性。"没有，"洛尔迦快活地回答，"我还是我。纽约的沥青和石油改变不了我。"

与家人团聚，让他真正放松下来。他夜里读书写作，白天穿睡袍在屋里晃荡。他常把白发苍苍的母亲举起来，"天哪，你在杀死我！"母亲大声惊呼。当母亲睡午觉时，他坐在旁边为她扇扇子，驱赶苍蝇。

他一直在写新剧本《观众》。初稿完成后不久，他回到马德里，一家报纸的记者好奇地向他打听。"那是个六幕剧谋杀案"，他答道。

"此戏的意图何在？我指的不是谋杀，而是作品本身。"

记者追问。

"我不知道是否真能制作。这出戏的主角是一群马。"

"了不起，费特列戈。"记者喃喃说。

一九三〇年底，西班牙政局再次动荡。雷沃斯和他的同志们一度入狱，他们在狱中发表宣言，呼吁在西班牙建立共和制。不久，国王宣布举行全国选举。一天夜里，在去咖啡馆的半路，洛尔迦被卷进支持共和的游行队伍中。宪警突然出现并开枪，示威者逃散，洛尔迦摔倒在地。当出现在咖啡馆朋友们面前时，他上气不接下气，满脸大汗，浑身是土，嘬着受伤的手指，声音颤抖地讲述他的遭遇。

一九三一年四月十四日，国王最终离开西班牙，共和运动领导人包括雷沃斯被释放。西班牙第二共和国的新时期开始了。雷沃斯立即被任命为司法部长。新政府立即将政教分离，实行一系列社会政治改革。

在新政的影响下，牛郎喷泉镇政府决定，以他们最值得骄傲的儿子的名字，取代原来的教堂街。一九三一年九月初，洛尔迦在为他举行的命名仪式上演讲。他强调说，没有书籍与文化，西班牙人民就不可能享有基本权利和自由。"如果我流落街头，我不会要一整块面包，我要的是半块面包和一本书。"他注视着洒满阳光的广场和乡亲们熟悉的面孔，后面是三十三年前他出生的白房子。

洛尔迦全力支持新政府。一天夜里，他冲进智利外交官林奇的公寓，情绪激动。他要建立一个全国性的剧团，叫"巴尔卡"（La Barraca），指的是那种乡村集市演木偶戏之类的临时木棚。新政府重新调整后，雷沃斯成为教育部长，促进了"巴尔卡"计划的实现，特别是财政上的支持。洛尔迦谈到"巴尔卡"总体规划时说："我们要把戏剧搬出图书馆，离开那些学者，让它们在乡村广场的阳光和新鲜空气中复活。"

作为剧团的艺术总监，洛尔迦招兵买马，亲自负责选目排演。他和演员们一起身穿蓝色工作服，唱着歌穿过大街小巷。在两年多的时间，"巴尔卡"几乎走遍西班牙，吸引了无数的平民百姓。他说："对我来说，'巴尔卡'是我全部工作，它吸引我，甚至比我的文学作品更让我激动。"在"巴尔卡"活跃的那几年，他很少写诗。这似乎并不重要，戏剧在某种程度上比诗歌更让他满足。"巴尔卡"无疑振兴了三十年代西班牙的戏剧舞台，实现了他毕生的梦想。

一九三三年初，剧团来了个名叫拉潘（Rafael Rodriguez Rapun）的小伙子。他相貌英俊，身材健壮，具有一种古典的美。这个马德里大学学工程的学生，转而热爱文学，偶尔也写写诗。他成了洛尔迦的男朋友兼私人秘书。四年后，在洛尔迦逝世周年那一天，拉潘为保卫共和国战死在沙场。

那年夏天，远在六千英里以外，一个阿根廷女演员在布宜诺斯艾利斯上演洛尔迦的戏《血腥婚礼》，她和她丈夫邀请洛尔迦到阿根廷访问。九月二十八日，洛尔迦从马德里出发到巴塞罗那乘船，两周后抵达阿根廷。他为重返美洲而激动。与上次不同，他写信对父母说，他来到的是"我们的美洲，西班牙语的美洲"。

阿根廷之行获得了意想不到的成功。他的戏不断加演，好评如潮。他告诉父母："我在这个巨大的城市像斗牛士一样出名。"他被记者包围被观众簇拥，常在大街上被认出来。

洛尔迦和博尔赫斯只见了一面。见面时，他明显感到博尔赫斯不喜欢他，于是故意模仿博尔赫斯，庄重地谈到美国的"悲剧"体现在一个人物身上。"是谁？"博尔赫斯问。"米老鼠"，他回答。博尔赫斯愤然离去。以后他一直认为洛尔迦是个"次要诗人"，一个"对热情无能"的作家。

而他和聂鲁达则一见如故。聂鲁达当时是智利派驻布宜诺斯艾利斯的领事。聂鲁达喜欢洛尔迦的丰富以及他对生活的健壮胃口。他们俩背景相似——都来自乡下，对劳动者有深厚的感情。他对聂鲁达的诗歌十分敬重，常打听他最近在写什么。当聂鲁达开始朗诵时，洛尔迦会堵住耳朵，摇头叫喊："停！停下来！够了，别再多念了——你会影响我！"

除演讲费外，票房收入源源不断。洛尔迦一生中第一次有钱，他开始寄钱回家，给母亲买狐狸皮大衣。母亲来信说："没有别的穿戴皮毛的女人像我那样骄傲和满足，这是你用劳动成果买来的纪念品。"

离开布宜诺斯艾利斯前夜，他去看望聂鲁达。他对在场的朋友说："我在喧嚣的纽约待了几个月后，离开时我似乎挺高兴……现在虽说我急于见到亲人，我好像把自己的一部分留在这奇异的城市。"他哭了起来。聂鲁达打破沉默，转移话题。第二天，他登上开往西班牙的越洋轮船。一周前，他对记者说："对我自己来说，我仍觉得像个孩子。童年的感情依然伴随着我。"

一九三四年四月十四日，是西班牙第二共和国成立三周年。新的联合政府废除了不少共和派的法案，恢复宗教教育。很多西班牙人开始担心，这儿的天主教会会扮演希特勒兴起中的角色。

那年夏天，聂鲁达作为外交官被派往西班牙，先住巴塞罗那，又搬到马德里。他家几乎夜夜笙歌，客人们横七竖八地过夜。洛尔迦和聂鲁达常在一起朗诵演讲。他俩互相赞美，不吝辞句；尤其是洛尔迦，有时简直是挥霍。这似乎是一个天才的特权——对他人才华无节制的激赏。在一次正式场合，他介绍说，聂鲁达是当今最伟大的拉丁美洲诗人之一，是"离死亡比哲学近，离痛苦比智力近，离血比墨水近"的作家。聂鲁达"缺少两样众多伪诗人赖以为生的因素：恨与嘲讽"。聂鲁达认为洛尔迦是"我们语言此刻的引导性精神"。

洛尔迦打算八月十一日和剧团一起去北海岸的小镇桑坦德（Santander）演出一周。就在当天下午，他的好朋友梅亚斯在斗牛场上受重伤，先进本地医院，再转到马德里抢救。得知梅亚斯受伤的消息，洛尔迦立即取消原计划，留在马德里。由于伤势严重，医院不许任何外人看望，洛尔迦用电话把病情及时告诉朋友们。八月十三日上午，梅亚斯死了。

他到桑坦德后，独自关上门哀悼梅亚斯。自从在塞维利亚相识，他们成为好朋友。梅亚斯老了，发福了，但他宁愿死在斗牛场，也不愿意死在自己床上。听说梅亚斯重返斗牛场，洛尔迦对朋友说："他对我宣布了他自己的死亡。"在桑坦德，他和一个法国作家散步时说："伊涅修之死也是我自己的死，一次死亡的学徒。我为我的安宁惊奇，也许是因为凭直觉我预感到这一切发生？"

一九三四年十月底，洛尔迦开始写他一生最长的一首诗《伊涅修·桑切斯·梅亚斯的挽歌》。他起稿于格拉纳达和马德里两地之间，最后在聂鲁达的公寓完成。这首长诗是洛尔迦的巅峰之作。

八

伊涅修·桑切斯·梅亚斯的挽歌

一、摔与死 *

在下午五点钟。

正好在下午五点钟。

一个孩子拿来白床单

在下午五点钟。

一筐备好的石灰

在下午五点钟。

此外便是死。只有死

在下午五点钟。

---

* 原译注："摔"是斗牛的术语，原文 Cogida，就是牛用角把斗牛士挑起来，摔出去。

风带走棉花。

在下午五点钟。

氧化物散播结晶和镍

在下午五点钟。

现在是鸽与豹搏斗

在下午五点钟。

大腿与悲凉的角

在下午五点钟。

低音弦响起

在下午五点钟。

砒素的钟与烟

在下午五点钟。

角落里沉默的人群

在下午五点钟。

只有那牛警醒!

在下午五点钟。

当雪出汗

在下午五点钟。

斗牛场满是碘酒

在下午五点钟。

死亡在伤口生卵

在下午五点钟。

在下午五点钟。

正好在下午五点钟。

灵车是他的床

在下午五点钟。

骨与笛响在他耳边

在下午五点钟。

那牛向他额头咆哮

在下午五点钟。

屋里剧痛大放异彩

在下午五点钟。

坏疽自远方来

在下午五点钟。

绿拱顶中水仙喇叭

在下午五点钟。

伤口像太阳燃烧

在下午五点钟。

人群正砸破窗户

在下午五点钟。

在下午五点钟。

噢，致命的下午五点钟！

所有钟表的五点钟！

午后阴影中的五点钟！

　　这首长诗共四节，由于篇幅关系我只选第一节和第四节。在戴望舒译文的基础上，我参考英译并设法对照原作做了改动。遗憾的是，这首诗的戴译本有不少差错。比如在第一节中，他漏译了一句，并颠倒另两句的顺序。

在洛尔迦看来，《挽歌》不仅是为他的朋友骄傲，也是为了展现"存在于人与牛的搏斗中英雄的、异教的、流行而神秘的美"。他喜欢斗牛的仪式和"神圣的节奏"。在这节奏中，"一切都是计量好的，包括痛苦和死亡"。也许这是理解这首诗的关键。无论在音调还是在节奏上，这四节都有明显的区别，展示了他对朋友之死的不同反应，以及他对死亡的总体思考。

第一节非常奇特，急迫得让人喘不过气来，也许这就是洛尔迦所说的"神圣的节奏"。而急迫正是由"在下午五点钟"这一叠句造成的。它短促而客观，不容置疑。伴随着这节奏的是大量的医疗细节（石灰、棉花、氧化物、砒素、碘酒、剧痛、坏疽、伤口），展开斗牛士从受伤走向死亡的过程。洛尔迦说："当我写《挽歌》时，致命的'在下午五点钟'一行像钟声充满我的脑袋，浑身冷汗，我在想这个小时也等着我。尖锐精确得像把刀子。时间是可怕的东西。"据马德里的报纸说，当时送葬开始于下午五点钟。正像他所说的，在这节奏中，"一切都是计量好的，包括痛苦和死亡"。

这一节最初相当克制。在下午五点钟。／正好在下午五点钟。／一个孩子拿来白床单／在下午五点钟。／一筐备好的石灰／在下午五点钟。／此外便是死。只有死／在下午五点钟。随着死亡步步逼近，变得越来越焦躁不安，直至终点的叫喊：伤口像太阳燃烧／在下午五点钟。／人群正砸破窗户／

在下午五点钟。／在下午五点钟。／噢，致命的下午五点钟！／所有钟表的五点钟！／午后阴影中的五点钟！

在我看来，这首长诗的第一节最精彩，无疑是现代主义诗歌的经典。由在下午五点钟这一叠句切割的意象，有如电影蒙太奇。前几年看过一部故事片《加西亚·洛尔迦的失踪》，影片开始用的就是这一节。诗句伴随着急促的鼓点，镜头不断切换，仿佛是洛尔迦专为此写的。正如他所说的："我在想这个小时也等着我。尖锐精确得像把刀子。"他预见了自己的死亡。

四、缺席的灵魂

牛和无花果树都不认识你
马和你家的蚂蚁不认识你，
孩子和下午不认识你
因为你已长眠。

石头的腰肢不认识你，
你碎裂其中的黑缎子不认识你。
你沉默的记忆不认识你
因为你已长眠。

秋天会带来白色小蜗牛，
朦胧的葡萄和聚集的山，
没有人会窥视你的眼睛

因为你已长眠。

因为你已长眠，

像大地上所有死者，

像所有死者被遗忘

在成堆的死狗之间。

没有人认识你。没有。而我为你歌唱。

为了子孙我歌唱你的优雅风范。

歌唱你所理解的炉火纯青。

歌唱你对死的胃口和对其吻的品尝。

歌唱你那勇猛的喜悦下的悲哀。

这要好久，可能的话，才会诞生

一个险境中如此真实丰富的安达卢西亚人，

我用呻吟之词歌唱他的优雅，

我记住橄榄树林的一阵悲风。

与第一节相比，第四节无论音调还是节奏都有明显变化。第一节急促紧迫，用时间限定的叠句切断任何拖延的可能。而第四节的句式拉长，舒展而富于歌唱性。如果说第一节是死亡过程的展现的话，那么这一节则是对死亡的颂扬。

这一节可分成两部分。第一部分包括前三段，第二部分包括后两段，中间是过渡。第一部分皆为否定句，三段均以因为你已长眠的叠句结尾，带有某种结论性。接着因为你已长眠出现在第四段开端，从果到因，那是转折前的过渡：因为你已长眠，／像大地上所有死者，／像所有死者被遗忘／在成堆的死狗之间。最后是颂歌部分：没有人认识你。没有。而我为你歌唱。

我用呻吟之词歌唱他的优雅，／我记住橄榄树林的一阵悲风。呻吟之词与歌唱之间存在着对立与紧张。精彩的是最后一句，那么简单纯朴，人间悲欢苦乐都在其中了。在西班牙乡下到处都是橄榄树，在阳光下闪烁。那色调特别，不起眼，却让人惦念。橄榄树于西班牙，正如同白桦树于俄罗斯一样。梅亚斯曾对洛尔迦讲述过他的经历。十六岁那年，他从家里溜到附近的农场，在邻居的牲口中斗牛。"我为我的战绩而骄傲"，斗牛士说，"但令人悲哀的是没人为我鼓掌。当一阵风吹响橄榄树林，我举手挥舞。"

老天成就一个人，并非易事。洛尔迦扎根格拉纳达，在异教文化的叛逆与宽容中长大；自幼有吉卜赛民歌相伴入梦，深入血液；父慈母爱，家庭温暖，使个性自由伸展；三位老师守护，分别得到艺术、社会和文化的滋养；与作曲家法亚、画家达里交相辉映，纵横其他艺术领地；马查多等老前辈言传身教，同代诗人砥砺激发，再上溯到三百年前的贡古拉，使传统融会贯通；从格拉纳达搬到马德里，是从边缘向中心的转移；在纽约陌生语言中流亡，再返回边缘；戏剧的开放与诗歌的孤独，构成微妙的平衡；苦难与战乱，成为无尽的写作源泉。

九

一九三四年十月西班牙北海岸矿工起义，随后遭到佛朗哥将军的残酷镇压。一九三五年五月初，内阁改组，包括五个极右组织的成员，并将摩洛哥任职的佛朗哥调回，正式任命为总司令。不久，保守政府切断了财政支持，"巴尔卡"陷入危机。

洛尔迦在朗诵排戏的同时，卷入各种政治活动。他谴责德国和意大利的法西斯暴政，声援两国作家和艺术家，并在反对埃塞俄比亚战争的公开信上签名，为入狱的年轻诗人赫尔南德兹呼吁。

在巴塞罗那上演新戏期间，达里的妹妹阿娜到剧院来看望他，她比以前更美了。他们去咖啡馆小坐，一直在谈达里。洛尔迦终于和达里见面，这是七年来第一次。那年秋天他俩常来常往。他抓住每一次机会证明他对老朋友的感情。有一次在巴塞罗那书店朗诵，他专门念了那首《萨尔瓦多·达里颂歌》。他们计划一起合作写书配画，但并未实现。几个月后，两人友谊重又落到低谷。

一九三六年元旦，洛尔迦收到从牛郎喷泉寄来的有镇长和近五十名村民签名的贺年卡，上面写道："作为真正的人民诗人，你，比他人更好地懂得怎样把所有痛苦，把人们承受的巨大悲剧及生活中的不义注入你那深刻之美的戏剧中。"

六月五日，洛尔迦过三十八岁生日。他从来不想长大，时不时深情地回首童年。一年前，他曾对记者说："还是我昨天同样的笑，我童年的笑，乡下的笑，粗野的笑，我永远，永远保卫它，直到我死的那天。"他还开玩笑说，他怕出版纽约的诗集，那样会让他老去。

西班牙政局进一步恶化，濒临内战边缘。在马德里，左右派之间互相暗杀绑架，血染街头。除了一九一九年格拉纳达的冲突，洛尔迦从未经历过像马德里七月初那样血腥的暴力。他变得越来越神经脆弱。他总是让出租司机减速，叫喊道："我们要出事了！"过马路他要架着朋友的胳膊，随时准备跳回便道上。

七月十三日，得知一个右翼领袖被暗杀的消息，洛尔迦决定马上离开马德里。他和一个朋友几乎整天都在喝白兰地。他激动地吐着香烟说："这里将尸横遍野。"停顿了一下，"不管怎样，我要回格拉纳达。"晚九点，他按响他的小学老师家的门铃。在老师的询问下，他回答道："只是来借两百比索。我要乘十点半的火车回格拉纳达。一场雷雨就要来了，我要回家。我会在那儿躲过闪电的。"

回家第二天，本地报纸就刊登了他的消息。西班牙内战开始了。七月二十日，支持右翼的格拉纳达要塞的军人起义，占领了机场和市政厅，逮捕了省长和新选的市长，那是洛尔迦的妹夫。三天后，他们完全控制了局势。到处在抓人，每天都有人被处决。

长枪党分队接连不断到洛尔迦家搜查，第三次他们把洛尔迦推下楼梯，又打又骂。他们离去后，洛尔迦给一个写诗的年轻朋友若萨勒斯（Luis Rosales）打电话，他三个兄弟都是长枪党铁杆。若萨勒斯马上赶来。他提出三个方案：其一，逃到共和派控制的地区；其二，到一向保守的法亚家避风；其三，搬到他们家小住，待局势稳定下来再说。第三个方案似乎最安全。当天夜里，父亲吩咐他的司机把洛尔迦送到位于格拉纳达市中心的若萨勒斯家。

八月十五日，长枪党再次冲进洛尔迦家，威胁说若不说出去处，就要带走洛尔迦的父亲。走投无路，他妹妹说出实情。

次日晨传来洛尔迦妹夫被处决的消息。下午一点，一辆汽车停在若萨勒斯家门口，下来三个军官，领头的是原右翼组织的国会议员阿隆索（Ruiz Alonso）。他早就恨死了洛尔迦。若萨勒斯的母亲边阻拦边打电话，终于找到一个儿子。那儿子赶来，问洛尔迦犯了什么罪。"他用笔比那些用手枪的人带来的危害还大"，阿隆索答道。洛尔迦被带走，先关在市中心的政府大楼，十八日凌晨被转到西北方山脚下的小村庄，和一个中学老师及两个斗牛士一起关在旧宫殿里。看守是个虔诚的天主教徒。他告诉他们要被处决，让他们做临终祷告。"我什么也没干！"洛尔迦哭了，他试着祷告。"我妈妈全都教过我，你知道，现在我忘光了。"

四个犯人被押上卡车，来到山脚下的一块空地上，周围是橄榄树林。在破晓以前，一阵枪声，洛尔迦和三个同伴倒在橄榄树林边。

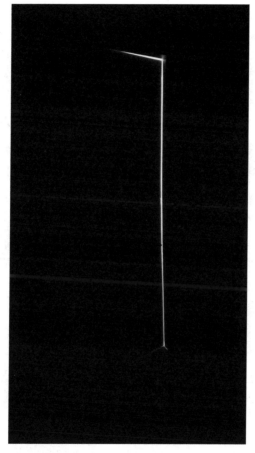

光 No.1

梦中时刻

冥想

废墟

痕迹

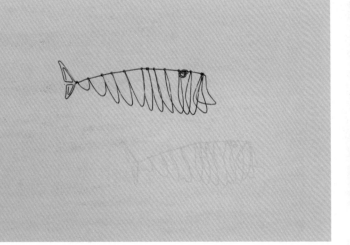

双鱼

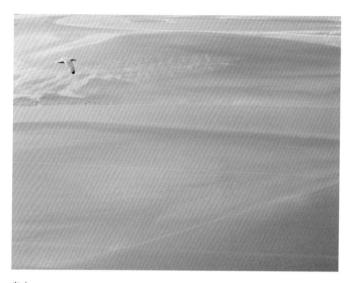

自由

现代生活 No.3

辑 三

大地之书

乡音

我对着镜子说中文

一个公园有自己的冬天

我放上音乐

冬天没有苍蝇

我悠闲地煮着咖啡

苍蝇不懂什么是祖国

我加了点儿糖

祖国是一种乡音

我在电话线的另一端

听见了我的恐惧

搬家记

一

一九八九至一九九五的六年工夫，我搬了七国十五家。得承认，这行为近乎疯狂，我差点儿没搬出国家以外。深究起来，除了外在原因，必有一种更隐秘的冲动。我喜欢秘鲁诗人瑟塞尔·瓦耶霍（César Vallejo）的诗句："我一无所有地漂流……"

头一站西柏林。住处在最繁华的库当姆大街附近，是德国学术交流中心（DAAD）提供的。我昏沉沉地穿过纪念教堂广场，所有喧嚣被关闭在外。一个"朋克"鸡冠状头发鲜红似血，他张开嘴，却没有声音。那年夏天，墙还在，西柏林与世隔绝，像孤岛。我是一九八九年的鲁滨逊，刚逃离失事的沉船，带着个空箱子，一头钻进语法严密的德语丛林。我把从墨西哥买来的绳床吊在阳台上，躺在那儿眺望柏林摇荡的天空。我前脚走，柏林墙跟着轰然倒了。接着挪到挪威首都奥斯陆，住大学城。我有时去市中心散步，狂乱的内心和宁静的港湾恰成对比。直到那时我才意识到回不了家了。

住下没两天，迈平就开着他那辆老爷奔驰车，帮我搬到另一处学生宿舍。这回，箱子成双。绳床怎么也塞不进去，正好捞些锅碗瓢盆，拖进新居。我和五个挪威小伙子共用厨房。头疼的是，刚塞进冰箱的六瓶啤酒，转眼少了四瓶半。在挪威啤酒太贵。得，我顺嘴喝干剩下的半瓶，把另一瓶拎回屋里。我带多多到一个教授家做客，主人用自制的啤酒招待我们。那啤酒有股怪怪的肥皂味，没喝多少，我俩沉沉睡去。教授气得四处打电话："我、我的中国客人怎么都睡着啦……"

冬天到了，北欧终于给我点儿颜色看看：漆黑。一个专门倒卖旧电视的中国同学，看我可怜，匀出一台给我。我喝着温啤酒看电视。那挪威话还挺耳熟，带陕北口音。

在挪威待久了，迈平得了失语症。每天晚上，我俩一起做顿饭，对影成四人，无言。放寒假，他去外地看老婆。大学空城，我孤魂野鬼般游荡。钻进一家中国餐馆，除我，还有一人。他自言自语，动作古怪，目光疯狂，充满强烈的暗示性。慌张中我丢下碗筷，撒腿就跑。

过了九〇年元旦，我把绳床留给迈平打鱼，搬到瑞典斯德哥尔摩，住进一家相当宽敞的公寓。主人一家去印度旅行。我实际只用厨房，有时去客厅和餐厅遛弯，顺便照料花草。一群住在外地难民营的中国朋友来借宿，带来各自的故事。他们中有工人、商人、大学生，到天涯上孤独的一课。我们在黑暗中互相借光。冬天的斯德哥尔摩让人沮丧。太阳才爬起来，没升多高，就被黑暗之鱼一口吞下去，吐出些泡沫般的灯光。我日夜颠倒，索性整天拉上窗帘。三个月后，花草奄奄一息，主人回来了。一位好心的中国餐馆老板借我个小单元，更符合孤独的尺寸。有人从英国带来瓶苏格兰威士忌，让我一口喝光。我把自己关在屋里，发疯尖叫，在镜子前吓了自己一跳。

我常和李笠泡酒吧。他用瑞典文写诗，出版了好几本诗集。他是个拈花惹草的老手，满街跟姑娘套近乎。在斯德哥尔摩，几乎每个酒吧都有赌桌。我们输光兜里的钱，喝得醉醺醺的，摇摇晃晃走在大街上，李笠会突然歇斯底里地大笑。

春去夏来，我照旧拉着窗帘，遮挡喧闹的白夜。

那年秋天，我到丹麦第二大城市奥胡斯教书，一住两年。安娜帮我在郊区租了间可爱的小厢房。两位女房东是女权主义者，一位心理学家，一位妇女博物馆馆长。她们带各自的娃娃住正房，居高临下，审视一个倒霉的东方男人。夜半，三盏没有性别的孤灯，遥相呼应。小院紧靠铁路，火车常闯入我梦中。惊醒，盯着墙上掠过的光影，不知身在何处。

我父母带女儿来探望我。我临时借点儿威严，住进丹麦海军司令家隔壁的小楼。我们住二层，窗外是海和丹麦国旗。一层是老建筑师乌拉夫，地下室租给年轻的女钢琴家乌拉。他俩并无血缘关系，名字近似，像欢呼，自下而上，不过多了声岁月的叹息。乌拉夫寡居，有种老单身汉的自信，仅用台袖珍半导体欣赏古典音乐。我有时到他那儿坐坐，喝上一杯。他特别佩服贝聿铭，做中国人，我跟着沾光。不过盖房子是给人住的，而诗歌搭的是纸房子，让人无家可归。轮到我割草，乌拉夫也会板起面孔，驱赶我推着割草机在后院狂奔。乌拉独身，靠教课及伴奏为生。她的眼神茫然，好像看多了海平线。她对我经常外出十分羡慕，梦想有一天能在巴黎或纽约那样的大都市找到工作。她弹得真好，但琴声永远被门紧紧关住。

父母和女儿走了。图便宜，我搬到郊外的新住宅区。外出的房主是一对中国老人，随儿子避难，跟着享受丹麦的福利。那单元特别，以厕所为中心，所有房间环绕相通。我心情好时顺时针溜达，否则相反。那恐怕正是设计者的苦心，要不怎么笼中困兽或犯人放风总是转圈呢。

一九九二年十月初，从丹麦搬到荷兰，送的送，扔的扔，我还是坐在行李堆里发愁。没辙，只好向柏林的朋友求救。他从柏林租了辆面包车，开到丹麦，装上孤家寡人，再经德国开到荷兰的莱顿。

莱顿的住处实在太小，根本没地方溜达，我成了那些陈旧家具中的一员。房东玛瑞亚住二楼，是个神经兮兮的老寡妇。她有个儿子，极少露面。她每年都要去修道院做心理治疗。这位眼见要全疯的老太太，这回可抓住我这根稻草，一逮着机会就跟我东拉西扯，没完没了。我尽量靠边走。玛瑞亚有种特殊本事，只要开道门缝，她准站在那儿等我，唱个法文歌，背首德文诗，要不然就讲述她的噩梦。不管怎么着，我绝不让她进屋，否则就成了我的噩梦。

玛瑞亚抠门。冬天阴冷，我夜里写作，不到十二点暖气就关了。第二天早上请示，不理。哆嗦了三天，再请示，恩准。她把定时器调到夜里两点——在妄想与噩梦之间。

我请玛瑞亚到附近的中国餐馆用餐。她精心修饰，早早坐在那儿等我。大概很多年没人请她吃饭了。饭馆生意冷清。玛瑞亚显得有些拘束，话不多。她讲起战时的荷兰和她的童年。回来的路上，她的高跟鞋橐橐响着，那夜无风。

临走她请我上楼喝茶，我留了地址。她的信追着我满处跑。我搬家速度快，却还是被她的信撵上。她每次都附上回邮信封。我铁石心肠，扔掉。这世上谁也救不了谁。孤独的玛瑞亚！

二

来美国前，在巴黎住了三个月。先寄居在我的法文译者尚德兰家。她离了婚，带两个孩子，住在巴黎郊区的小镇上。她自己动手盖的房子，永无竣工之日。每次来巴黎，她指给我其中的变化：新装修的厕所、楼板上刚踩漏的洞。她喜欢抱怨生活，但不止于抱怨，而是英勇地奔忙于现实与虚无之间：教书、做饭、翻译、割草。我有时担心，万一出现某种混乱怎么办？比如把书做成饭，把草译成诗。她喜欢跳舞，芭蕾舞。无疑，这有效地阻止了混乱。我没见过她跳舞。可以想象，在练习厅，她深吸一口气，踮起脚尖，展开手臂，旋转，保持平衡……

我父母和女儿来到巴黎。宋琳一家去度假，把钥匙留给我们。他家在市中心，五楼。旋转楼梯像受伤的脊椎吱吱作响，通向巴黎夜空。我妈妈腿脚不好，爬楼梯是件痛苦的事。这和我的噩梦连在一起——是我在爬没有尽头的楼梯。夏天，巴黎成了外国人的天下。我几乎每天陪女儿去公园游乐场。我拿本书，在长椅上晒太阳，心变得软软的，容易流泪，像个多愁善感的老头。书本滑落，我在阳光中睡着了，直到女儿把我叫醒。

那三个月，像跳远时的助跑，我放下包袱，灌够波尔多红酒，铆足劲，纵身一跳。

九三年八月二十五日，我带着盖有移民倾向标记的护照，混过海关，灰头土脸地踏上新大陆，毫无哥伦布当年的豪迈气概。先在密歇根州的小城叶普斯兰梯落脚。第一任美国房东拉瑞，用狡黠的微笑欢迎我。他是大学电工、市议员、民主党人、离婚索居者、两个孩子的父亲和一只猫的主人。他除了拉拢选民，还加入了个单身俱乐部，在政治与性之间忙碌。这一点他是对的：政治是公开的性，而性是私人的政治。

拉瑞很少在家。我常坐在他家的前廊看书。在东密歇根大学选了门小说课，每周至少要读一本英文实验小说。英文差，我绝望地和自己的年龄与遗忘搏斗，读到几乎憎恨自己的地步。把书扔开，打量过往行人。深秋，金黄的树叶，铺天盖地。晚上，大学生喝了酒，显得很夸张，大叫大喊。那青春的绝望，对我已成遥远的回声。

拉瑞的黄猫不好看，毛色肮脏，眼神诡秘——这一点实在很像拉瑞。它对我表示公然的漠视。饿了，也从不向我讨食，完全违反猫的天性。以一个流浪汉的敏感，我认定这是拉瑞私下教导的结果。白天，一只黑猫常出现在窗口，窥视着黄猫的动静。有了房子的保护，黄猫不以为然。两猫对峙，斗转星移。我把黄猫抱出后门，黑猫包抄过来，低吼着，声音来自白色腹部。黄猫毛发竖立，蹿到台阶下，背水一战。黑猫虽占优势，但也不敢轻举妄动。此后，黄猫知我狼子野心，不再小瞧，尽量躲着我远点儿。

九四年初，我搬到十英里开外的城市安娜堡。不会开车，我在商业中心附近找了个住处。那片红砖平房实在难看，但在由快餐店、加油站和交通信号灯组成的现代风景中却恰如其分。我头一回动了安家的念头，折腾一礼拜，买家具电器日用品，还买了盆常青藤植物。由于这些物的阐释，"家"的概念变得完整了。收拾停当，我像个贼，在自己家里心满意足地溜达。

我很快厌倦了同样的风景和邻居。而旅行仍让我激动，每次坐进火车和飞机，都会有这种莫名其妙的激动。一个美国姑娘告诉我：她最喜欢的地方是航空港，喜欢那里的气氛。其实，旅行是种生活方式。一个旅行者，他的生活总是处于出发与抵达之间。从哪儿来到哪儿去都无所谓，重要的是持未知态度，在漂流中把握自己，对，一无所有地漂流。

我开始迷上爵士乐，想搬往昔日的美国。徐勇帮我查报纸，打电话，一家家逛去，终有所得。那条小街僻静荒凉。木结构的小楼多建于二十年代，门脸颓丧，油漆剥落，但与爵士乐的情调相吻合。那天晚上看房的人很多，中意者按先来后到，我排第五。前面四位犹豫不决，让我得手。

写作往往是个借口，我坐在窗前发呆。松鼠从电线上走过，用大尾巴保持平衡。一棵柿子树在远处燃烧。前廊有个木摇椅，坐上，铁链嘎吱作响。

我住二楼，房东老太太住一楼，却未曾谋面。收垃圾的日子，一摞摞纸饭盒堆在门口。一日，我坐摇椅闲荡，只见侧门推开，探出一根拐棍，够着地上的报纸。我连忙弯腰递上。老房东太老了，恐怕已年过九十。她说话极慢，词儿像糖稀被拉开。我突然想起她年轻时在摇椅上的身影。

她的律师儿子告诉我，母亲中风，多次住院，但死活不愿搬家，不愿离开这栋自打她结婚时买下的房子。我这个搬家搬惯了的人，对此深表敬意。

她儿子的深宅大院藏在树丛深处。太太和气，烤得热腾腾的饼干，一定让我尝尝。他们有多处房产出租，却坚持自己割草。每到周末，两口子出动。戴草帽，备口粮，挥汗如雨为何忙？那劳动热情让我费解。

九五年秋天，我和家人团聚，在北加州的小镇定居，先租公寓，后买房子。我有时坐在后院琢磨，这些年恐怕不是我在搬家，而是世界的舞台转动。我想起玛瑞亚。她在这舞台上孤独地奔跑，举着那些地址不明的信，直到信被冷风刮走，消失在空中。我头一次想给她回封信：亲爱的玛瑞亚，我还好。你呢？

画

—给田田五岁生日

穿无袖连衣裙的早晨到来

大地四处滚动着苹果

我的女儿在画画

五岁的天空是多么辽阔

你的名字是两扇窗户

一扇开向没有指针的太阳

一扇开向你的父亲

他变成了逃亡的刺猬

带上几个费解的字

一只最红的苹果

离开了你的画

五岁的天空是多么辽阔

女儿

田田今天十三岁了。准确地算，生日应在昨天，这儿和北京有十六个小时时差。昨天晚上我做了意大利面条，给她斟了一小杯红酒。"真酸，"她呷了一口，突然问，"我现在已经出生了吗？"我看看表，十三年前这会儿，她刚生下来，护士抱来让我看，隔玻璃窗。她头发稀少，脸通红，吐着泡沫。

十三岁意味深远：青少年，看 PG-13 的电影，独自外出，随时会堕入情网。让父母最头疼的，是第二次反抗期的开始。心理学家认为，第一次反抗期在三岁左右——行动上独立，第二次在十四五岁左右——思想意识上独立。

我还没做好足够的心理准备，变化已有迹可寻：她开始注意穿戴，打耳洞，涂指甲，留披肩发，和全美国的女孩子们一起，迷上电影《泰坦尼克号》的男主角。她们个个会唱主题歌。为了顺应潮流，避免沉船，我给她买来《泰坦尼克号》的音乐磁带。

在音乐上的对立早就开始了。平时还行，关门各听各的。去年圣诞节开车去拉斯维加斯，她的范晓萱嗲声嗲气，磁带像丢了转，何止影响驾驶，简直让我发疯。倘若有一天警察用范晓萱的歌过堂，我立马招供。换上我的革命歌曲，她堵着耳朵，大喊大叫。一代人一代歌，不可能沟通。音乐是植根于人的生理本能的，我一听《春节序曲》，嘴里就有股烂白薯味。五八年冬天志愿军从朝鲜回来。堆在我们家阳台上的白薯正发霉。这两件本来不相干的事让《春节序曲》给连起来了：当我坐板凳上啃白薯，电台播个不停。

中国人在西方，最要命的是孤独，那深刻的孤独。人家自打生下来就懂，咱中国人得学，这一课还没法教，得靠自己体会。

上无老人，下无弟妹，父母够不着，在中年云雾里忙碌。怎么办？放了学，田田旋风般冲进来，自己弄点儿吃的，就地卧倒，开电视，看脱口秀（talk show）。那是媒体用大量废话，变成笑料，填充人与人之间沉默的深渊。威尔·史密斯（Will Smith），那个电视上快乐的黑人小伙儿，眼见着成了我们家一员。田田一边做功课，一边跟着他咯咯地乐。

她最爱看的还是《我爱我家》。这个一百二十集的电视连续剧，她至少看了几十遍，几乎都能背下来。这是她在寻根，寻找北京话耍贫嘴的快感，寻找那个地理上的家，寻找美国经验以前人与人的亲密、纠葛与缠斗。

去年田田暑假回北京，那个地理上的家。回来我问她，若能选择，你想住在哪儿？

她闪烁其词，我知道我问了个愚蠢的问题。在国外住久了，你爱哪个家？这恐怕连大人也答不上来，你只能徘徊在那些可能被标明为家的地点之间。

我带田田去宠物商店，让她选个生日礼物。她转来转去，竟看中了只小耗子。我坚决反对，理由一：她妈妈最怕耗子；理由二：耗子最怕猫，我们家有恶猫两只，隔着笼子，也会吓出心脏病。给耗子做心脏手术，我们负担不起。

三个星期前，她妈妈回北京办画展，我跟田田在家。我们的时间表不同：她出门早，我还没起床；她放了学，我刚睡醒午觉；她开电视，我去健身房；她做功课，我上夜校；回到家，她该上床了。田田开始抱怨，抱怨我睡懒觉、贪玩、在家时间少、电话多。

我跟田田分开了六年，从她四岁到十岁。我满世界漂流时，暗自琢磨，恐怕只有田田这个锚，才能让我停下来。有一天，住在英格兰的朋友告诉我，他们乡下有幢老房子正出售，便宜得难以置信。他还找来照片：歪斜的石头房子和开阔的田野。这成了我的梦，我愿客死他乡，与世无争，只求做麦田里的守望者，把田田带大。

昨夜惊醒，田田站在我床前，用手蒙着眼睛，嘟嘟囔囔。她做了噩梦，梦见吸血鬼。我不知道她是否梦见过那幢石头房子。她告诉我，她总是在梦里飞翔，自由自在。看来事与愿违，她想远走高飞，留下无边的麦田和影子西斜的老父亲。

田田上初一，功课多，我得帮她做功课。我对数学一窍不通，只能磕磕绊绊带她穿过历史。历史课本相当生动，我也跟着上课。最近我们一起进入中世纪的黑暗：黑死病消灭了欧洲人口近三分之一；《圣经》译成英文前，仅少数懂拉丁文的牧师掌握解释权，这是导致教会腐败的原因之一。

一天她告诉我，历史老师宣布：考试成绩前五名的同学每人缴五块钱，分数可再提高。其余同学都傻了，继而怒火中烧。田田考砸了，也加入抗议的行列。我跟着拍案而起：造反有理！我们全都上了当。原来这与历史课本有互文关系。在马丁·路德的宗教改革以前，富人只要捐钱给教会，杀人放火，照样可赦免上天堂。老师略施小计，让学生外带个跟班的家长体会一下当时穷人的愤怒。

田田胸无大志。问她今后想干什么？她懒洋洋地说，找份轻松的工作就行。这好，我们那代人就被伟大志向弄疯了，扭曲变态，无平常心，有暴力倾向，别说救国救民，自救都谈不上。人总是自以为经历的风暴是唯一的，且自诩为风暴，想把下一代也吹得东摇西晃。这成了我们的文化传统。比如，忆苦思甜，这自幼让我们痛恨的故事，现在又轮到我们讲了。田田还好，走开。我朋友一开讲，他儿子用英文惊呼：Oh,My God！（我的天哪！）

下一代怎么活法？这是他们自己要回答的问题。

那天，午觉醒来，大雨撼动屋顶。看表，三点十分，田田正要下课。开车到学校，找不到停车位，开紧急灯，打伞冲进去。学生们正向外涌，一把把伞迎风张开。我到处找田田那件红绒衣。男孩子五大三粗，女孩子叽叽喳喳。我逆流而行。很快，人去楼空。我转身，雨停，天空变得明朗。

给父亲

在二月寒冷的早晨
橡树终有悲哀的尺寸
父亲，在你照片前
八面风保持圆桌的平静

我从童年的方向
看到的永远是你的背影
沿着通向君主的道路
你放牧乌云和羊群

雄辩的风带来洪水
胡同的逻辑深入人心
你召唤我成为儿子
我追随你成为父亲

掌中奔流的命运
带动日月星辰运转
在男性的孤灯下
万物阴影成双

时针兄弟的斗争构成

锐角，合二为一

病雷滚进夜的医院

砸响了你的门

黎明如丑角登场

火焰为你更换床单

钟表停止之处

时间的飞镖呼啸而过

快追上那辆死亡马车吧

一条春天窃贼的小路

查访群山的财富

河流环绕歌的忧伤

标语隐藏在墙上

这世界并没多少改变：

女人转身融入夜晚

从早晨走出男人

父亲

你召唤我成为儿子

我追随你成为父亲

——《给父亲》

一

对父亲最早的记忆来自一张老照片：背景是天坛祈年殿，父亲开怀笑着，双臂交叠，探身伏在汉白玉栏杆上。洗照片时，他让照相馆沿汉白玉栏杆剪裁，由于栏杆不感光，乍一看，还以为衣袖从照片内框滑出来。这张照片摄于我出生前。喜欢这张照片，是因为我从未见他这样笑过，充满青春的自信。我愿意相信这是关于他的记忆的起点。

一九四九年十月，我们给儿子取了小名"庆庆"。有了第一个儿子，我们俩都很忙。美利给儿子做小衣服，经常给他洗澡；由于母乳不够，每天还喂几次奶糕。我经常抱他在屋里走来走去，拍他入睡，还变换各种角度给他照相。小家庭有了这个小宝贝，一切都有了生气。（摘自父亲的笔记）

出生后不久，我们家从多福巷搬到府前街，离天安门城楼很近。每逢国庆,父亲抱着我,和邻居们挤在小院门口,观看阅兵式和游行队伍。最壮观的还是放礼花。次日晨,在小院里捡起未燃的礼花籽,排成长串儿,点燃导火索,五颜六色的火花转瞬即逝。

长安街很宽,斜对面就是中山公园,父亲常带我去那儿晒太阳。有轨电车叮叮当当驶过长安街,府前街有一站。父亲喜欢带我坐电车,到了西单终点站再返回来。非高峰时间,车很空,扶手吊环在空中摇荡。我喜欢站在司机身后,看他如何摆弄镀镍操纵杆。我和父亲管它叫"当当车"。

夏天,中山公园几乎每周末都放露天电影。附近住户带着马扎板凳先去占地方,游客散坐在草坪或石阶上,等着天完全黑下来。由于换盘或断片,银幕一片空白,只剩下单调的机械转动声。

给我印象最深的是苏联动画片《一朵小红花》,具体情节都忘了,只记得女主角是个小姑娘,为寻找世界上最美的小红花与怪兽(王子的化身)相逢。影片结尾处,她一路呼喊"凯哥哥——",异常凄厉,一直深入我梦中。

最让我困惑不解的是:一放电影,银幕后的宫墙绿瓦就消失了。我追问父亲,但由于表达不清,所答非所问。后来才明白竟有两个世界——银幕上的世界暂时遮蔽了现实世界。

某个周日晚上,中山公园重放《一朵小红花》。那天中午,我过度兴奋,怎么也不肯午睡,父亲一怒之下,把我关到门外,我光着脚哭喊,用力拍门,冰冷的石阶更让我愤怒。不知道我是怎么睡着的。醒来,天花板上一圈灯影,脚上的袜子让我平静。母亲探过头来，关切地看我。我问起《一朵小红花》，她说天黑了，我们错过了电影。

二

庆庆很不愿意上托儿所，每到星期六去接他，总是特别高兴，而星期一早上送回去就难了。有个星期一早上，怎么劝说也没用，他只有一句话："我就不去托儿所！"我们急着上班，只好骗他说去动物园，他信了。快到时他脸色紧张起来，看出是去托儿所，便大声哭叫，我紧紧抱住他，怕他跳车。到了托儿所门口，他在地上打滚，我只好硬把他抱进托儿所。他看见阿姨才安静下来，含着眼泪说了声："爸爸，再见！"（摘自父亲的笔记）

我自幼抵抗力差，托儿所流行的传染病无一幸免。尤其是百日咳，咳起来昏天黑地，彻夜不眠，父母轮流抱我。一位医生说，只有氯霉素才有效。这药是进口的，非常贵，父亲把积攒的最后一两黄金买下十几颗。遵医嘱，每颗去掉胶囊，分成两半，早晚各服一次。那药面特别苦，一喝就吐。父亲对我说，这药特别贵，你要再吐，父母就没钱再买了，这次一定要咽下去。我点点头，咬牙流泪把药咽下去。

我长大后，父母反复讲这故事，好像那是什么英雄业绩。其实这类传说是每个家庭传统的一部分，具有强大的心理暗示，甚至背后还有祖先们的意志——只许成功不许失败。

有一次，庆庆出麻疹，住在托儿所隔离室。我们去只能隔着玻璃窗看他，但他也很高兴，比画着手势跟我们交谈。后来听托儿所阿姨说，那天我们走后，他一夜站在床上，通宵不肯睡。阿姨问他为什么不睡，他说要等爸爸妈妈。（摘自父亲的笔记）

弟弟刚好相反，他无比热爱托儿所。每星期六父亲接他，他扭头不屑地说，我不去你们家。

振开和振先从小性格不同，比如说，给他们一人一个月饼，两个人的吃法就不一样，振开先把月饼馅吃光，再吃月饼外壳。振先则相反，先吃月饼外壳，然后把馅儿用纸包起来，放在兜里慢慢吃，一个月饼可以吃好几天。（摘自父亲的笔记）

我小时候父亲很有耐心，总陪我玩，给我讲故事。他在一个小本子的每页纸上画个小人，每个动作略有变化，连续翻小本子，那小人就会动起来，好像动画片。弟弟妹妹逐渐取代了我，我有点儿失落有点儿吃醋，也有点儿骄傲——我长大了。

从阜外大街搬到三不老胡同一号，独门独户。平时父母早去晚归，在钱阿姨监督下，我们按时睡觉起床做功课，只有星期天例外。妈妈起得早，帮钱阿姨准备早饭，我们仨赖在父母床上，跟父亲玩耍。有一阵，我们迷上语言游戏，比如按各自颜色偏好，管父亲叫"红爸爸""蓝爸爸"和"绿爸爸"，再随意互换，笑成一团。

三

父亲确有不同的颜色。

与父亲最早的冲突在我七岁左右，那时我们住保险公司宿舍，和俞彪文叔叔一家合住四室的单元，每家各两间，共用厨房厕所。那年夏天，俞叔叔被划成右派，跳楼自杀。他的遗孀独自带两个男孩，凄凄惨惨戚戚。

那场风暴紧跟着也钻进我们家门缝儿——父母开始经常吵架，似乎只有如此，才能释放某种超负荷的压力。转眼间，父亲似乎获得风暴的性格，满脸狰狞，丧心病狂，整个变了个人。我坚定地站在母亲一边，因为她是弱者。

起因都是鸡毛蒜皮的小事儿，要说也并非都是父亲的错。比如他喜欢买书，有一次买来城砖般的《俄汉大词典》，他正学俄文，买字典本无可厚非。我至今还记得那词典定价十二块九，是我当时见过最贵的书，对五口之家的主妇来说还是有点儿难以接受。那是家庭政治中最晦暗的部分。

有一次，父亲把着卧室门大叫大喊，母亲气急了，抄起五斗柜上花瓶扔过去，他闪身躲过，花瓶粉碎。我正好在场，作为唯一的目击者，吓得浑身发抖，但我还是冲到父母中间，瞪着父亲，充满了敌意。这是他没料到的，扬起巴掌停在空中。

母亲生病似乎总是和吵架连在一起。每当她卧床不起，我就去附近的糕饼店买一块奶油蛋卷，好像那是仙丹妙药。走在半路，我打开纸包，打量白雪般溢出的奶油，垂涎欲滴，却从未动过一指头。

一天晚上，父亲认定我偷吃了五屉柜里的点心。我虽以前偷吃过，但那回纯属冤枉。我死不认账，被罚跪并挨了几巴掌。最让我伤心的是，母亲居然站在父亲一边，尽管她暗中护着我，拦住鸡毛掸子的暴打。

红爸爸蓝爸爸绿爸爸，突然变成黑爸爸。

搬到三不老胡同一号，父母吵架越来越频繁。我像受伤的小动物，神经绷紧，感官敏锐，随时等待灾难的降临。而我的预感几乎每次都应验了。我恨自己，恨自己弱小无力，不能保护母亲。

父亲的权力从家里向外延伸。一天晚上，我上床准备睡觉，发现父亲表情阴郁，抽着烟在屋里踱步。我假装看书，注意着他的一举一动。他冲出去，用力敲响隔壁郑方龙叔叔的门。听不清对话，但父亲的嗓门越来越高，还拍桌子。我用被子蒙住头，听见的是咚咚心跳。我感到羞愧。父亲半夜才回来，跟母亲在卧室窃窃私语。我被噩梦魇住。

在楼道碰见郑叔叔，他缩脖怪笑，目光朝上，好像悟出人生真谛。我从父母的只言片语拼凑出意义：郑叔叔犯了严重错误，父亲代表组织找他谈话。多年后父亲告诉我，若调令早几个月，他肯定犯错误在先，正好与郑叔叔对换角色。

振开贪玩，学习成绩平平，但语文写作经常得到老师的称赞。学校开家长会，谈到振开的缺点时，总是"不注意听课""爱做小动作"，等等。有一次，大概是期中测验，我看他的成绩册，数学是四点五分。我觉得奇怪，怎么这样打分。我问振开，他说："五分是满分，我差一点，所以给四点五分。"他这么解释，似乎有些道理，但我还是不大相信。我去学校问了老师，才知道振开得了四十五分。他在四和五之间加了一个点，便成了四点五分。为这事，我批评了他，他也认了错。（摘自父亲的笔记）

是岁月最终让父母和解了。到了晚年，父母总有说不完的话，让人想到"老伴"这词的含义。父亲过世三年后，母亲对采访者说：

我们一生的婚姻生活是和谐与温馨的，虽然这中间有过暴风骤雨……（摘自母亲的口述记录）

四

从一九六〇年夏天起，父亲从民主促进会借调到中央社会主义学院，在教务处工作。那是中央统战的一部分，所有学员都来自各民主党派上层。

每逢周末，我带弟弟妹妹去玩。社会主义学院位于紫竹院北侧，乘十一路无轨电车在终点站下车，沿白石桥向北走五六百米。一路荒郊野地，流水淙淙，蛙噪虫鸣。那是白色的六层楼建筑群，前面喷水池总是干着的。大门有军人站岗，进门登记，后来跟传达室的人熟了，免了这道手续。

父亲在他宿舍旁临时借了个房间。我们跟着沾统战的光，那里伙食好，周末放电影，设备先进，比如有专用乒乓球室。父亲是国家三级乒乓球裁判（最低一级），主裁的都是业余比赛，却保持一贯的专业精神。他正襟危坐，镜片闪闪，像机器人般呆板，一字一顿报分数"三比二，换发球"，并交叉双臂宣布交换场地。

父亲很忙，往往在餐厅吃饭时才出现。我喜欢独自闲逛，常常迷失在楼群的迷宫中。跟开电梯的王叔叔混熟了，我帮他开电梯。他是转业军人，更让我充满敬意，缠着问他用过什么枪。后听说他在"文革"中自杀了。

有一天，父亲神秘地告诉我，有个学员的宿舍被撬，洗劫一空，损失达十万元。那可是天文数字。父亲又补了一句："没什么，他当天坐飞机回上海，又置办了一套新家什。他可是全国有名的'红色小开'……"他低声说出那名字，好像是国家机密。

闲得无聊，我跟弟弟妹妹躺在床上，齐唱《我们是共产主义接班人》，唱到结尾处，他俩总是故意走调，把我气疯了——这可是立场问题，更何况是在这样的地方。我向父亲告状，他摸摸我的头说："他们比你小，你该耐心点儿。"

那时正是困难时期，他们来学院，多少可以吃得好一点。我们看孩子们可怜，有时也给他们买几块高级糖。看孩子们吃得高兴，让我们感到安慰。在那艰难的岁月里，我们想尽办法让孩子吃得好些，怕营养不良影响他们的发育成长。学院在校内拨出一块空地，分给职工们作自留地。我把给我的三分地种了绿豆和白薯，平时没时间管，到秋天倒收获不少。我和振开一起把绿豆、白薯装进麻袋运回家里，总算添了些口粮。（摘自父亲的笔记）

那是我头一次干体力活儿。顶着毒日头，用铁锹挖出白薯，抖掉土疙瘩，装进麻袋。父亲蹬平板三轮车，我坐在麻袋上，为劳动的收获骄傲，更为与父亲平起平坐得意。

堆在阳台过冬的白薯变质了，我坐在小板凳啃烂白薯。父亲刚买来牡丹牌收音机和电唱机。收音机反复播放《春节序曲》，和烂白薯的味道一起潜入记忆深处。

五

一九七四年夏天，父亲买来中华书局刚出的繁体字版《清史稿》，共四十八卷，书架放不下，就摆在他床边地上。我发现他总在翻看同一卷，原来其中有不少我们祖上的记载。

家谱仅上溯到康熙年间，原籍安徽徽州休宁县，第二十七代赵承恒迁至浙江归安县（现湖州一部分）。祖宅清澜堂坐落在湖州竹安巷，最早的主人赵炳言官至湖南巡抚、刑部右侍郎。三子赵景贤早年师从俞樾的父亲俞鸿渐，乡试与俞樾同榜考中举人。按俞樾的说法，"自幼倜傥，虽翩翩公子，而有侠丈夫风，呼卢纵饮，意气浩然"。后捐巨款买官封为知府，并未上任。

太平军兴起，赵景贤在湖州组织民团操练，并用青铜包住西城门（湖州至今沿称青铜门和青铜桥）。一八六〇年二月，李秀成大军逼近湖州。赵景贤固守湖州两年多。这是清史上著名的湖州保卫战。清政府为保存将才，另有委任，令他"轻装就任"，但他决心死守，与城同在，最终弹尽粮绝，一八六二年五月城破被俘。

据《清史稿》记载："景贤冠带见贼，曰：'速杀我，勿伤百姓。'贼首谭绍洸曰：'亦不杀汝。'拔刀自刎，为所夺，执至苏州，诱胁百端，皆不屈。羁之逾半载，李秀成必欲降之，致书相劝……秀成赴江北，戒绍洸勿杀。景贤计欲伺隙手刃秀成，秀成去，日惟危坐饮酒。二年三月，绍洸闻太仓败贼言景贤通官军，将袭苏州，召诘之，景贤谩骂，为枪击而殒。"

湖州城破，赵家死的死逃的逃。长子赵深彦在湖南闻此噩耗，立即饮毒酒自杀，年仅十二岁。咸丰皇帝得悉赵景贤死讯，下诏称其"劲节孤忠，可嘉可掬"，按高规格予以抚恤，在湖州专立祠堂，并关照国史馆立传。

多年后，俞樾成了一代经学大师。一天，他在苏州曲园家中沉坐，有人求见，来者正是赵景贤的孙子赵铉。他拿来祖父遗墨，包括湖州告急时让人带出的密信。俞樾展读赵景贤的几首五言律诗，长叹不已，其中有李鸿章在奏折中引用的名句："乱刃交挥处，危冠独坐时。"

次子赵滨彦，也就是我的曾祖父，因父殉职而被封官，深得湖广总督张之洞信任，主管广东制造局，后张之洞调任两江总督，他任上海制造局督办及两淮盐运使和广东按察使等职。由于国乱并与上司不和，他以年老多病辞职，在苏州定居。数月后，武昌起义爆发，在推翻大清帝国的革命功臣中，居然有我外公孙海霞。

赵家曾富甲一方，妻妾成群，支脉横生。俗话说，富不过三代，到我爷爷赵之骦那辈就败落了，靠典卖字画古董度日。

轮到我父亲，恐怕连辉煌的影儿都没见过。他四五岁时母亲病故，十二岁那年父亲辞世，由舅舅收养。他不得不中辍学业，从十五岁起靠抄写文书糊口，还要抚养弟妹。父亲写得一笔好字。据在他手下工作过的徐福林先生回忆，当初进保险公司，父亲见他字写得差，让他反复抄写元代宋濂的《送东阳马生序》的碑帖练字。

赶上兵荒马乱，父亲被卷在逃难的人流中，走遍中国大半个南方。在桂林时，有一天日本飞机俯冲扫射，他慌张中撑起雨伞挡子弹。那年头命不值钱，周围的人一个个倒下，他却奇迹般活下来。边打工边自学，他终于考进重庆中央信托局。一九四六年初，在调往北京工作的途中，他与母亲在重庆珊瑚坝机场邂逅。

我俩结识于抗战胜利的一九四六年，当时因为抗战，父母分开七八年了，我陪母亲乘飞机到重庆看望父亲。在珊瑚坝机场下飞机后，想打一个电话，但不知如何拨通，无意中发现一个年轻英俊的小伙子正在打电话，我妈妈让我上前请教，此人正是赵济年。（摘自母亲的口述记录）

北京解放前夕，父亲利用职权，协助地下党的堂哥收集全城粮食储备等情报。一天晚上，国民党宪兵挨家挨户搜查，由于顶撞宪兵队长，他被抓去关了一夜。那时母亲已怀上我。后来说起，他在昏暗的牢里彻夜未眠，盼着一个孩子和新中国的诞生。

六

父亲爱读书，但最多算得上半个文化人。他的文学口味博杂，是鲁迅、茅盾、张恨水、艾芜和茹志鹃的"粉丝"。他订阅各种各样的杂志，从《红旗》《收获》《人民文学》到《电影艺术》《俄语学习》《曲艺》和《无线电》，很难判断其爱好与价值取向。

他骨子里却是个技术至上主义者。困难时期，他买来牡丹牌收音机和四种变速的电唱机，把《蓝色多瑙河》带进我们阴郁的生活。"文革"焕发了他新的热情，从路线斗争转向线路连接——半导体收音机。

从一九六七年冬开始，他奔走于各种器材店之间，买回一堆电子零件。家里成了作坊，从写字台扩张到餐桌，快没地方吃饭了。他借助各种参考书，把红红绿绿的电线焊在接线板上。焊接前把电烙铁戳进松香，吱吱冒出浓烟。我半夜醒来，灯总是亮着，云雾缭绕，墙上是他歪斜的影子。经过反复实验，噪音终于变成样板戏的过门，全家都跟着松了口气。

终于进入最后的程序：父亲用三合板粘合成木匣，装上小喇叭，把鼠肚鸡肠的线路塞好，合上盖，郑重地交给我，好像一件传家宝。去学校路上，我书包里的半导体正播放《红色娘子军》，由于接触不良或天线角度问题，时断时续，得靠不停拍打才能将革命进行到底。到学校还没来得及显摆就散了架。

一九七五年夏天，我们家买来九英寸红灯牌黑白电视机，这是全楼（除"民进"秘书长葛志成家外）的第一台，引起小小的轰动。每天晚饭后，邻居们涌进我家，欢声笑语。大家好像共看一本小人书。关键时刻出现信号干扰，父亲连忙救场，转动天线，待画面恢复正常，得，敌人已被击毙。为照顾后排观众，又在电视前加上放大器，画面变形，有损正面人物形象。

改革开放非常及时，为父亲对技术的热情指明方向。从老式转盘录音机到单声道答录机，再向四个喇叭以至分箱式立体声挺进——音响革命让我们处于半聋状态。与此同时，父亲又匀出少许精力给彩电和摄像机。而电脑问世，才真的把他的魂儿摄走。他单指敲键，却及时更新换代，一直走在忠实消费者的最前列。在晚年赶上新时代的末班车，还是有所遗憾，他对我说，如果再年轻二十岁，他一定改行搞电脑。显然他高估了自己，那可不是用电烙铁就能焊接的世界。

七

解放后，父亲先在人民银行总行工作，后又参与筹建中国人民保险公司，成了新中国保险业创始人之一。一九五七年夏秋之交，他调到中国民主促进会，担任中央宣传部副部长，那完全是虚职。"民进"真正的灵魂人物是党支部书记。他刚上任时的书记叫王苏生，待人诚恳热情，书生气十足，时常来家坐坐，谈天说地。五十年代末，王苏生因右倾被降级调到哈尔滨，"文革"中自杀了。

他的继任徐世信是典型的笑面虎。不过得承认，他乒乓球打得真棒，抽杀凶猛，无人能抵挡其凌厉的攻势。他级别不高，但实际上掌控这小小的王国，每个人对他都敬而远之，谨言慎行。

暑假我们常去机关打乒乓球。有一天，徐世信约我们几个男孩比赛。他直握球拍，时而低沉的下旋球，时而飘忽的弧圈球，变化多端，以守为攻。我们纷纷败下阵来，垂头丧气。

他把残兵败将带到会议室，关上门，说是随便聊聊，没几句话就进入正题，原来想了解父亲们在家的言行。我们年纪尚小，却深知其中利害，装傻充愣。我对父亲不满，还是抱怨了几句，比如教育方式粗暴什么的。徐世信鼓励我说下去，我顿时语塞，不知再说什么好。徐世信总结说，你们的父辈都是从旧社会过来的，难免带着旧思想旧习气，为帮助他们进行思想改造，需要你们少先队员的配合。他再三叮嘱，这次会面一定要保密，不能告诉父母。今后有事跟他保持联系。这是党对你们的信任，他最后说。

会后徐世信把我单独留下。他沉吟片刻，问我是否有支钢笔手枪，我蒙了。他说派出所来人，调查这钢笔手枪的下落。大约两三个月前，为吓唬弟弟，我声称我的钢笔是无声手枪，随手一挥，在弟弟床头墙上留下弹洞（我事先伪造的）。当时真把弟弟唬住了，我自是十分得意。这本来纯属恶作剧，竟弄假成真。至于派出所出面什么的，多半是骗人，但看来他确实掌握多种信息渠道。徐世信最后摸摸我的头说，我相信你说的是实情，又加上一句，你今天表现很好。

我回家后做贼似的，不敢与父亲对视。他问起时，我只提到跟徐世信打过乒乓球，输了。

八

一九九九年秋天，父母来美国探亲，我常开车陪他们出游。一天回家路上，父亲无意间说起一件事，让我大吃一惊。当时父母坐在后座，我正开车，试图从后视镜看到他的表情。晚饭后，母亲先去睡了，我和父亲隔着餐桌对坐，我提起路上的话茬，他似乎也在等这一刻，于是和盘托出。

谢冰心在民进中央挂名当宣传部长，凡事不闻不问，父亲身为副部长，定期向她汇报工作。这本是官僚程序，而他却另有使命，那就是把与谢的谈话内容记录下来交给组织。父亲每隔两三周登门拜访，电话先约好，一般在下午，饮茶清谈。回家后根据记忆整理，写成报告。

据父亲回忆说，大多数知识分子是主动接受"思想改造"的，基本形式有两种，一是小组学习，一是私下谈心。像谢冰心这样的人物，自然是"思想改造"的重点对象之一，把私下谈心的内容向组织汇报，在当时几乎是天经地义的。

让我好奇的是，他能得到什么真心实话吗？父亲摇摇头说，谢冰心可不像她早期作品那么单纯，正如其名所示，心已成冰。每次聊天都步步为营，滴水不漏。只有一次，她对父亲说了大实话："我们这些人，一赶上风吹草动，就像蜗牛那样先把触角伸出来。"看来她心知肚明，试图通过父亲向组织带话——别费这份儿心思了。

那是深秋之夜，夜凉如水，后院传来阵阵虫鸣，冰箱嗡嗡响。我劝父亲把这一切写出来，对自己也对历史有个交代——这绝非个案，涉及一段非常特殊的历史时期，涉及知识分子与革命错综复杂的关系。他点点头，说再好好想想。这事就此搁置，再未提起。

七十年代初我开始写诗。父亲从湖北干校回京休假，说起谢冰心留在北京，仍住民族学院宿舍。父亲回干校后，我独自登门拜访。

一个瘦小的老太太开门，问我找谁，我说我是赵济年的儿子，特来求教。谢冰心先把我让进客厅，沏上茶。她丈夫吴文藻也在，打个招呼就出门了。她篦过的灰发打成髻，满脸褶皱，眼睛却异常明亮；身穿蓝布对襟袄，黑布鞋，干净利索。我坐定，取出诗稿，包括处女作《因为我们还年轻》和《火之歌》等。她评价是正面的，对个别词句提出修改建议。兴之所至，她把我从客厅带进书房，在写字台前坐下，从背后的书柜取出《汉语大字典》，用放大镜锁定某个词的确切含义。

此后我们有过短暂来往。她还专门写了首和诗《我们还年轻》，副标题是"给一位年轻朋友"。或许由于诗歌与青春，她对我毫无戒心。也正由于此，与父亲的角色相反，多年后我把她卷进一个巨大的旋涡中。环环相扣，谁又能说清这世上的因果链条呢？

父亲，你在天有灵，一定会体谅我，把你想说的话说出来。那天夜里我们达成了默契，那就是说出真相，不管这真相是否会伤害我们自己。

九

父亲说："人生就是个接送。"

一九六九年无疑是转变之年。那年开春，我被分到北京六建公司当工人，接着弟弟去了中蒙边界的建设兵团，母亲去了河南信阳地区的干校，秋天妹妹由母亲的同事带到干校，父亲留守到最后，年底去了湖北沙洋的干校。不到一年工夫，人去楼空，全家五口分四个地方，写信都用复写纸，一式四份。

振开被分配到六建当工人。他第一次离开家，做父母的自然不放心。头天晚上我们全家五个人，到新街口牛奶店要了牛奶和点心，算是给他送行。在收拾行李时，我们怕他冻着，让他把家里仅有的一件老羊皮大衣带上。第二天，他离开家，我们都送到大门口。我还想再看他一眼，知道他在崇元观上车，便在他走后不久，搭无轨电车赶到那里，我看见他在等车，没跟他打招呼，只是在远处看他上车后才回家，我的眼眶湿润了。（摘自父亲的笔记）

我在河北蔚县工地开山放炮，在山洞建发电厂。那年夏天收到父亲的电报"珊珊病速归"，我请了假，从老乡家买来新鲜鸡蛋，搭工地运货的卡车赶回北京。珊珊连发高烧，诊断为风湿性关节炎，我一到家烧就退了。

那一周像是偷来的时光。北京城空荡荡的，北海公园更是游人稀少。我们划了船，照了相，在漪澜堂吃午饭。父亲为我点了焦熘丸子，为珊珊点了红烧鱼。他喝了瓶啤酒，微醺地对女服务员说，这是我儿子女儿，你看我多福气。

每年十二天法定探亲假，加上倒休，让我沉闷的生活有了奔头。我先去河南、湖北探亲，再顺道游山玩水。头一年，从河南母亲的干校出发，我和珊珊一起去湖北沙洋看望父亲。第二年我独自从河南去湖北，那时父亲从干校下放到农村，住在老乡家。

那时我正好在高桥镇的"五星三队"插队。有一天，我正在地里干活，有人告诉我，说振开来了。我匆忙赶回住处，远远看见振开蹲在池塘边给我洗衣服。他把我所有的床单衣服全都洗了，还把我的人猪同住的房间也打扫干净。当天晚上，我的房东叫他儿子去买了几块豆腐，把振开当贵客相待。当地农民每天三餐只有腌韭菜，豆腐无疑是珍品。振开带来三个肉罐头。第二天，我和振开一起步行到高桥镇，在一家小饭馆吃饭，我独自把三个肉罐头全都吃光了。振开看我这样狼吞虎咽，觉得我可怜，他虽然没说什么，但我看得出来。

（摘自父亲的笔记）

一九七一年深秋，父亲独自回京待了几日。那天晚上，我备了几道小菜，爷俩边喝边聊。我提到"九一三事件"，越说越激动，父亲随声附和。我们都醉了，隔着书桌昏睡过去。第二天早上，我醒来，发现父亲呆望天花板，很久才开口，他再三叮嘱我不要出门乱说。由于酒精的作用，父子第一次结成政治同谋。

一九七二年春节，全家在北京团聚。我把《你好，百花山》一诗的初稿拿给父亲看。没想到他责令我马上烧掉，其中一句"绿色的阳光在缝隙里流窜"把他吓坏了。我看见他眼中的恐怖，只好照办。我下了决心，此后再也不把自己的作品给他看。

十

一九七二年，父母先后从外地回到北京，母亲随父亲一起调到沙河的干校，在医务室工作，珊珊留在湖北，在襄樊地区某军工厂当技术员。

父亲那年五十整，年富力强，每天都干农活儿。周末父母回家休假，弟弟在北京泡病号，空荡荡的家顿时显得拥挤了。我的朋友三教九流，穿梭如织，让父亲眼花缭乱，尤其像彭刚、姜世伟（芒克）这样的"先锋派"，就跟外星人差不多。除了史康成和刘羽等个别人例外，几乎全吃过闭门羹。一提到父亲，他们都条件反射般伸舌头。

彭刚为我临了列维坦的油画《湖》，钉在我床铺上方。彭刚的列维坦与十九世纪俄罗斯画风无关，基调变成赭灰色，跟他眼神一样处于半疯癫状态。那是典型的表现主义作品。

家里地方小，父亲像笼中狮子踱步，每次经过那画都斜扫一眼，甚至能感到他由于恐惧与愤怒所致的内心的战栗，看来彭刚的列维坦深深伤害了他——现代派风格与现实世界格格不入。一天晚上，父亲终于爆发了，他咆哮着命令我把画摘下，我不肯，他一把从墙上扯下来，撕成两半。旁边正好挂着我叔叔赵延年为父亲作的墨线肖像画，礼尚往来，我顺手够到狠狠摔到地上，镜框碎裂。

每次争吵，往往以同样的方式告终——他打开大门叫喊："这不是你的家，给我滚出去！"如果泡病号回不了工地，我就到史康成或刘羽家打地铺，最后由母亲出面调停，把我劝回家。

一九七五年夏和父亲大吵后，一怒之下我和刘羽上了五台山。十天后回家，珊珊从湖北回北京出差。我们兄妹俩感情最深，不愿让她为家庭纠纷烦恼，我尽量瞒着。可在她逗留期间，我和父亲再次冲突。待平息下来，夜已深，我和珊珊在厨房，相对无言。她沮丧地靠着墙，我依在水池上，水龙头滴滴答答淌着水。

"人生就是个接送"，总有最后一次。那次为珊珊送行，由于无轨电车太挤太慢，赶到北京站只剩十分钟了。我们冲向站台，好歹把行李塞进货架，车厢哐当摇晃，缓缓移动。隔车窗招手，几乎没顾上说句话。谁想到竟成永别。

一九七六年七月二十七日晚，我在传达室接到长途电话，得知珊珊因游泳救人失踪的消息，连夜骑车去电报大楼，打长途电话通知在远郊的父亲和弟弟。第二天凌晨山摇地动，唐山地震。父亲和弟弟中午赶回家，人们都聚在院子里，母亲已处于半昏迷状态。

我和父亲决定立即动身去襄樊，先上楼取随身衣物。我紧跟在父亲后面，磕磕绊绊，几乎连滚带爬上四楼。他老泪纵横，喃喃自语，我冲动地搂住他一起痛哭，并保证今后再也不跟他吵架了。

去襄樊是地狱之旅，不堪回首。

那两年家中一片愁云惨雾。我把工地哥儿们陈泉请来，为父母说快板书，博得一笑。

两年后，母亲因长期抑郁患心因性精神病，由我们轮流照看。

一个做母亲的，从痛失女儿到精神濒临崩溃，再到战胜病魔，那得多么坚强、需要多大毅力啊，是济年与我手挽手，才使我在生与死的考验面前挺住了。济年总劝我女儿是为救人而牺牲的，那是以一命救一命。人生本无常，而生命弥足珍贵，为了自己和他人的生命，要顽强地活下去。（摘自母亲的口述记录）

十一

一九七九年，中国人民保险公司重新开张，父亲从"民进"调回去，主管国内业务部。他整天飞来飞去，开会调研，忙得不亦乐乎。一九八〇年秋，我结婚搬了出去，与父亲关系有了明显改善。

平时各忙各的，周末或逢年过节全家聚聚，吃饭打麻将东拉西扯。八十年代是"连接两个夜晚的白色走廊"，虽说阴影重重险象环生，但人们似乎充满希望，直到进入一个更让人迷失的夜晚。

一九八九年春我离开中国。两年多后，父母带上田田去丹麦看我。母亲的腿摔坏了，走路不便，我和父亲轮流推轮椅。父亲一九九〇年退休，明显见老了，身材抽缩，满口假牙。大概互相看不惯，我跟父亲还会闹别扭，但很少争吵，相当于冷战。有时出门散步，我故意推着母亲疾走，把他远远甩在后面，回头看他弱不禁风的身影，又心生怜悯，放慢速度。

父亲在国外闹了不少笑话，成为亲友的趣谈。在丹麦，田田的一对小鹦鹉死了一只，父亲带她去宠物店再补一只。他用仅会的几个英文单词对老板说"一只鸟死了"（One bird dead），没下文，老板摸不清头脑，就卖给他一对。我下课回家，发现笼里有三只鹦鹉。

巴黎，一个星期天早上，父亲独自出门摄像。一个白人小伙子很热情，比画着要为他拍摄，摄像机一到手撒腿就跑。父亲紧追不舍，行人们跟着围追堵截，那贼慌了神，一头扎进自己家中。有人报警，警察随即赶到，人赃俱在。最有意思的是，父亲跟着去警察局做证，一个法文词儿都不会，居然完成笔录。原来那台摄像机一直没关上，录下全部过程，包括晃动的大地和贼的喘息。那年父亲七十三岁。

待我搬到加州定居，父母去住过两次。美国乡下生活实在太无聊，我又忙，只能偶尔陪他们出门散心。

自八十年代起，我和父亲的地位颠倒过来——他对我几乎言听计从，至少口是心非。我们从未真正平等过，有时我多想跟他成为朋友，说说心里话什么的，但发现这不可能。

其实，几乎每个中国男人心中都有个小暴君，且角色复杂：在社会上小暴君基本是衙役顺民，不越雷池一步，"人阔脸就变"，对手下心狠手毒，关键是转换自如，无须过渡；在家中小暴君必是主宰，无平等可言，不仅老婆孩子，甚至连男主人自己都在其股掌中。

直到我成为父亲，才意识到这暴君意识来自血液来自文化深处，根深蒂固，离经叛道者如我也在所难逃。回望父亲的人生道路，我辨认出自己的足迹，亦步亦趋，交错重合——这一发现让我震惊。

一九九九年年底，盛传世界末日来临。我开车从旧金山回家，夜深，月亮又大又圆，金灿灿，果然有末日迹象。父亲在后座自言自语："我怎么活了这么大岁数，人生总有个头吧？"

记得九岁那年春天，父亲带我去北海公园玩。回家的路上，暮色四起，略带解冻的寒意。沿湖边徐行，离公园后门两三百米处，父亲放慢脚步，环顾游人，突然对我说："这里所有的人，一百年后都不在了，包括我们。"我愣住，抬头看父亲，他镜片闪光，隐隐露出一丝嘲笑。

十二

二〇〇一年十二月二日晚，我搭乘美联航班机从旧金山抵达北京。

病榻中的父亲一见我孩子般大哭，我坐床头紧握他的手，不知如何安慰才好。急中生智，我取出为他买的新款数码相机，终于让技术至上主义者平静下来。但他左手已不听使唤，根本玩不转。

父亲患的是肾癌和乙肝，外加左边偏瘫。他行动不便，神志清醒。他用助走器上厕所，我鼓励他，让他相信只要坚持锻炼就能康复。

每天访亲会友，晚上回家，我在床头陪他一会儿，把红酒倒进玻璃杯，让他用吸管嘬几口，享受这人世间的那点儿醉意。他摘掉假牙后两腮深陷，目光茫然。他告诉我，他问医生火化疼不疼？他试图用幽默的方式面对死亡。

父亲离世前我获准回去三次，每次一个月。由于强烈的生存意识，他过了一关又一关，但最后半年他全面崩溃了，只能靠药物维持。第二次脑血栓废掉了语言能力，对像他这样话多的人是最大磨难。他表达不出来，就用指头在我手上写，并咿咿呀呀发出怪声。

我每天早上做好小菜，用保温箱带到三〇四医院，一勺勺喂他。我多想跟他说说话，但这会让他情绪激动，因无法表达而更痛苦。每回看到那无助的眼神和僵硬的舌头，我心如刀割。

二〇〇三年一月十一日，星期六，我像往常那样，上午十点左右来到三〇四医院病房。第二天我就要返回美国了。中午时分，我喂完饭，用电动剃须刀帮他把脸刮净。我们都知道，最后的时刻到了。他舌头在口中用力翻卷，居然吐出几个清晰的字："我爱你。"我冲动地搂住他："爸爸，我也爱你。"记忆所及，这是我们第一次也是最后一次这样说话。

第二天早上，我本想在去机场的路上再见一面，但时间来不及了。坐进机舱，扩音器播放空中小姐软绵绵的声音，马上就要起飞了。我向北京城，向父亲所在的方向，默默祈祷。

读史

梅花暴动中敌意的露水

守护正午之剑所刻下的黑暗

革命始于第二天早晨

寡妇之怨像狼群穿过冻原

祖先们因预言而退入

那条信仰与欲望激辩的河流

没有尽头，只有漩涡隐士

体验另一种冥想的寂静

登高看王位上的日落

当文明与笛声在空谷飘散

季节在废墟上站起

果实翻过墙头追赶明天

青灯

　　魏斐德（Frederic Wakeman）教授退休的纪念活动早在一年前就开始筹划。从今年年初起，我和他的学生叶文心教授及助手在网上书信往来频繁。在线性时间的进程中，必有一般人难以想象的复杂性：魏斐德本人体内酒精含量不断上升，教授夫人的情绪随之波动；权力真空所带来危险的寂静，幕后学院政治运作的种种变数；助手秘书们的未来出路，在读的博士生本科生的普遍焦虑。更何况魏斐德在柏克莱执教四十年，自立门派，弟子无数，谁来接替掌门人的位置？这多少有如一个王朝的结束，牵动多少人心。

　　我五月三日从纽约匆匆赶回加州，第二天开车前往柏克莱，住进校园内的"女教职员俱乐部"。这维多利亚式木结构的小旅馆隐藏在树丛中。

　　五月五日下午三时许，我们与教授夫人梁禾在旅馆会合，她先带我们到附近酒吧喝一杯。轮椅上的魏斐德在秘书的陪同下出现，他刚下课，憨笑的脸上略带倦意。

一九三七年十二月十二日，魏斐德出生在美国堪萨斯州堪萨斯城。他是长子，有弟妹各一，弟弟参加越战后死于癌症。魏斐德出生不久就随父母搬到纽约。父亲在一家广告公司工作，太平洋战争爆发后在海军服役。一九四四年他父亲开始写小说，两年后以《小贩》(Hucksters)一书成名，被好莱坞改编成同名电影，风靡美国。发财后，父亲决定带全家周游世界。魏斐德先后在加州、墨西哥、古巴、百慕大、法国上中小学，在佛罗里达高中毕业。由于这一特殊经历，他学会了法语、西班牙语和德语。

父亲是他的精神导师。在其指导下，他自幼精读古希腊古罗马和现当代历史学家的著作。十一岁那年，他们住在古巴，父亲让他读一本哥伦布的传记，并亲自驾船带全家游历了传记中描述的一段航程。

在父亲影响下，魏斐德在哈佛读书时开始写小说，仅第三部《皇家棕榈大道十七号》得以出版。大学毕业后，他到巴黎政治学所研究苏联问题。上选修课时，他被越南的一个民间教派吸引，从而带入相关的中国教派。与此同时，一个法国记者有关中国的几本书让他着迷。在巴黎的十字路口，魏斐德从苏联转向中国。

离开酒吧，我们簇拥着有王者风度的魏斐德进入大学艺术博物馆，弟子如云，纷纷向他致敬。下午四时十五分，历史系主任宣布纪念活动开幕，先由我朗读了一首献给魏斐德的短诗《青灯》，然后由北京大学刘东教授做专题演讲《北大课堂上的魏斐德》。他从魏斐德二十九岁所写的头一本书《大门口的陌生人》开始，纵观其一生的学术成就。接下来由魏斐德的大弟子周锡瑞教授（Joseph Esherick）主持。他从手中一杯水说起，话不多，但动情之处与魏斐德眼角的泪花相辉映。重头戏是斯坦福大学德国史教授詹姆斯·施寒（James Sheehan）与魏斐德的对话。他们两位先后都担任过美国历史学会会长。"我看在孔子和列文森之间，还是列文森对你的影响更大吧？"施寒教授开门见山问。

魏斐德离开巴黎后，本应顺理成章回哈佛跟费正清搞中国研究，但他却选择了在柏克莱教书的费正清的学生列文森（Joseph Levenson）做导师。这无疑和魏斐德的生活阅历、文学气质和反叛精神有关。哈佛和柏克莱代表了美国文化的两种传统，甚至与地缘政治有关。哈佛地处新英格兰的中心，代表美国学术的正统与主流；而柏克莱地处种族多元化的亚太圈，是美国左派的大本营、六十年代学生造反运动的发源地。

按魏斐德的博士生叶斌的说法，魏斐德继承了列文森有关世界主义（cosmopolitanism）的见解，即认为未来的世界历史应该是民族文化身份和普世价值的和谐共存，是地方主义（provincialism）与世界主义的和谐共存。不幸的是，在尚未充分展开其相关思想时列文森突然辞世。作为他的学生和同事，魏斐德进一步阐释并发展了这一史学观。

美国学术界在传承关系上如此脉络清晰，实在让人叹服。这就是我们所说的传统，它有如地图，标明每个学者的位置，并为后继者指点方向。不懂得传统的人正如没有地图的旅行者，不可能远行。

一九九二年年底，担任美国历史学会会长的魏斐德发表就职演说《航程》。他的弟子之一杰森（Lionel Jensen）教授是我的同事。他描述说："那是永远难忘的辉煌时刻。只有他的少数学生参加了在纽约希尔顿饭店舞厅的这一盛会。我敢肯定我们全都为那一刻的荣耀感到温暖，为我们老师的成就得到公认而自豪。当我们聚在舞厅外激动地议论时，很多亚洲专家也被感染了。那是我所听到的最出色的演讲。"

《航程》基于对哥伦布、魏斐德一家和郑和的航程的回顾，是从一个孩子的童年记忆开始的：偷袭珍珠港那天下午，后出任艾森豪威尔政府国务卿的威廉·罗杰斯（William Rogers）和他父亲在他家窗口交谈，引起了年仅四岁的魏斐德的注意……他接着讲述了从一九四八到一九四九年他们家沿哥伦布第二次航行路线的游历，由此出发，他从中国苦力在古巴港口货船上的绝境，到郑和耀武扬威的航程……那跨时空跨种族文化的航程，借助一种奇特的文体，将历史与个人、叙述与沉思、宏观视野与生动细节交织在一起。

退休纪念活动开幕式后是小型晚宴。叶文心教授特意把我安排在魏斐德和家人的小桌上。我与魏斐德对坐，在座的有他妹妹妹夫和他那英俊的儿子。烛光在每个人脸上摇曳。他们提到死去的父亲和弟弟。死者如沉钟，往往只在家庭团聚时敲响。梁禾也坐过来，担心魏斐德喝得太多。他们在俄勒冈州绿水青山的乡下买了房子，退休后将搬过去。我总是开玩笑说，魏斐德要被老婆绑架到"绿色监狱"去了。此刻，我煽动他在入狱前多喝几杯。

我和魏斐德初次见面是一九八九年深秋，在纽约，一次美国笔会讨论会上。第二次握手是十三年后，在北京，即我首次获准回去探望病重的父亲，由刘东夫妇宴请。那次见面的印象是混乱的：难以辨认的故乡、尘土飞扬的街道、装饰浮华而无残疾人通道的餐厅和史学大师在轮椅上挣扎的无奈表情。

此后我们从往甚密。三年前我们办喜事只请来五位亲友，包括他们夫妇。我们常到他们在旧金山海湾大桥旁的公寓做客。有一次梁禾央我读诗，由魏斐德念英文翻译。当他读到"一只孤狼走进／无人失败的黄昏"时，不禁落了泪。薄暮如酒，曲终人散，英雄一世自惘然。

其实，我对魏斐德在学术上的造诣所知甚少，真正打动我的是他人性的魅力。他深刻而单纯，既是智者又是孩子。跟他在一起，会让人唤起一种对人类早年精神源头的乡愁。他笑起来如此纵情毫无遮拦，如晴天霹雳，只有内心纯粹的人才会这样笑。我想正是他的博大、正直和宽容超越了学院生活的狭隘、晦暗与陈腐，超越个人的荣辱、爱憎与苦乐。

历史（history）这个词在英文中可以分解成两个词，即"他的""故事"。历史到底是谁的故事呢？上帝的故事、强权者的故事，还是历史学家的故事？无论如何，那些繁浩文献中的碎片，是通过历史家的手连缀起来的。而历史给历史学家想象与阐释的空间，历史学家赋予历史个人化的性格。

很难想象没有《史记》没有《资治通鉴》，中国历史会是什么样子？

五十年代末，由于魏斐德掌握包括俄语在内的四种外语，中央情报局看中了他。卡特执政期间，他还差点儿被任命为驻中国大使，但他还是选择走学术的道路。由于列文森猝死，年仅二十七岁的魏斐德开始执教，成为最年轻的教授之一。

主持纪念活动的周锡瑞教授追忆往事。他当年来柏克莱投奔列文森，没想到导师之死让他成为仅年长几岁的魏斐德的学生。那时学生运动风起云涌，而他又是学生领袖之一，根本没把这年轻导师放在眼里。在魏斐德的必读书单中，有法国历史学家马克·布洛克（Marc Bloch）的《法国农村史》，遭到周锡瑞等激进学生的抵制——我们学的是中国史，与西方史何干？在课堂上，魏斐德讲了个故事。在德国占领期间，一个参加抵抗运动的战士被盖世太保抓住，和别人一起拉出去枪毙。他对身边十六岁的男孩（后幸存下来）最后说："别哭，我的孩子。"这时机关枪响了……他就是马克·布洛克。魏斐德说完平静地离开教室。

还有件事让周锡瑞难于释怀。他写博士论文时，魏斐德在信中写道："你的立论（thesis）有问题。"在英文中，thesis又是论文的意思。周误以为后者，勃然大怒，写了封长信痛斥老师。直到魏过五十岁生日时，周终于为此道歉。周锡瑞教授说，一想到在自己档案中有这样一封信，就无地自容。

而魏斐德也被回忆之光照亮：有一次和周锡瑞一起去滑

雪，擅长滑雪的周把他带到最危险的区域。当魏从陡坡上摔倒，周耐心关切，一路指点把魏带下山。魏斐德说，在那一刻，他们的师生关系被颠倒过来。

纪念活动的真正高潮是第三天上午助手秘书的表演。她们首先抬出十年前的一张巨幅照片——那是健康乐观的魏斐德。接着展示的是他的小说《皇家棕榈大道十七号》的封面。按她们的说法，好莱坞最近购买了改编权，于是她们分别朗读被"改编"的章节，引起阵阵笑声。魏斐德上台致谢，他特别提到助手凯西（Cathy），提到一九九八年手术事故后无微不至的照料，说到此，他泣不成声。

活动结束次日，我和魏斐德夫妇相约在一家咖啡馆吃午饭。天晴，乍暖还寒。魏斐德的倦容中有一种轻松感。他要赶去上最后一堂课。我把他送上汽车，拥抱道别。梁禾告诉我，有人提议以他的名义创立什么"柏克莱学派"，甚至提出"魏斐德主义"，被他断然回绝。"那是可笑的"，他说。

作为历史学家，他深知权力和声誉被滥用的危险。而他只愿在历史的黑暗深处，点亮一盏青灯。有诗为证：

故国残月

沉入深潭中

重如那些石头

你把词语垒进历史

让河道转弯

花开几度

催动朝代盛衰

乌鸦即鼓声

帝王们如蚕吐丝

为你织成长卷

美女如云

护送内心航程

青灯掀开梦的一角

你顺手挽住火焰

化作漫天大雪

把酒临风

你和中国一起老去

长廊贯穿春秋

大门口的陌生人

正砸响门环

过冬

醒来：北方的松林——

大地紧迫的鼓声

树干中阳光的烈酒

激荡黑暗之冰

而心与狼群对喊

风偷走的是风

冬天因大雪的债务

大于它的隐喻

乡愁如亡国之君

寻找的是永远的迷失

大海为生者悲亡

星星轮流照亮爱情——

谁是全景证人

引领号角的河流

果园的暴动

听见了吗？我的爱人

让我们手挽手老去

和词语一起冬眠

重织的时光留下死结

或未完成的诗

墨点的启示

　　二〇一二年四月八日下午，我在香港马鞍山的沙滩上患中风，就近在私人医院抢救，一切尚好，除了语言功能受到严重的损伤。经过一个多月的训练，从看图识字开始，说话有很大的进步。没多久，由一位香港的语言障碍专家对我进行各种"考试"，最后确诊：我的语言程度只相当于百分之三十左右，也就是说，不可能有根本性的变化。我对他半开玩笑地说，送披萨的这份儿工作比较适合我，专家首肯。

　　我终于意识到，作为以语言为生的人，面临的是前所未有的危机——我的写作中断了，将会终生报废。在中风后初期，连日常生活的口语都难以沟通，我不想多说话。

　　那状态犹如笼中困兽。中风后住院，家人送来纸张笔墨，我练字涂鸦，消磨时光。回家后开始画画，我在潜意识中试图寻找另一条通道。

　　众所周知，汉语是来自象形文字的表意文字，和拼音文字完全不同。简言之，所谓字画同源——宣纸、毛笔和墨汁三元素，是中国书法与绘画的根本。

三十多年前，我画过一幅小画，随意涂抹，此后再没尝试过。老子言："祸兮福之所倚，福兮祸之所伏。"（《道德经》第五十八章）。这是东方古老文化的辩证原理。中风是祸，却引发了我作画的欲望，突破重围，寻找一种文字以外的新的语言。

起初我试着用线条画画。书法与线条皆为中国造型艺术，对我来说，没练过基本功，到了这岁数，几乎是不可能的。我发现，墨点是中国画最基本的元素，相当于摄影的像素，我开始试验，用无数的墨点组成一幅画。比如修拉的点彩画，显而易见，西方油彩与东方墨点有天壤之别。所谓墨分五色，包括色调肌理，一定是和宣纸及毛笔互为一体，不可分开。作为西方艺术的他者，东方艺术中的格调与境界，包括独特的带有抒情性的抽象因素会凸显出来。在创作过程中，全部是由墨点构成——聚散、依附、多变而流动，富于节奏感和抒情性，反之亦然，所谓空间也是时间——与宇宙对称。

一旦进入星云般的墨点中，我会感到某种狂喜，或得到内心的宁静与心绪的舒展，与画画钩连补缀，甚至融合在一起。在某种意义上，时间停止了，在宣纸上留下的是情绪的变化与轨迹。在早期作品中，画面多少与涌动的波浪或漂移的山峰相关，到后来，画面往往与情绪状态的关联更直接，甚至超越自我，进入某种宇宙的混沌状态之中。

对我来说，根本不存在构想及草图。墨点是"自由的元素"（引自普希金的诗句），来自水分干与湿的色调互相渗透，互相转化。总体而言，我并不需要造型训练，只是随心绪的变化而变化。当然也尝试过各种试验。比如用日本的青墨（冷色）和褐墨（暖色），墨点交叠错落，造成某种动荡感。后来常用宿墨，其色调更深沉，层次更多变。在墨汁水分蒸发的过程中，色调变化不能完全控制，造成意外的效果。

首先感谢西医的及时抢救，我获得了第二次生命，然后我开始得到中医的护佑。这是我的命运，这是我的直觉以及东方血液，于是开始踏上中医的朝圣之旅，从香港到南宁上海杭州北京等地，前后有八位中医大夫为我治疗，效果日益显著。简单地说，所谓《黄帝内经》的阴阳五行的辩证原理，追溯到东方文化的源流。在冥冥之中，我的治疗与作画不谋而合。我往往一边进行中医治疗，一边静养画画，对我来说是一种身体与精神的特殊体验。

奇迹发生了。从中风到二〇一六年，除了身体已基本康复，主要是在语言的能力上日趋接近病前的程度，以那位香港语言障碍专家的判断作为参考，相当于恢复到百分之八十以上。尽管散文随笔的写作还存在明显的区别，却在诗歌创作中断的四年后，重新开始写诗。不仅是自信，也包括写作状态和力度并未退减。

显而易见，我的诗歌元素尤其是隐喻，与墨点非常接近，但媒介不同，往往难以互相辨认。在某种意义上，墨点远在文字以前，尚未命名而已。而诗歌有另一条河流，所有的诗歌元素共同指向神秘。

编后记

林道群

　　这本《必有人重写爱情》，书名出自北岛的一首诗——
《我们》，北岛诗歌的爱情，群山之间的爱情，在天涯。这个
集子明显的编排特色是一诗一文，这并不纯粹是一个噱头。
北岛敬重的同辈作家史铁生生前总是很谦虚，说当年他写作，
也是从写诗开始，写诗不成才写起了小说的。写诗是不是真
的比写小说更高级或更难，我不敢说。以前毛姆说过好多很
精警的话，他说，文学的最高形式是诗歌，诗歌是文学的终
极目的，是人的心灵最崇高的活动。他还说，在诗人经过的
时候，散文家只好让到一旁，小说的人物看起来只像一块芝
士，无足轻重。毛姆自己不写诗，只写戏剧、散文和小说，
他没必要抬高诗人贬低自己，他这样说也许是真心话。北岛
一九七〇年听到同学史康成朗诵郭路生，为之一动，解开情
感的缆绳，开始写诗。我看过他一些诗初稿，和成诗改动很
大。当然他写小说也修改，赵一凡替他保留了三部《波动》

修改抄本，读起来像三部小说，炼字锻词，他说跟年轻时抡十四磅大锤打铁有关。到现在还每天锁自己在房间里写他的长诗《歧路行》，过十年了，改完又重写。正式出版的是小说，后来还写散文、写评论，当然他自己一直戏言，写散文是为了挣稿酬养家糊口。北岛另一位文学好友李陀说他想小说想了四十年，用十年终于写了个《无名指》，他说他脑子里常常会无缘无故就想起北岛小说《波动》的一些段落，那些文字，以及那些文字所承载的声音、光影、色彩、味道、气氛，李陀挺会说的，他说那像是在默诵童年时候背下来的一首诗。其实在《城门开》里北岛自己就是这么说的："在我的城市里，时间倒流，枯木逢春，消失的气味儿、声音和光线被召回，被拆除的四合院、胡同和寺庙恢复原貌，瓦顶排浪般涌向低低的天际线，鸽哨响彻深深的蓝天，孩子们熟知四季的变化，居民们胸有方向感。"这不正就是黄子平在北岛一九九七年开始写散文时说过的：删削句子的连接，特意制造句子不通顺，配合多义的词语，透过句子和词语的安排，呈现他于现实漂泊不定的生存状况。比起诗，很多读者发现散文还多了很多幽默和自嘲。

据说是文学评论集《时间的玫瑰》使北岛成为了一名大学文学教授，书出版面世后有过不同的声音，散文家陈之藩年轻时候翻译过丁尼生布莱克雪莱济慈，出版过《蔚蓝的天》译诗集，八十多岁的时候和北岛在香港相遇，惺惺相惜，他读《时间的玫瑰》，说此书的好，好在"如同中国诗话传统之继续"：《六一诗话》《沧浪诗话》《姜斋诗话》《瓯北诗话》

等，虽然北岛的诗话说的是外国诗人，其实可以名之为"九个人的诗话"。

我读过北岛所有的文类，互文阅读显然是一有趣的视角。这本《必有人重写爱情》的确有意从作者的诗歌、散文、评论写作，呈现出一个整体的"诗人北岛"，而不是小说的北岛或散文的北岛。十几年前诗人不再漂泊，定居香港，一度着手筛选半生的写作，几十年的诗歌生涯，只留下了一百四十首的一本《守夜》，重作修订的小说《波动》则删减了原有的几个短篇，《蓝房子》《午夜之门》《青灯》和新写的《城门开》，近百篇散文写作足见其在作者创作中的分量。本书虽精选自包括《时间的玫瑰》在内的六部诗歌、散文、文学评论集（因篇幅所限未选小说），耐心的读者不难发现，这近五十篇作品里面那根诗歌的黄金线。简练的格言和丰富的意象，表述诗人政治和道义的认知；乡愁的隐喻和历史的沉重，言说背后的沉默，绽放的时间的玫瑰。

本书编成后，北岛看了，说没想到我这样子编，他逐篇斟酌，略有二三篇的调整。至于《回答》一诗，是有意不收的，那是一种有意的遗忘与记忆。

二○二二年元月